環境統計學

作者／溫清光著

自 序

　　對學環境工程的人來說，統計學是一門實用的學科，比起微積分、工程數學或流體力學簡單易學，但很多人學了統計學後，常常無法學以致用於工作上。為何會這樣？主要是在學校修課時期，還修了其他課程，除了上課外，還要撥出很多時間參加課外活動及忙於生活雜事，上完課後沒有馬上複習和練習。然而，沒有熟讀前面的定義定理，後面的單元常一知半解，等到交作業或考試的時候，才拿起講義或課本應付一下。而且如果一陣子沒接觸到，很快就會忘記，更不用談到要應用。

　　筆者在國立成功大學教工程統計近三十年，常覺得很多學生學不好，除了上面原因之外，尚有下列幾點原因：

1. 課本作者不是環境工程領域的專家學者，內容、例題或習題常與環境無關，使學生學了不知如何應用，而失去學習的動力。
2. 課本內容太多，尤其是原文的工程統計學課本，在有限的上課時數無法上完。
3. 課本的習題太多，雖然每題都有答案，但沒有解題過程，學生習題練習時，遇到不會的無法繼續做下去，失去練習的機會。
4. 統計分析須處理大量數據，且計算繁瑣，往往需要統計軟體計算，但很多軟體使用上須使用程式語言，需要另外學習，或需要購買軟體版權，均會增加學習負擔。

　　爰筆者依據過去在環工實務上豐富的經驗，撰寫本書以供學習環境工程學科或正從事環境工程業務之用，本書特色有：

1. 課本的內容含例題都與環境工程或科學有關的統計，每章後面都有精選習題，題目不多，均按照該章的次序和例題排列。目錄內的 QR code 條碼，是習題的詳解過程和教師上課的 Power Point (PPT) 檔。
2. 本書除了說明統計的原理之外，例題解題大部分用 EXCEL 的統計軟體計算。因為這個軟體很普遍且大家都會使用，對於大部分之統計問題，尤其基礎統計都足夠使用。

3. 統計學是前後連貫的，上到後面常需用到前面的定理或公式，所以每上完一節或兩節統計課，回去後用一、二十分鐘時間複習該天上課的內容，學習上可事半功倍。

　　本書經數年編寫，承蒙成大前管理學院院長陳順宇教授、統計系前系主任楊明宗教授、溫敏杰教授及鄭碧娥老師的指教；也感謝中央研究院探研究中心助理施郁庭博士與新竹縣環保局溫隆戀技正幫忙校對，以及成大出版社吳儀君小姐提供出版建議，作者在此致最大之謝意。

　　本書雖經數次修改與校閱，難免有疏漏之處，懇請各界專家及讀者不吝指正，不勝感激。

成功大學環境工程系名譽教授

溫清光 謹識

2023 年 8 月 1 日

推薦序

　　科技整合與知識多元化是這個時代的主流，科學技術伴隨著大數據的使用神速進步，人類更透過 *AI* 技術快速解決問題；相對地，可能將面臨許多前所未有挑戰。因此如何透過有效的知識快速歸納、分析與預測來解決問題將是現在與未來重要的課題。尤其在環境問題上，電腦輔助工具結合統計學將是協助環境工程師與研究者藉由資料收集來處理資料重要的神兵利器。統計不僅協助分析與陳述資料，進而推論分析結果，在龐大不穩定或不確定的數據下推論出一般性結論或最佳決策。

　　本書作者溫清光老師，一生投注於國立成功大學環境工程系統計教學外，並將統計學與相關軟體應用環境工程的基礎與應用研究工作，深刻理解與體會統計學中各種工具如何發揮於解決環境工程中種種數據問題的解析、歸納與推論。

　　如何適當的使用統計學於自身的專業，幾乎是學過統計學的人共同的痛苦經驗。本書中，溫老師以電子試算表軟體 (*Microsoft Excel*) 中統計與繪圖功能搭配環境工程上的實例，以需求面的角度來介紹統計學的使用方法外，佐以統計學基礎論述，協助讀者如何正確使用統計工具。

　　本書不論對研習統計學的人或使用統計這門工具的人，將是一本極具學習與參考價值的圖書。期許讀者能適當與正確使用統計並進一步獲得數據所表達的意義。

國立高雄科技大學
環境與安全衛生工程系教授兼
工學院副院長
碳中和暨能源科技研究中心主任

賴俊吉 謹誌

推薦序

　　讀者您好，首先容我推測您翻開這本溫清光教授所著作之「環境統計學」的原因：(1) 認同統計學是環境科學／工程不可或缺的基礎知識與重要工具、(2) 認識、受教或曾與溫清光教授共事、或是 (3) 敬佩及認同溫清光教授對國內水污染防治與環境工程教學上的卓越貢獻。在此先保留您的答案，而我則萬分榮幸能受邀撰寫推薦序，因為我的答案是三者皆是。

　　統計學的理論與方法被廣泛應用在各種領域並成為大學傳統必修學分之一，例如工程統計學、商業統計學、生物統計學與社會統計學等。統計方法與資料分析不僅是職場必備技能，近年來更成為新興「大數據」與「資料科學」專業人才的核心能力。雖然國內環境工程、環境科學與環境安全衛生領域等科系都有開設環境或工程統計學且列為必修，但卻少有中文教科書講述「環境統計學」，您說，怎麼能不讓人期待這本書的問市？

　　我從大學起受教於溫清光老師，迄今在環工領域從事教學、研究與服務工作近 30 年，從學術論文、政府委辦計畫、污染事件與環境影響評估案件諮詢審查的過程中，由衷感到環保決策的說服力必需取決於環境數據的代表性與有效性。來自真實環境的資料具有複雜的時空變異性、高度不確定性且不易取得足量具代表性的樣本，即便採用公認的科學方法收集數據，還是免不了讓人質疑這些基於有限樣本的推論到底有多少科學證據力。環境工程師、科學家與決策者每天與環境數據周旋，例如開發對環境的影響是否顯著？放流水濃度是否符合排放限值？空氣品質是否因燃煤減少而改善？這些問題能以喜好或政治取向來回答嗎？當然不行！答案必須基於「經嚴謹數據品質評估的資料」與「選用正確統計方法產生的科學結論」，所以環境工程師、科學家與決策者特別應該把統計學好，並在日常工作善用統計方法讓數據說話。

　　溫清光教授為 1976 年成功大學環境工程學系成立時的創系教師之一，任教40 年期間多次獲得優良教師獎肯定、並曾擔任系主任、特聘教授與工學院副院長。成大環工的工程統計學自開設以來一直由溫老師任課，直到 2009 年退休後才交棒給我。老師退休後除了潛心撰寫教科書外，仍持續以專家學者身分為臺灣

環境貢獻心力。這樣的歷練讓溫老師對各種環境數據的特性極為熟悉，且對數據品質評估與統計方法之選用十分嚴謹，例如觀測樣本是否相互獨立且隨機出現，若非隨機出現是否與時空相關？隨機變數是否符合常態分配假設、不符者該如何推論？時序資料是否具有週期性、該如何建模？前述這些對答，我相信每一個曾跟溫老師做研究的人都切身體會過！

為方便閱讀，這本「環境統計學」的章節鋪陳與一般「工程統計」或「應用機率統計」教科書類似，可分為四部分，第一部分先由資料整理、探索與敘述開始，第二部份介紹機率統計與抽樣分配後引導到第三部分的統計推論與實驗設計，最後則是建立統計模式。乍看之下雖無二致，但細讀後可看出本書針對環境數據的獨特性加入了一般工程統計少見的元素，例如 2.4 節「特殊數據處理」提到離群值與 ND 值 (未檢出數據) 處理、3.8 節延伸說明 ND 值的統計方法；除了在第 5 章介紹常用於環境數據的「非常態」機率分配外、也在第 8 章介紹幾種很有用的無母數檢定方法，例如以密合度檢定數據是否為常態分配、獨立性檢定、非常態母體中位數檢定及觀測樣本隨機性檢定；針對環境監測數據多來自時序抽樣的特性，本書更加入一般工程統計教科書沒有的時間數列分析。值得一提的是，本書絕大多數的習題範例都是環境數據與案例，而且解答都是以最常用的 *Excel* 統計軟體來製作與說明。因此，我非常有信心，這本累積了溫老師 30 餘年教學經驗、研究觀點與服務見解而成的統計實務指引，能符合大多數您對環境數據分析的基本需求。

回到一開始我對您為何翻開本書原因之推測，若我有幸猜對其中 1 個或 3 個，那麼您一定和我一樣，滿心期待與高度重視這本「環境統計學」的問市，而且這本書絕對不會讓您失望！

張智華

國立成功大學環境工程學系副教授兼系主任

民國 112 年 8 月 23 日，臺南

目 錄

10 相關與迴歸分析

＊ 11 時間數列分析

統計附表

https://drive.google.
com/open?id=1pb03
vqqC2NsZlFAM9bG
gzzfhxnawYM0A&us
p=drive_fs

CHAPTER 1

環境統計學概論

1-1 環境統計學

　　現代的人，不管在日常生活或專業領域上，都會用到統計學。例如每次選舉都有預測候選人的得票率與誤差，因此從小學、國中到高中的數學課都有統計學的教材，進入大學的工程與環境領域裏，很多決策是靠經驗法則來決定的，經驗法則就靠統計。一個工程師規劃工程容量的過程，必須先估計未來使用量，再收集相關資料做統計分析，建立預測模式後預估未來需要量，再決定工程容量。整個過程如圖1.1。下面舉一個環工問題，說明統計決策的過程。

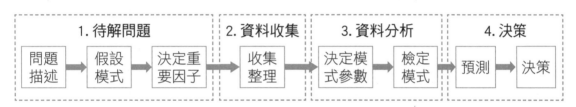

○ 圖 1.1：環境統計流程與領域

1. 待決問題：河川涵容能力。

　　水污染法規定：河水水質低於水質標準時必須實施污染「總量管制」，但排入河段的總量不能超過河川的「涵容能力」，所以實施總量管制必須先求涵容能力。涵容能力又靠流量模式和水質模式的演算求解，所以先假設流量和水質模式，而兩個模式有關的因子，如河川流量、流速、水溫和水質等，是決定這項工作的因子，除了靠水污染專業知識外，也需要具備統計觀念。

2. 資料收集與整理：上網收集或現場調查這些因子的資料，經過整理、分類和儲存；有些資料可能缺漏或不足，需要修正或補遺。

3. 資料分析：通常會收集到很多資料，不容易看出資料的特性，可以畫成各種圖形、求各種統計量和分佈情形等，這些工作屬於統計學裡敘述統計；有時也需要建立水

質與流量之關係，這個工作屬於相關和迴歸分析；再來需要選擇適當的流量模式推估低流量發生的頻率；此外，水質模式大部分採用確立模式，是質量不減原理推導出來的。但不管是流量模式或水質模式選擇完後，模式裡有很多參數，須經過檢定與驗證，這些工作都靠統計分析。

4. 決策：環保人員再依據模式求「涵容能力」和「容許排入河川的污染量」，再進一步管制污染源的污染量。最後的「決策」再由水污染專家決定。

上面流程，第 2、3 屬於統計領域，第 1、4 屬於環境專業但也需要統計觀念，才能做出最好的決策。從圖 1.1 之流程可了解統計學是一門收集過去的資料加以整理，然後做統計分析所得到結果做決策之用。

1-2 統計在大數據時代的地位

現在已經進入大數據時代，以計算機及其軟體為工具，應用於數學與統計之原理與方法，分析大量數據，建立模型 (式) 預測未來，供決策之用。大數據科學家、工程師或分析師，應具備下面知識：對比分析法、分組分析法、交叉分析法、結構分析法、漏斗圖分析法、綜合評價分析法、因素分析法、矩陣關聯分析法、相關分析法、迴歸分析法、聚類分析法、判別分析法、主成分分析法、因子分析法、對應分析法、時間序列等，其中統計學是最基本的知識。而本書所涉及的是屬於初等統計學，內容包括數據整理與分析、敘述統計、相關與迴歸分析以及時間數列分析。

1-3 環境統計學上之專有名詞

因為統計學發源於西方，有些專有名詞有不同的翻譯名稱，本書盡量以「國家教育學院 - 雙語詞彙和學術名詞」之譯名為準，並配合中小學數學中之統計名稱和數學符號，使大、中、小學之統計能連貫在一起。

● 隨機性 (randomness)：一個動作的發生或數據的出現，是不可預知、不能掌控也不確定的，具有這種特性稱為隨機性。

● 隨機變數 (random variable)：具有隨機性的變數稱為隨機變數，常用 X 表示。X 集合中若有 n 個個體 x_1、x_2、$\cdots$、x_n，常用 $X = \{x_1, x_2, \cdots, x_n\}$ 集合表示。在統計領域隨機

變數都是實數沒有虛數，本書所用的變數都是實數，不再註明是不是實數。

- 離散 (型) 隨機變數 (discrete random variable)：一個變數如果前後兩個值之間沒有其他數據連接，稱為離散 (或稱不連續型) 隨機變數，例如擲骰子出現的點數 $X = \{1,2,3,4,5,6\}$，兩個點數之間沒有其他點數存在，所以 X 為離散型。
- 連續 (型) 隨機變數 (continuous random variable)：如果隨機變數前後兩個值之間有數字連接起來稱為連續 (型) 隨機變數，如常態分配的隨機變數。
- 變量 (variate)：變數中某一個觀測值稱為變量。
- 母體 (population，又稱群體)：研究對象的全體稱為母體，是由所有個體組成的一群集合。如果個體有一定數量，稱為有限母體，如果數量很多難以估計稱為無限母體。
- 樣本：從母體抽出的個體稱為樣本。樣本所組成的集合稱為樣本空間 (sample space)。例如從一所學校抽出 10 個學生量體重，全校學生所構成的集合稱為母體，10 個學生是樣本。樣本所組成的空間稱為樣本空間，寫成 $S=\{x \mid x=63,58,\cdots, 70\}$，共 10 個變量。
- 統計量：取得之數據經統計計算所得的值稱為統計量，例如平均數、標準差、中位數等。
- 參數 (parameter，又稱母數)：母體的特徵值稱為參數或母數，例如平均數 (mean，μ) 和標準差 (variance，σ)，是顯示母體數據集中和分散特性的參數。
- 統計估計 (statistic estimation)：分為點的估計和區間估計。以某一個樣本統計量如樣本平均數，當作母體參數 (或稱母數) 值，稱為點的估計。若以一機率估計母體參數坐落的範圍，稱為區間估計。
- 統計檢定：假設母體某一參數 (如 σ) 等於某一個統計量 (如樣本標準差 S)，在某一個允許誤差內 (如 5%)，檢定假設是否成立，這個程序稱為統計檢定。
- 統計推論 (statistic inference)：執行統計估計和統計檢定稱為統計推論。
- 迴歸分析 (regression analysis)：分析兩個或兩個以上變數之間的關係和建立數學模式，然後再用模式預測未來。這個數學模式又稱為迴歸方程式 (regression equation)。
- 時間數列 (time series)：按照發生時間次序進行排列的數據稱為時間數列，或稱為時間序列。
- 時間數列分析：分析過去時間數列變動的特性，如自我相關、週期、趨勢，建立模式並預測未來。

1-4 本書的架構與內容

本書各章的內容，除了第二章的資料整理與分析外，分成下列三大部分：

● 第 I 部分－隨機變數的敘述統計與統計推論：第三章介紹計算數據統計量的方法，如平均數、標準差、分佈係數和偏態係數，來解釋數據集中、分散和分佈情形；第四章介紹基本型的隨機變數函數的定義、特性，以及常態分配的特性和常用的公式；第五章介紹其他環境工程常用的機率分配特性和公式；第六章介紹抽樣方法、樣本統計量的機率分配（稱為抽樣分配）；第七章和第八章合稱統計推論，用機率分配之原理和樣本的統計量，如樣本平均數、標準差或相關係數等，去推估母體參數坐落區間；第八章也可以假設母體參數與這些樣本統計量之間的關係，在可接受的誤差下，檢定假設是否成立。本章並介紹無母數假設檢定，包括隨機性檢定、獨立性檢定和機率函數密合度檢定 (goodness fit test)；第九章變異數分析，是第八章假設檢定推廣到 3 個 (含) 隨機變數之均數的檢定。

● 第 II 部分－相關與迴歸分析：第十章相關與迴歸分析是介紹兩個或兩個以上的隨機變數，計算彼此之間的相關程度，建立變數之間的經驗公式 (或稱迴歸方程式)，檢定經驗公式是否成立，計算經驗公式的預測值及其信賴範圍。最後舉例說明建立最佳經驗公式的方法。

● 第 III 部分－時間數列分析：最後一章對時間相關的環境資料，分析資料的性質、數據的自我相關性，舉例說明簡單時間數列模式的建立與應用。

1-5 EXCEL 統計軟體的應用

因為統計常處理大量資料、用很多公式，計算過程很麻煩需要借助計算機，市面上也有很多統計套裝軟體，諸如 SAS、MINITAB、STATISTICA 和 EXCEL 等。只要熟悉軟體的語言，很容易得到統計結果。在這些軟體中， EXCEL 可以免費使用，提供繪圖和統計分析等工作，使用簡單，本書大部分例都是使用 EXCEL 做出來的。

1-6 本書的用法

統計學是具有前後連貫性，後面常會回用到前面之定義、定理或公式，所以從頭開始就必須熟讀每一章的定義、原理和公式，熟練每題例子，下課後還要親自做習題，才能趕上老師進度。本書在某些章節左上方印有「*」記號，表是內容較深，初學者可以跳過，每章後面備有習題，題目不多，但會涵蓋整章的內容，讀者必須每題親自解答，並對照本書所附 QR code 之解答，解答都含有演算的步驟，能使讀者徹底了解統計原理和應用。QR code 內還附有上課之 PPT (Power Point)，供教師參考。

此外本書後面備有索引，按照中文筆畫排列，讀者用關鍵字在索引裏可以很快找到頁數和詳細的內容；本書附錄附有常用的和不易查到的機率分配表，如標準常態分配表、t 分配表和無母數檢定表；其他較複雜的機率分配表，如二項、F 分配表等，請上網尋找或用 EXCEL 的公式計算，因為在 EXCEL 的「公式」、「統計」或「資料分析」，都很容易找到需要的答案。

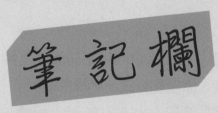

資料收集與整理

2-1 資料的來源

環境領域的資料除了收集到的外，很多來自調查和實驗，簡略說明如下：

1. 調查資料

調查有普查和抽樣兩種方法，例如要調查一個學校的學生身高，方法有普查和抽樣調查。普查是將所有學生全部調查；抽樣調查是從母體 (population) 抽出若干個樣本，統計分析後再推論到母體。各種抽樣方法及其樣本數，留在第六章 6.1 節說明。環境數據大部分來自抽樣調查，但環境影響評估所需之資料，常採用專家問卷調查法，如「德爾非」調查法 (Deiphi method) 又稱專家調查法，常用在決策上。方法是寄信件給專家徵詢意見 (或評分)，第一次收回之意見 (或評分) 會比較分歧，整理成綜合意見或統計評分的平均數和差異後，再做第二次徵詢意見，收回再整理統計，如此反覆多次，最後會得到比較接近的意見。一般統計學上不討論這種調查法。

2. 實驗資料：

很多數據是由實驗得到的，要先根據統計原理規劃實驗方法，才能得良好的資料，再經統計分析後才可得到可靠的結論。因此收集實驗資料時必須注意下列三點：

(1) **有沒有重複實驗**：只有一次的實驗，不能估計誤差，也無法做統計推論 (包括估計和檢定)。必須同一實驗條件重複多次。理論上重複次數越多，實驗誤差愈小，實驗結果越準確可靠。一般而言，如果誤差控制得好，計量 (如濃度、質量等) 的實驗，10-20 次即可，甚至少一些都可以。而計數 (次數) 的實驗，即使誤差控制得好，也需要 30-100 次左右。不容易做的實驗，如研究生物處理污染物負荷對去除率的影響，改變一個實驗條件，等生物處理系統達到穩定後才能取樣，但系統要達到穩定需要很長時間，重複次數可以減少到 4-6 次。

(2) 是不是隨機抽樣或排列：統計推論的估算誤差和推論結果，所用資料是要來自隨機抽樣與重複觀測。

(3) 了解有沒有控制誤差：

$$誤差 = 測量值 - 真值 \tag{2.1}$$

誤差分為系統誤差 (systematic error) 和隨機誤差 (random error) 兩種，後者又稱抽樣誤差：

● 系統誤差：又稱為偏差 (bias)，是測量系統偏離真值的另一種誤差。系統誤差來自儀器的誤差(error)、方法的誤差、操作的誤差和藥劑的誤差或抽樣設計產生的誤差等。測量時產生的系統誤差會偏向一邊，偏大或偏小，與測量的次數無關，所以增加測量次數求平均值，並不能消除系統誤差。在統計學領域裡的「實驗設計 (Experimental Design)」，就是規劃各種實驗方法用來排除系統誤差。

● 隨機誤差 (或稱抽樣誤差)：是指抽樣造成的不知道原因的誤差。產生隨機誤差的原因很多，如樣品的異質性、反應器的不均質性或操作人員的不穩定性，都可能是隨機誤差的來源。隨機誤差是不可避免，但可以減小，如注意實驗控制或加大樣本數。

2-2 資料的性質分類及其統計方法

在統計領域裡，資料可分為計量資料 (measurement data) 和非計量資料兩大類。非計量資料如等級 (A、B、C、⋯) 或符號 (＋、－號) 等。計量資料常由實驗或抽樣得到，是可以數的資料，又稱為變量 (variate)，從一個到多個變數。如果變量大小是隨機跳動的，不受抽樣時間或次序影響者稱為**隨機性變量**，反之稱為非隨機性變量。大部分的環境資料是在不同時間下測定的，但常與時間無關。如果有關，本書把它歸列為**時間數列** (time series)。如果兩個或兩個以上變數之間有關係存在稱為**相關**。

各種資料屬性有不同的統計方法，所以統計分析之前，應先判定資料的性質，再找適當的方法統計。計量資料可分成下列三種性質和統計方法：

● 隨機性：一維隨機性資料使用敘述統計與統計推論，本書列在第三章至第九章討論。

● 相關性：二維與多維隨機性資料，如果變數間彼此有關，使用相關與迴歸分析，見本

書列列在第十章；如果無關迴歸到隨機性統計。

● 時間性：與時間相關資料，用時間數列分析，見本書第十一章。

　　抽樣所得的計量資料，樣本數大於 30 次，一般被認為大樣本，小於 30 被認為是小樣本；但在無母數檢定 (nonparametric test，參看 8.5 節) 時，20 個以上樣本就被認為大樣本。

2-3 各種資料性質的判定方法

　　判定計量資料性質的方法有檢定法和圖解法兩種，但初學者尚未學到檢定，建議先用圖解法做初步判定，等學過第八章檢定的原理後，再用檢定法判定。

1. 一維變數隨機性與時間數列的判定

　　表 2.1 是某工廠放流水連續 42 天採樣分析出來的 COD(化學需氧量) 濃度，要判斷 COD 是否具有隨機性，以採樣時間為橫座標，變量 (COD) 為縱座標作圖 (如圖 2.1)，各點在平均線 COD = 34 mg/L 上下無規則的跳動，可初步判斷為**隨機性數據**。

　　如果畫出來的圖，各點有逐漸向上或向下趨勢者 (如圖 2.2)，或有週期無趨勢變化者 (如圖 2.3)，或有趨勢和週期同時變化者 (如圖 2.4)，三者都是時間數列。

表 2.1：某工廠放流水連續 42 天採樣分析 COD 濃度

時間	1	2	3	4	5	6	7	8	9	10	11	12	13	14
COD,mg/L	22	41	35	45	32	37	30	26	40	20	31	33	38	31
時間	15	16	17	18	19	20	21	22	23	24	25	26	27	28
COD,mg/L	47	37	25	43	34	36	29	33	39	33	27	41	34	32
時間	29	30	31	32	33	34	35	36	37	38	39	40	41	42
COD,mg/L	31	19	47	38	32	26	39	30	42	35	41	34	25	43

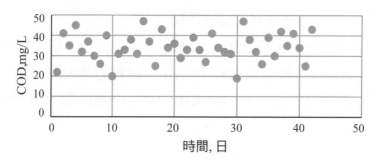

⋒ 圖 2.1：隨機性數據

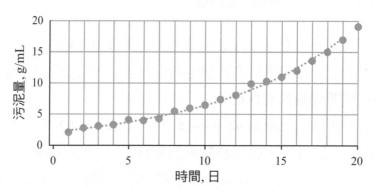

⋒ 圖 2.2：趨勢向上無週期時間數列

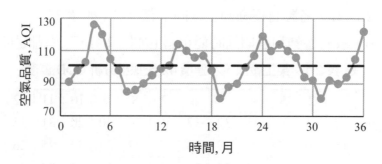

⋒ 圖 2.3：有週期無趨勢序列

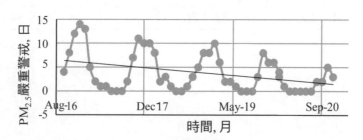

⋒ 圖 2.4：週期和趨勢時間數列

2. 二維變數之相關

在高三數學的二維數據分析裏，已介紹過兩個變數之間的散佈情形、相關係數和最適直線方程式。其中散佈情形是將兩變量畫在 x-y 平面座標紙上，如果四處散佈，表示 X 與 Y 無關 (如圖 2.5)；如果有一變量隨另一個變量變化增加 (如圖 2.6)，表示兩變量為正相關。若要進一步檢定兩變數有無相關，請看本書 10.2 節之相關係數檢定。

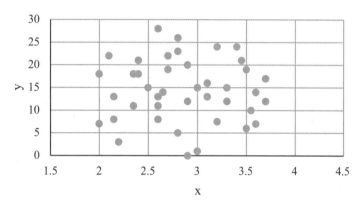

🎧 圖 2.5：兩變數無關

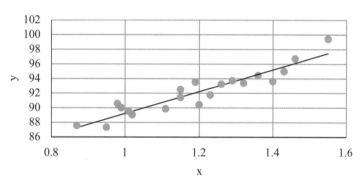

🎧 圖 2.6：兩個相關的隨機變數

2-4 特殊數據的處理與品質評估 (Data Quality Assessment)

在環境品質監測裏，常會得到很特殊的數據，如異常值 (outlier，或稱離群值)、未檢出數據 (non-detectable data，ND) 和時間數列裏的遺漏數據 (missing data)。在河川重金屬或土壤污染微量有害物質的監測，常遇到很多 ND 測值。這些特殊數據若

不做前處理，無法進行統計分析。如果是環境品質檢測，都須通過品質保證 (quality assurance, QA) 與品質管制 (quality control, QC)，如果還有這些特殊數據，可做下面前處理方法。

2.4.1 離群值的前處理

離群值是與一群數據 (data) 相差很大或很小的資料，遇到這些數據需要做下列三種處理法 (US EPA, 2006)：

1. 去除不正確數據

須先檢討數據的品質，如果是因轉錄、編碼的錯誤或量測系統出問題，這些數據必須刪除，不然算出來的樣本統計量如算術平均數 ($\bar{x}$) 標準差 (s) 等，去推論母體之均數 (μ) 和標準差 (σ)，會產生偏差，所以必須捨去這些數據。

2. 離群值加入統計分析

如果數據不是前面錯誤所引起的離群值，不能捨去必須納入統計分析。例如 2009 年 8 月的莫拉克颱風，阿里山一天降了 1623 mm 雨量，是往年最大日降雨量的 2-3 倍，但這個離群值是真實的紀錄值，如果經過 QA/QC 管理測出的數據，是不能捨棄，否則推估出來的最大暴雨 (如一百年發生一次的) 會偏小。

3. 修正離群值

離群值的統計檢定方法，不能讓我們決定它的取捨，只能了解它和其他數據是否同屬於一個母體的機率，是否需要進一步調查更多數據。離群值的取捨必須根據專業知識判斷，例如空氣品質的離群值是否可以去掉，要依據空氣品質的知識決定。離群值的統計檢定相當複雜，超出本書範圍，如果讀者需要知道請參看參考資料 (US EPA2006)。

2.4.2 未檢出數據 (ND) 的處理

常在環境品質分析時遇到未檢出 (ND, non-detectable) 數據，是低於儀器或分析方法所能偵測到的極限。ND 是非數據值無法做統計分析，但有、無納入都會影響統計值。美國 EPA(2006) 依據 ND 個數佔全體數據的百分比，建議表 2.2 的處理方法。

表 2.2：美國 EPA 對 ND 資料處理方法的建議

ND 數佔比	處理與統計方法
<15%	設偵測極限值等於 a，以 0 或 a/2 或 a 代替 ND；或用柯亨 (Cohen) 平均法。
15% ～ 50%	截尾平均法 (trimmed mean)、Aitchison(艾奇森)、柯亨法、或溫塞平均數 (Winsorized mean)。
50% ～ 90%	比例檢定。
>90%	用 Poisson(卜松) 分配統計。

表 2.2 中對 ND 數的佔比在 15% 以下的建議是以 0 或 a/2 或 a 代替 ND，然後再做統計分析。其他部分是屬於求平均數和變異數的統計方法，本書在第三章 3.8 節討論。如果採用偵測極限值 (DL) 處理 ND，本人建議用 a/2，所得結果會比較適當。各種環境品質的 DL 值因分析方法與儀器而異，由分析者提供。

例 2.1 翡翠水庫某年氨氮的濃度如表 2.3，求該年的平均數，但氨氮的偵測極限 (DL 或 MDL) 是 0.019 mg/L。

表 2.3：翡翠水庫一年中氨氮之濃度分析值

時間 , 月	1	2	3	4	5	6	7	8	9	10	11	12
氨氮 , mg/L	0.05	0.04	ND	0.10	0.08	0.07	0.09	0.11	0.10	0.09	0.05	0.02

解

ND 數占比 =1/12=0.08=8%<15%。

設 3 月的 ND=0.01 值，所以算數平均數 =(0.05+0.04+0.01+0.10+0.08+0.07+0.09+0.11+0.10+0.09+0.05+0.02)/12=0.07

2.4.3 遺漏數據的處理

如果數據是隨機性，遺失幾個數據影響統計分析不大，但是時間數列裡因數據和

時間有關係，有時遺漏了一、兩個觀測值，會使分析無法進行，這時就需要補漏。補漏方法很多，工程數學的直線內插、二項內插法等，其中以直線內插最簡單，方法是遺漏點的前一個值加後一個值除以 2，做為補漏值。EXCEL 的時間常列分析有自動補遺之功能。

2-5 單變數之資料分佈

2.5.1 單變數統計圖表之製作

拿到的環境資料常是一大堆數據看不出特性，經畫圖常可以明顯看出來。微軟公司的 EXCEL 可以畫一些基本的統計圖表。使用方法如下：

打開 EXCEL 操作介面後點選「插入」，在右下角「圖表」就有各種形狀的圖表 (如圖 2.7) 供畫圖之用。EXCEL 的「資料」的「預測工作表」有自動補漏的功能。

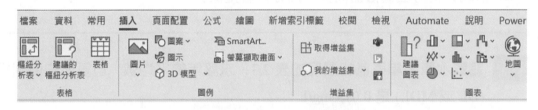

⚬ 圖 2.7：EXCEL 繪圖介面

常畫的圖有長條圖 (bar chart，數據不連續)、直方圖 (histogram，數據連續)、圓形圖 (pie chart)、散佈圖、次數多邊形圖、時間數列圖 (time series plot) 等，依據所需要之資訊，有很多圖形供你選擇，下面僅舉幾個圖例說明。

1. 長條圖 (Bar Chart) 與直方圖 (Histogram)

如圖 2.8 的長條圖是表示各城市之人口，各城市的人口不連續所以用長條圖表是較適合。如果數據是連續的，畫下面的直方圖比較適當。連續數據直方圖分布的形狀，受數據分組的影響，如下面例 2.2。

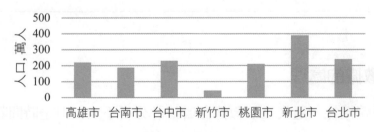

⚬ 圖 2.8：都市人口

例 2.2　表 2.1 是工廠放流水 COD 濃度紀錄，繪直方圖並看濃度分布情形。

解

● EXCEL 操作介面按「插入」，圈選 COD 數據，點「圖表」的直方圖，EXCELL 自動分成 4 組如圖 2.9a。相當於把數據分成 4 組，橫座標下面之數據，如 [26, 33）代表第 2 組的下限和上限註。

● 變更組數和組界：如果電腦的游標點在 [26, 33）上面按右鍵，螢幕會出現「座標軸格式」一排指令如圖 2.9b，再按最下面的「圖表區格式」，點選「間格數目」把 4 改成 10，會畫出 10 組直方圖如圖 2.9c。由這些圖可知，直方圖的形狀受組數的影響。究竟分成幾組較適合？統計學家 Sturge 經過很多的經驗，創立 Sturge 分組法，請看下面第 2.5.3 節其直方圖如圖 2.13。

● 長條圖或直方圖大致可以看出資料分布的情形，如分布有沒有對稱、是否成常態分布或其他分布等？但若要證明資料是否成某種分布，需要用機率函數密合度檢定，如 χ^2- 檢定或 K-S 檢定，請參看第八章 8.6 節。

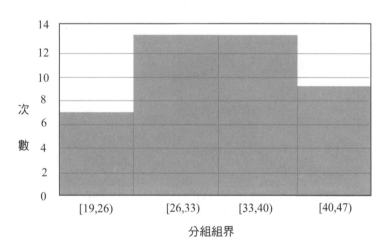

◑ 圖 2.9a：EXCEL 自動分成 4 組之直方圖

註 [26 , 33)[表示包含 26,) 不包含 33。

● 圖 2.9b：EXCEL 之座標軸格式

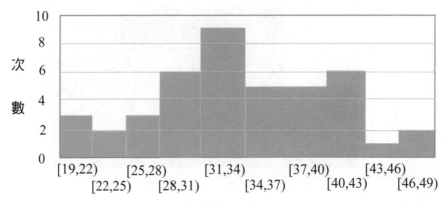

● 圖 2.9c：分成 10 組之直方圖

2. 次數多邊形圖和累積相對次數圖

次數多邊形圖 (圖 2.10) 與直方圖的功能差不多，本書不再贅述。

3. 圓形圖 (pie chart)

圓形圖是分成幾個扇形，每個扇形角的大小與各類別次數比例多寡成正比，由扇形的大小很容易看出各類的大小。如圖 2.11 是表 2.1 每一組發生次數之百分比，適合畫離散數據。

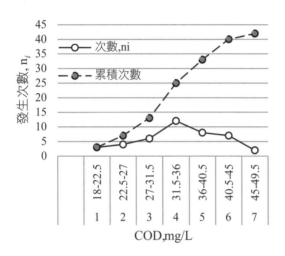

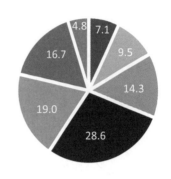

🎧 圖 2.10：次數多邊形圖 　　　　　🎧 圖 2.11：COD 濃度各組佔的百分比％

2.5.2 資料分布形狀

隨機變數依據其大小發生之次數或機率會構成一種分布 (或稱分配)，會像山的形狀。分布的種類很多，有單峰或多峰的，有正立或偏斜的。圖 2.12a 是連續資料的雙峰分布圖形，只有一個高峰的稱為單峰分布，兩邊對稱的正峰分布如圖 2.12b。不連續的觀測資料，也可利用分組方法，統計各組發生次數或相對次數，做成類似圖 2.9a 和 2.9c 之柱狀之直方圖。

在統計學裏對單峰分布的偏向和一般對山峰偏向的看法剛好相反，統計學所謂左偏是指峰頂 (即眾數) 的左邊發生的次數比右邊多如圖 2.12c，右偏剛好相反如圖 2.12d。圖中 $\bar{x}$ 是算術平均數，M_d 是中位數位數居中的 x 值，M_o 是眾數發生次數最多 x 值，三者之間的大小和偏斜關係如圖中所示，求法參看第三章第 3.2 節。

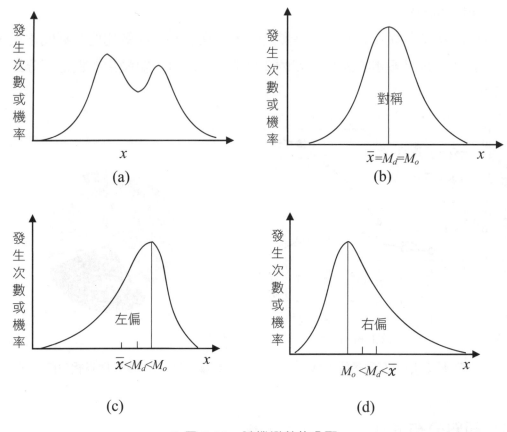

(a)

(b)

(c)

(d)

🎧 圖 2.12：隨機變數的分配

2.5.3 次數分配表之製作

如果要看觀測資料分布情形，將資料分組，統計各組發生的次數或相對次數，再做分布圖。資料分組的優點是容易了解資料分佈情形，方便解釋資料集中趨勢和離散程度；缺點是形狀會隨分組的組數而異，統計量會喪失原始風貌和若干精確度。現在計算機計算能力很強，可將不分組的資料劃出和統計分佈特性。不過，我們有時拿到的資料是分組的，或是用卡方檢定適合度或一致性檢定時 (參看第八章 8.6.1 節和 8.7 節) 資料需要分組。

資料分組時各組最大值和最小值的差距稱為組界 (interval)，各組的組界可相等或不等，視資料散佈程度而定，一般採用等組界分組。但如果有少數幾個數據較大可採用不等組界分法，把最後幾組的組界加大以減少組數。至於要分幾組有不同的分法，組數會影響次數分布的形狀，本書推薦 Sturge 的分組方法。根據統計學家 Sturge 氏的

長期的經驗，用下面公式 (2.1) 的分組方法可得到最適當的圖形分布：

$$I = \frac{Range}{1 + 3.32\log n} \tag{2.1}$$

此處，I = 組界，Range = 範圍 (最大值減去最小值)。如果求得的組界是小數，可取鄰近似整數，如 5.1 取 5、5.8 取 6；也可以取容易分界的小數，如 6.4 取 6.5 之小數。然後再用組界和範圍決定組數，方法請看下例。

▶▶▶

例 2.3 污水處理廠放流水之 COD 測定 42 次，如表 2.1，求 COD 之相對次數分配。

解

以 Sturge 氏分組法計算組界：

範圍 = 47 − 19 = 28，由 (2.1) 式得

$$I = \frac{28}{1 + 3.32\log 42} = 4.4$$

組界取 4.5mg/L，第 1 組下限值取 18 上限值是 22.5，第一組必須包含表 2.1 中最小數據 19，最後一組上限必須包含最大值 47。依據表 2.1 的數據需要分 7 組，分組結果如表 2.4，表中也統計每組發生的次數 n_i 和相對次數 n_i/n，n 是總次數。將各組的發生次數做圖，如圖 2.13，因數據是連續的成為直方圖。第 4 組發生的次數最多是眾數所在組。

 表 2.4：表 2.1 隨機數據分組織次數分配表

組別	組界	組中點	次數, n_i	相對次數, n_i/n	累積次數	累積相對次數
1	18-22.5	20.25	3	0.071	3	0.07
2	22.5-27	24.75	4	0.095	7	0.17
3	27-31.5	29.25	6	0.143	13	0.31
4	31.5-36	33.75	12	0.286	25	0.60
5	36-40.5	38.25	8	0.190	33	0.79
6	40.5-45	42.75	7	0.167	40	0.95
7	45-49.5	47.25	2	0.048	42	1.00

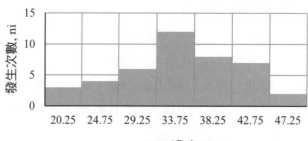

COD濃度, mg/L

🎧 圖 2.13：分組之次數分配 - 直方圖

2-6 其他統計圖之製作

2.6.1 多變數統計圖

每次在同一採樣點取得之樣本通常會進行多種變數的量測，例如每個土壤樣本會同時分析鉛、汞及各種重金屬的濃度；每個水樣會分析 BOD、DO、pH 等水質濃度；或單一變數在不同採樣點都有觀測資料。此時，我們可透過多變數關係圖了解各變數之間的關係。

前節針對單一變數的直方圖也可用以比較不同變數的關係，例如讓每個圖都有一樣的 X 軸，但 Y 軸選用不同變數，可進行變數間的比較。若各變數單位不同，不建議放太多，最多放 2-3 個。

此外，也常用的是散布圖 (scatter plot)(US EPA, 2006)，成對或同時採樣分析的數據，散布圖可強力解釋兩變數或多變數間之關係，兩變數的散布圖和簡單迴歸圖 (如圖 2.6) 的畫法相同，多變數散布圖是數組兩個變數的散布圖，畫在同一個平面座標上，舉例說明如下。

 例 2.4　在一塊土地上做土壤調查結果如表 2.5，求 (1) 三氯乙烯 TCE 與四氯乙烯 PCE 兩變數散布圖 (2) PCE 與鎘和 TCE 三變數散布圖。

⬙ 表 2.5：土壤污染調查結果

次序	TCE	PCE	鎘	次序	TCE	PCE	鎘	次序	TCE	PCE	鎘
1	8.7	14.5	4.3	8	6.3	4.3	3.6	15	2.1	3.6	2.5
2	18.5	37.2	3.7	9	4.5	2.2	0.8	16	3.8	7.7	3
3	21	10.8	6.9	10	8.6	3.5	1.2	17	4.5	4.1	2.4
4	10.5	18.6	1.1	11	4.1	6.4	3.5	18	1.2	3.3	0.7
5	11.2	7.4	6.3	12	12	3	1	19	2.6	5.2	1.7
6	19.5	37.8	1.4	13	5	3.1	1.2	20	5.1	4	0.9
7	7.2	13.6	6.4	14	10.3	12.6	5.4	21	2.9	6.3	1.9

註：單位 = ppb 或 μg/kg，TCE = 三氯乙烯、PCE= 四氯乙烯。

解

(1) TCE 與 PCE 散布圖

兩者之散布圖如圖 2.14，從散布圖可以清楚看出 PCE 與 TCE 間之關係，趨勢線可能是線性 (如圖中的實線) 或非線性線 (圖中虛線是指數趨勢)，將來學了迴歸分析後，可以選出最好的趨勢線。散布圖的好處可繪出離群的數據。

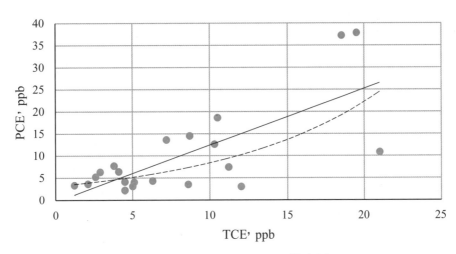

⌒ 圖 2.14：TCE 與 PCE 散布圖

(2) TCE、PCE 與鎘散布圖

選 TCE 與 PCE 一組、TCE 與鎘一組以及 PCE 與鎘一組畫散布圖，如圖 2.15。如果三個變數的數據範圍相差不大時，用一個比例座標即可，如果相差太大，需要用不同比例座標。

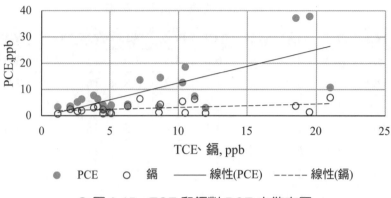

● 圖 2.15：TCE 和鎘對 PCE 之散布圖

2.6.2 空間分佈圖

空間分佈圖可以表示資料空間視覺化，如有極端值發生地點、整體空間分佈態勢和相鄰位置差異的大小。常用的有下列幾種：

1. 看板圖和泡泡圖 (post-plot and bubble plot)

把調查的資料點畫在看板上稱為看板圖，例如調查一塊土地重金屬鎘的污染情形，把這塊土地分成 10m×10m 方格，每一方格採一土樣測鎘濃度，調查結果標示在平面圖上如圖 2.16，稱為鎘污染看板圖。可以表示鎘濃度的空間分布，圖中有矩形外框的數據如 22.8，表示濃度超過管制標準 20 mg/kg。

若資料數較大，會使看板圖不易判讀，此時可改用泡泡圖是將原始數據開根號做為泡泡半徑，在採樣位置點上畫泡泡，泡泡越大表示數值越高，如圖 2.17。

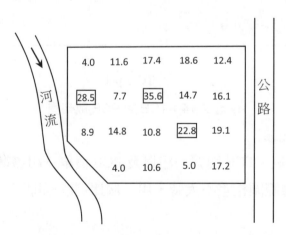

● 圖 2.16：土壤鎘濃度分布圖 (看板圖)

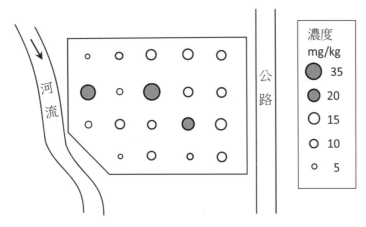

🎧 圖 2.17：土壤鎘濃度分布圖（泡泡圖）

2. 等高線圖 (contour plots)

　　表示整體資料的空間分佈，首先需將研究區域分成網格，再將測值內插，畫成圖形是為等高線圖。求法如下：

　　圖 2.18 是地下水井三氯乙烯 (TCE) 在同一含水層的測值，畫 15 μg/L 等濃度圖為例：

● 找最高濃度 18.6 μg/L 為中心，四周有七個井相鄰，連線七個井，得到七條連線。

● 以直線內插法求七條連線 15μg/L 等濃度的位置。舉 18.6 與 10.6 μg/L 連線為例，這兩個井在圖上之距離是 29 個長度單位，設 18.6 到 15 μg/L 的長度為 x 單位，

直線內插：$\dfrac{18.6 - 10.6}{29} = \dfrac{18.6 - 15}{x}$，$x = 13.1$ 單位長。在兩井連線上從 18.6 μg/L 井量 13.1 單位的位置就是等濃度線 15 μg/L 經過的點。同樣方法求其他六條等濃度線的位置。

● 經過前面七個位置，畫 15μg/L 等濃度線如圖 2.19。

● 同樣方法可畫 10 和 5μg/L 的等濃度線。

　　由上面畫法可知當測點密度越高，所呈現的等濃度線就越平滑、越準確，但畫法越複雜。現在已有很多軟體，只要輸入位置和數據，就可以直接畫等高線圖，非常方便。

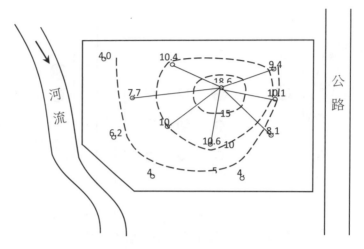

🎧 圖 2.18：地下水 TCE 等濃度圖

3. 魚骨圖

在河川污染上用來表示不同地點排入河川的污染量，所用的污染負荷圖，因為圖形很像魚骨，所以稱為魚骨圖，如圖 2.19。可以容易看出污染地點和污染量，畫法有很多種，可隨個人意識畫圖，只要能讓看的人很容易了解資料的意涵就達到目的。

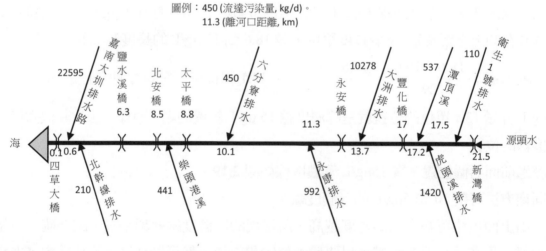

🎧 圖 2.19：河川污染負荷魚骨圖

第二章 習題

Ex.2.1 從一批製造出來 30 公分的水管中隨機抽取 12 隻測其內徑大小，結果如下，求抽樣時的隨機誤差：30.1, 30.9, 28.7, 31.0, 30.3, 29.5, 30.6, 29.0, 31.3, 28.9, 30.6, 29.9 公分。

Ex.2.2 已知高屏溪高屏大橋流量站最近 42 年每年的 "最大瞬時流量" 如 Table2.1，用畫圖方式評估 "年最大小瞬時流量" 是否具有隨機性？

🔸Table2.1：高屏大橋 42 年來 "年最大瞬時流量"，單位 m³/sec

年序	1	2	3	4	5	6	7	8	9	10	11
最大流量	13600	8948	1580	11000	7980	10500	3420	18000	15200	13510	13600
年序	12	13	14	15	16	17	18	19	20	21	22
最大流量	10500	1290	9230	8560	5500	4520	12500	5220	6720	10400	5450
年序	23	24	25	26	27	28	29	30	31	32	33
最大流量	5330	10400	16300	7780	6930	4800	3980	10600	9030	7350	3090
年序	34	35	36	37	38	39	40	41	42		
最大流量	4680	3650	6200	13600	18100	11300	5400	9400	2420		

Ex.2.3 高雄鳳山水廠取東港溪河水處理，其中六年來每月平均加氯濃度如 Table2.2，用作法評估其數據是否具有隨機性？

🔸Table2.2：鳳山水廠自來水處理 6 年來之加氯濃度 (mg/L) 紀錄

時間，月	1	2	3	4	5	6	7	8	9	10	11	12	13	14	15	16	17	18
氯濃度	31	30.5	21.3	27.7	32.2	30.2	29.1	18.7	19.7	22.9	30.8	33.9	38.5	42.5	39.7	39.3	41	27.1
時間，月	19	20	21	22	23	24	25	26	27	28	29	30	31	32	33	34	35	36
氯濃度	19.6	16.1	11.5	15.7	22.2	26.3	33.4	46.4	40.9	37.8	42.2	32.5	21	14.5	16.3	16	21.5	31.9
時間，月	37	38	39	40	41	42	43	44	45	46	47	48	49	50	51	52	53	54
氯濃度	34.9	36.4	36.2	35.3	30.4	34.8	23.7	24.4	8.4	11.8	14.5	19.6	26.5	33.8	33.3	38	44.4	22
時間，月	55	56	57	58	59	60	61	62	63	64	65	66	67	68	69	70	71	72
氯濃度	24.3	26	24	21.2	24.1	32.7	36.1	40.1	43.8	47.8	58.6	26	18.7	7.1	12.6	14.7	23.8	28.4

Ex.2.4　Table2.3 是某個空氣品質監測站同時監測總碳氫化合物 (TPH) 和非甲烷碳氫化合物 (NMTPH) 濃度的結果，求兩種污染物出現的性質。

◍Table2.3：某空氣品質站 48 小時之 TPH 與 NMTPH 濃度

時間	1	2	3	4	5	6	7	8	9	10	11	12	13	14	15	16	17	18	19	20	21	22	23	24
TPH,ppm	22	24	21	20	16	16	20	19	16	18	18	19	16	16	15	19	18	18	15	19	20	18	19	22
NMTPH,ppm	9	10	9	8	7	5	8	7	5	6	5	6	4	6	5	7	8	7	5	7	10	7	7	8
時間	25	26	27	28	29	30	31	32	33	34	35	36	37	38	39	40	41	42	43	44	45	46	47	48
TPH,ppm	18	17	19	18	19	18	16	22	18	15	15	15	17	16	18	15	37	35	22	15	16	17	16	15
NMTPH,ppm	6	5	7	5	7	6	13	10	7	4	4	5	6	5	6	4	15	13	11	4	4	6	5	4

Ex.2.5　畫下面數據之圖形：(1) 六大國土面積單位：萬平方公里如下：俄羅斯 = 1710，加拿大 = 998，中國 = 963，美國 = 963，巴西 = 836，澳洲 768。 (2) Table 2.1 高屏大橋流量之直方圖。

Ex.2.6　將習題 2.5(1) 世界六個面積最大的國家畫成圓形圖。

Ex.2.7　根據採樣分析垃圾組，成結果水分佔 10.1 %、廚餘類 35.6 %、紙類 33.6 %、塑膠類 13.2 %、金屬類 0.5 %、玻璃類 0.9 %，以及皮革橡膠頁、纖維布頁木竹落葉頁等其他類占 6.1 %，畫圓形圖。

Ex.2.8　某一加油站因漏油造成土壤污染，經 5m × 5m 方格調查，再 2m 深地下土壤含總碳氫化合物 (TPH) 的含量如下，請會看版圖。1500, 2000, 2400, 45, 3600, 50, 710, 0, 150，單位：ppm。

Ex.2.9　有一條受污染河川，經調查各排水的污染量分別如 Table 2.4，50 km 是源頭水排入點，請畫魚骨圖表示河川污染示意圖。

◍Table2.4：河川排水及流達污染量。

排水名稱	A	B	C	D	E	F	G	H
里程 , km	6	8	14	15	22	28	36	42
左右岸 *	左	右	右	左	右	左	右	左
污染量 , kg/d	210	2260	450	4410	1030	990	540	1420

* 面向河川下游，在左手邊稱為左岸在右手邊稱為右岸 (世界通則)。

3

敘述統計

3-1 隨機變數之敘述統計

　　在高中學過一些統計的基本方法，包括平均值、標準差、相關和一些統計圖表的製作，都是屬於隨機變數的敘述統計。本章除了說明以前這些統計量的公式和意義外，再進一步介紹其他統計量，如峰度係數、偏態係數等。由樣本資料算出的數值稱為統計量。隨機數據的敘述統計量有下列幾個：

1. 集中趨勢的統計量：它是代表資料的中心點或代表值，或是出現頻率最多的某個資料，如眾數或平均數等。
2. 位置的統計量：表達某筆資料在全部樣本中所佔的位置，或是在某位置所對應的資料。如某生考 73 分是全班的第 5 名；排名前 10% 的學生是 70 分以上。
3. 離勢的統計量：表達一組資料的分散程度，如標準差。
4. 形狀的統計量：表達一組資料所構成的分布形狀，是否對中心點對稱，或是偏斜，大部分用偏態係數 (skewness) 或峰度係數表示。

3-2 集中趨勢之統計量

　　隨機性資料雖具有隨機散布和變動現象，但也有集中在某一點的趨勢，這個點的統計量稱為中心值 (central value)，計有平均數 (mean)、中位數 (median)、眾數 (mode)、截尾平均數 (trimmed mean) 及加權平均數 (weighted mean) 等。這些統計量的求法分別在下各節說明。

3.2.1 平均數 (Mean)

　　常用的有算數、幾何、調和三種平均數。隨機變數成常態分配之隨機變數，用算

術平均數表示較適合；若成對數常態分配或指數分配，用幾何平均數表示較適合。在環境的品質裏，如河川水質、空氣品質，很多成對數常態分配；或大腸菌的平均濃度，用對數平均數較適合。樣本和母體平均數的計算公式如下：

1. 算術平均數

連續性之隨機變數 X 的機率函數 $f(x)$，母體的中心值 μ 為

$$\mu = \int x f_{(x)} \, dx \tag{3.1}$$

如果隨機變數離散，母體共有 N 個變數組成，其平均數為

$$\mu = \frac{1}{N} \sum (x_1 + \cdots + x_i + \cdots + x_N) \tag{3.2}$$

如果從母體取出 n 個樣本，其算術平均數 $\bar{x}$ 計算公式為：

● 數據不分組時：$\bar{x} = \dfrac{1}{N} \sum x_i$ (3.3a)

$$\bar{x} = \frac{1}{N} \sum x_i \omega_i \ (\text{加權平均數}) \tag{3.3b}$$

此處，$\bar{x}$ ＝算術平均數，x_i ＝第 i 個樣本數 $(i = 1, 2, \cdots, n)$，n ＝總樣本數，ω_i 第 i 個樣本之權重，$\sum \omega_i = 1$

● 數據分組時：$\quad \bar{x} = \dfrac{1}{N} \sum_{i=1}^{k} n_i \hat{x}_i$ (3.4)

式中，$\hat{x}_i$ ＝第 i 組組中點，k ＝組數，n_i ＝第 i 組之次數。

2. 幾何平均數 $\bar{x}_g$

$$\bar{x}_g = (x_1 . x_2 \cdots\cdots x_n)^{1/n} \tag{3.5a}$$

(3.5a) 式取對數：

$$log\bar{x}_g = \frac{1}{n} (logx_1 + logx_2 + \cdots + logx_n) \tag{3.5b}$$

樣本平均數是最重要的統計量，是母體平均數 μ(或期望值) 誤差最小的不偏估計值。

3.2.2 中位數 (Median)，M_d

● 數據不分組：

按照大小次序排列，位置居中者稱為中位數，如果數據是偶數，居中者有兩個，取這兩者相加除以 2 即是中位數。例如數據 2、5、8 的中位數是 5；數據 3、6、8、11 的中位數是 $(6 + 8)/2 = 7$。

● 數據分組：

用下面公式計算：

> 中位數
>
> $$M_d = L_d + (\frac{n}{2} - f) \frac{C_d}{n_d} \tag{3.6}$$

此處，L_d 和 n_d = 中位數所在組之下限和次數，f = 比中位數所在組下限小之各組次數和，C_d = 中位數所在組之組界。

找中位數所在組的方法是把總次數 n 除以 2，如表 2.4 知 $n = 42$，除以 2 是 21，坐落在第 6 欄累積次數第 3 組的 13 次後面，在第 4 組的 25 次前面，所以中位數所在組是第 4 組。

中位數的優點是不受離群值的影響，在某些情況下，它提供一個較合理的集中趨勢量，特別是資料具有高度偏斜性時更可發現中位數的優點。

3.2.3 眾數 (Mode)

在觀測數據中，發生次數最多的值稱為眾數，求法有 King 氏、Czuber 氏和 Pearson 氏等公式，本書只介紹 King 氏：

> King's 眾數：
>
> $$M_o = L_o + \frac{n_a}{n_b + n_a} C_o \tag{3.7}$$

此處，L_o = 眾數所在組之下限，n_a = 眾數所在組後一組之次數，n_b = 眾數所在組前一組之次數，C_o = 眾數所在組的組界。

不是所有資料都有眾數，有的無眾數，有的超過一個。若資料有兩個稱為雙峰，若有兩個以上稱為多峰。

例 3.1 求第二章表 2.1 工廠放流水 COD 濃度的各種中心值，包括平均數、中位數和眾數。表 2.1 各數據用 Sturge 分組結果列在表 3.1。

● 表 3.1：隨機數據分組織次數分配表

(1) 組別	(2) 組界	(3) 組中點	(4) 次數, n_i	(5) 相對次數 n_i/n	(6) 累積次數	(7) 累積相對次數
1	18-22.5	20.25	3	0.071	3	0.07
2	22.5-27	24.75	4	0.095	7	0.17
3	27-31.5	29.25	6	0.143	13	0.31
4	31.5-36	33.75	12	0.286	25	0.60
5	36-40.5	38.25	8	0.190	33	0.79
6	40.5-45	42.75	7	0.167	40	0.95
7	45-49.5	47.25	2	0.048	42	1.00

解

● 算術平均數

不分組 (公式 3.3a)：$\bar{x} = \frac{1}{n}\sum x_i = \frac{1}{42}(22 + 41 + \cdots + 25 + 43) = 34.1$

分　組 (公式 3.3b)：各組中點和發生的次數如表 3.1，所以平均數

$\bar{x} = \frac{1}{42}(22.25 \times 3 + 24.75 \times 4 + 29.25 \times 6 + 33.75 \times 12 + 38.25 \times 8 + 42.75 \times 7 +$

$47.25 \times 2) = 34.3$

● 中位數

不分組：

　　將表 2.1 數據按照大小次序排列 (如表 3.2)，因數據共有 42 個，是偶數取中間第 20 和 21 兩個數據的平均，兩個分別為 33 和 34，所以 $M_d = (33 + 34)/2 = 33.5$

分組：

　　中位數落在第 4 組，由表 3.1 知第 4 組的組界 $C_d = 4.5$，組的下限 $L_d = 31.5$，發生的次數是 $n_d = 12$，比第 4 組小的各組發生的次數和 $f = 13$ 次，由公式 (3.6)

$$M_d = L_d + (\frac{n}{2} - f)\frac{C_d}{n_d} = 31.5 + (21 - 13)\frac{4.5}{12} = 34.5$$

⚫ 表 3.2：表 2.1 數據排序和累積百分比

i	1	2	3	4	5	6	7	8	9	10	11	12	13	14	15	16	17	18	19	20	21
$100*i/42$	2	5	7	10	12	14	17	19	21	24	26	29	31	33	36	38	40	43	45	48	50
COD	19	20	22	25	25	26	26	27	29	30	30	31	31	31	32	32	32	33	33	33	34
i	22	23	24	25	26	27	28	29	30	31	32	33	34	35	36	37	38	39	40	41	42
$100*i/42$	52	55	57	60	62	64	67	69	71	74	76	79	81	83	86	88	90	93	95	98	100
COD	34	34	35	35	36	37	37	38	38	39	39	40	41	41	41	42	43	43	45	47	47

● 眾數

　　由表 3.1 知，第 4 組發生的次數最多，是眾數所在組，其組界之下限 $L_o = 31.5$，組界 $C_o = 4.5$，眾數所在組後一組 (第 5 組) 之次數 $n_a = 8$，前一組 (第 3 組) 之次數 $n_b = 6$，代入 (3.7) 式求眾數。

$$M_o = L_o + \frac{n_a}{n_b + n_a} C_o = 31.5 + \frac{8}{6 + 8} \times 4.5 = 34.1。$$

● 討論：同一數據分別用分組與不分組公式計算平均數、中位數或眾數，結果有差異，是因分組後各組大小均以組中點計算所產生之誤差，例如表 3.1 第 1 組有 19、20、22(見表 2.1) 三個數據和是 61，但分組後以組中點 22.5 × 3 = 60.75 計算，61 與 60.75 間有差異，計算結果應以不分組的原始數據較正確。因此，如果你拿到的資料是分組的，才用分組公式計算。

3.2.4 各種中心值間之關係

　　平均數、中位數和眾數間之關係參看第二章圖 2.12。

(1) 如果數據的分布是單峰而且對稱 (圖 2.12b)，則平均數、中位數、眾數及去頭尾平均數都相等；如果平均數 > 中位數 > 眾數，分配是右偏，眾數右邊發生的次數比較多；如果平均數 < 中位數 < 眾數，分配是左偏的。

(2) 中位數求法比平均數簡單，且不被離群值干擾。

　　由於求法的關係，中位數不受離群值的影響，平均數則受影響，所以遇到有離群值出現，尤其出現數個時，用中位數表示中心值較適當。去頭尾的平均數也有此

特性，所以常被用在數位裁判的評分，不易受到裁判太高或太低評分的影響。

 例 3.2　五個數據 8、7、6、9，10 按照大小排列後 6、7、8、9、10，其算術平均
數是 8，中位數也是 8，去頭 (6) 去尾 (10) 的平均數是 8；如果將 6 改為 3
而成為 3、7、8、9、10，則平均數變成 7.4，中位數和去頭去尾的平均數
仍然是 8，顯然算術平均數受極小值 3 的影響很大。

3-3 位置統計量

　　數據按照大小排列後 (一般由小而大)，用來表示在某一位置的統計量，稱為位置
統計量。常用的有百分位、成數、四分位等均稱為分位數 (quantile)。百分位就是常用
的 %，每 10% 稱為一成、兩成、三成…；每 25% 稱為四分位數，如第一個四分位數
(25%)，第二個四分位數 (50%)、第三個四分位數 (75%) 等。不管那一種分位統計量的
求法相似。

3.3.1 四分位數的求法

1. 不分組資料四分位求法

　　設有 n 個未分組資料，可依下列方法求第 k 個四分位數，$k = 1$、2、3：

(1) 先將資料由小到大排列，如表 3.2。

(2) 第 k 個四分位：令 $m = n \times k/4$。

(3) 若 m 是整數，則第 m 個序位與第 $m + 1$ 序位資料的算術平均數，就是第 k 個四
分位數；若 m 不是整數，取大於 m 的最小 i 對應的值，就是第 k 個四分位。

　　例如：表 3.2 之第 1 個四分位 $(k = 1)$，$m = 42 \times \dfrac{1}{4} = 10.5$，次序 $i = 11$ 對應的

30mg/L 就是第一個四分位；當 $k = 3$，$m = 42 \times \dfrac{3}{4} = 31.5$，$i$ 取整數 32 對

應的 39 mg/L 就是第三個四分位。

2. 分組資料四分位數的求法：

資料分組第一個四分位和第三個四分位的求法如下：

資料分組四分位數

第 1 個四分位數：$Q_1 = L_1 + (\dfrac{n}{4} - f_1)\dfrac{C_1}{n_1}$

第 2 個四分位數 (= 中位數)：$Q_2 = M_d = L_2 + (\dfrac{n}{2} - f_2)\dfrac{C_2}{n_2}$

第 3 個四分位數：$Q_3 = L_3 + (\dfrac{3n}{4} - f_3)\dfrac{C_3}{n_3}$

式中 L_1、L_2、L_3 = 第 1、2、3 個四分位所在組之下限，n = 總次數，n_1、n_2、n_3 = 第 1、2、3 個四分位所在組之次數，f_1、f_2、f_3 = 第 1、2、3 個四分位所在組以下各組之次數和，C_1、C_2、C_3 = 第 1、2、3 個四分位所在組之組界。

 例 3.3　如表 2.1 有 42 個的 COD 的濃度，用分組法求四分位的濃度。

解

● 求第 1、2、3 個四分位所在組之次數：

第 1、2、3 分位的位置分別在 25、50 和 75%，由表 3.1 第 (7) 欄知第 1 分位發生在第 3 組、第 2 分位在第 4 組、第 3 分位在第 5 組，所以由第 4 欄知：$n_1 = 6$、$n_2 = 12$、$n_3 = 8$；

● 求各四分位所在組之下限：

由表 3.1 第 2 欄知 $L_1 = 27$、$L_2 = 31.5$、$L_3 = 36$；

● 求各四分位所在組以下各組之次數和：

由表 3.1 第 4 欄知 $f_1 = 7$、$f_2 = 13$、$f_3 = 25$；

● 求各四分位所在組之組界：$C_1 = C_2 = C_3 = 4.5$；

● 求各四分位數：

$$Q_1 = L_1 + (\frac{n}{4} - f_1)\frac{C_1}{n_1} = 27 + (\frac{42}{4} - 7)\frac{4.5}{6} = 29.6$$

$$Q_2 = L_2 + (\frac{n}{2} - f_2)\frac{C_2}{n_2} = 31.5 + (\frac{42}{2} - 13)\frac{4.5}{12} = 34.5$$

$$Q_3 = L_3 + (\frac{3n}{4} - f_3)\frac{C_3}{n_3} = 36 + (\frac{3 \times 42}{4} - 25)\frac{4.5}{8} = 39.7$$

● 討論：用同樣數據分別用分組和不分組計算各四分位，結果相近但不相等，分組有誤差，以不分組原始資料求得之結果較準。

3. 盒鬚圖 (Box-Whisker Plot)

盒鬚圖又稱為盒形圖，常用於說明一組數據的分佈狀況、重要分位數或中位數的位置、資料分散的狀況、合理數值範圍和離群值數量與位置。畫盒鬚圖必須先計算四分位。用圖 3.1 說明盒鬚圖代表的意義。

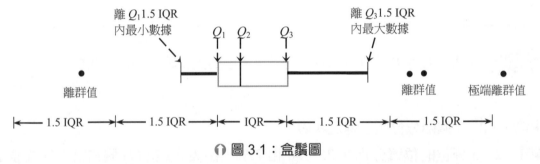

離 Q_1 1.5 IQR 內最小數據　　　離 Q_3 1.5 IQR 內最大數據

Q_1　Q_2　Q_3

離群值　　　離群值　極端離群值

|← 1.5 IQR →|← 1.5 IQR →|← IQR →|← 1.5 IQR →|← 1.5 IQR →|

🔊 圖 3.1：盒鬚圖

● 盒鬚圖說明：Q_1 = 第一個四分位數，即資料從小排到大，位居前四分之一 (25%) 的數值，Q_2、Q_3 分別為第二、三分位數；IQR = 四分位距 = $Q_3 - Q_1$，是 Inter Quartile Ranger 的簡寫；$Q_1 - 1.5$ IQR 是離群值下限，$Q_3 + 1.5$ IQR 離群值上限；$Q_1 - 3$ IQR 極端離群值 (extreme outlier) 下限，$Q_3 + 3$ IQR 極端離群值上限，大於 $Q_3 + 3$ IQR 稱為極端離群值。

● **盒鬚圖盒功能**：盒的大小 (IQR，四分位距)，可以看出資料分布的情形，如果盒很長表示資料很分散，很短表示資料很集中；盒兩邊的鬍鬚長度，也可看出資料範圍的差距；Q_2 是中位數，Q_2 線可稱為嘴巴，如果在盒的中間，表示資料對稱，如果嘴巴在左方 (或圖 3.2 的下方) 表示右偏，在右方 (上方) 表示左偏；可以看出資料有無離群值。

例 3.4　某市 36 次空氣品質 (AQI) 測值如下表 (已將數據從小排到大)，畫盒鬚圖。

表 3.3：某市空氣品質 AQI 測值

次序	AQI	次序	AQI	次序	AQI	次序	AQI
1	10	10	98	19	126	28	220
2	30	11	98	20	150	29	220
3	40	12	100	21	180	30	230
4	40	13	101	22	180	31	260
5	50	14	103	23	188	32	280
6	80	15	105	24	190	33	281
7	80	16	106	25	200	34	300
8	90	17	110	26	210	35	370
9	97	18	120	27	220	36	450

解

- 在 EXCEL 的工具列按「插入」，點選圖表上的柱狀圖，內有盒鬚圖。得到圖 3.2 之盒鬚圖。

- 在 EXCEL 圖 3.2 上，用游標放在第一分位上，會出現 $Q_1 = 97$，同法可求得 $Q_2 = 123$、$Q_3 = 220$、盒子內有「×」是為算數平均 $= 159$。

- $IQR = Q_3 - Q_1 = 220 - 97 = 123$，$1.5 \, IQR = 185$

- $Q_3 + 1.5 \, IQR = 220 + 185 = 405$，$Q_3 + 3 \, IQR = 589$，表 3.3 最大數據是 450，超過 405 但小於 589，所以是大的離群值。

- $Q_1 - 1.5 \, IQR = 97 - 185 = -88$，表 3.3 沒有小於 -88，所以沒有小的離群值。

- 表 3.3 數據落在 Q_3 與 $Q_3 + 1.5 \, IQR$ (即 220 與 405) 的最大值是 370。

- 數據最小值是 10。

- 資料分佈情形：$\bar{x} = 159$，中位數 $= M_d = Q_2 = 123 < \bar{x}$，由圖 2.12d 知分佈是右偏。

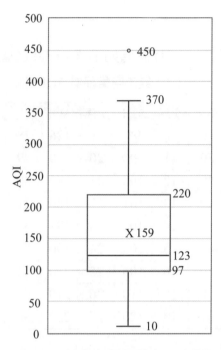

🎧 圖 3.2：某市空氣品質 AQI 盒鬚圖。

　　盒鬚圖雖然是一維隨機變數表是集中與分散而做的，但在不同空間下如果有數個位置資料，也可以表示空間位置變化情形，如圖 3.3 是環保署分析台灣周邊海水 10 年之葉綠素 $-a$ 濃度的盒鬚圖，由圖可看出東海岸的濃度比西海岸的濃度低很多。如果一條河川從上游到下游水質站的水質濃度盒鬚圖，可看出污染變化情形。

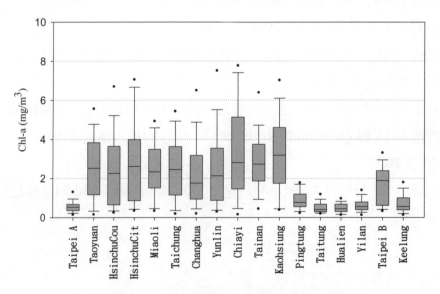

🎧 圖 3.3：台灣周邊海水葉綠素濃度盒鬚圖

3.3.2 百分位統計量

1. 分位圖 (quantile plot) 的求法

分位圖（Quantile–Quantile plot）又稱 Q-Q 圖，Q 代表分位數（Quantile，百分位或四分位）。舉例說明畫分位圖的步驟如下：

 例 3.5 某市連續 40 天測得空氣中 PM2.5 的日平均濃度 (μg/L) 如表 3.4，求百分位值和四分位值。

解 將資料按照大小次序排列 (習慣從小排到大)，並標上次序，如第 i 個，$i = 1,2 \cdots, n$。n 為資料總數。

- 以 $(i-0.5)/n$ 計算 x 的累積比值或百分比 P，結果如表 3.5。關於累積比值算法的公式很多，有 $P = i/n$、$(i-0.5)/n$、$i/(n+1)$、$(2n-1)/(2n+1)$ 等，如果 n 值夠大，各種公式算出的累積百比相差不大。

- 以每一個百分比對應的資料繪圖，完成分位圖如圖 3.4。圖中 Q_1、Q_2、Q_3 分別為第 1、2、3 四分位數，$Q_2 =$ 中位數 (前後數據數各佔一半)。

表 3.4：某市空氣連續 40 天 PM2.5 的日平均濃度 (μg/m³)

月 - 日	PM2.5	月 - 日	PM2.5	月 - 日	PM2.5	月 - 日	PM2.5
1 月 1 日	0.46	1 月 11 日	0.5	1 月 21 日	1.9	1 月 31 日	0.81
1 月 2 日	3.1	1 月 12 日	0.98	1 月 22 日	0.29	2 月 1 日	0.32
1 月 3 日	0.34	1 月 13 日	0.77	1 月 23 日	0.95	2 月 2 日	2
1 月 4 日	1.3	1 月 14 日	0.36	1 月 24 日	1.15	2 月 3 日	0.55
1 月 5 日	0.7	1 月 15 日	0.96	1 月 25 日	0.89	2 月 4 日	0.85
1 月 6 日	1.22	1 月 16 日	1.75	1 月 26 日	0.4	2 月 5 日	0.6
1 月 7 日	3.6	1 月 17 日	2.2	1 月 27 日	1	2 月 6 日	0.43
1 月 8 日	0.64	1 月 18 日	3.49	1 月 28 日	1.1	2 月 7 日	0.75
1 月 9 日	1.5	1 月 19 日	1.05	1 月 29 日	3.65	2 月 8 日	0.65
1 月 10 日	2.5	1 月 20 日	1.4	1 月 30 日	0.91	2 月 9 日	2.1

表 3.5：PM2.5 濃度發生之累積百分比

i	P, %	PM2.5	i	P, %	PM2.5	i	P, %	PM2.5	i	P, %	PM2.5
1	1	0.29	11	26	0.64	21	51	0.96	31	76	1.75
2	4	0.32	12	29	0.65	22	54	0.98	32	79	1.9
3	6	0.34	13	31	0.7	23	56	1	33	81	2
4	9	0.36	14	34	0.75	24	59	1.05	34	84	2.1
5	11	0.4	15	36	0.77	25	61	1.1	35	86	2.2
6	14	0.43	16	39	0.81	26	64	1.15	36	89	2.5
7	16	0.46	17	41	0.85	27	66	1.22	37	91	3.1
8	19	0.5	18	44	0.89	28	69	1.3	38	94	3.49
9	21	0.55	19	46	0.91	29	71	1.4	39	96	3.6
10	24	0.6	20	49	0.95	30	74	1.5	40	99	3.65

2. 分位圖的用途

分位圖的中位數分成兩邊，如果曲線左右兩邊的曲度相等，資料分布是對稱，如果右邊的曲度較左邊大是右偏，資料分布是右邊比較多 (如圖 3.4)。若把表 3.4 分組繪成次數直方圖（圖 3.5）並做比較，圖 3.5 也是右偏。

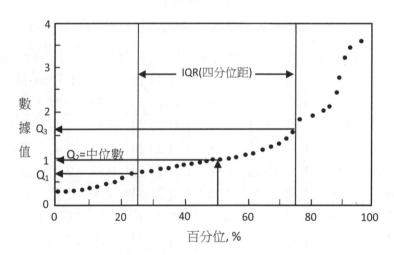

圖 3.4：百分位圖 (US EPA, 2006，作者重繪)

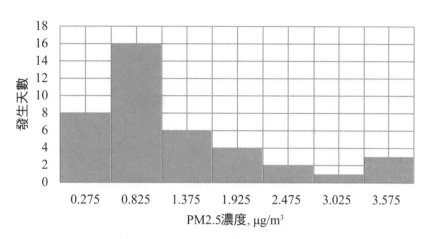

○ 圖 3.5：次數直方圖

◀◀◀

3-4 離勢統計量

隨機性數據雖有集中到中心值的趨勢，但也有離開的趨勢，每個觀測值離中心值都有一段距離，不管這距離長短統稱為離差 (dispersion)，有絕對離差和相對離差兩種。絕對離差又有範圍、平均差和標準差三種，相對離差常用變動係數 (coefficient of variation) 表示。

1. 範圍 (range)

數據裡最大值減去最小值稱為範圍，例如表 3.4 之 PM2.5 濃度，最大值是 3.65，最小值是 0.29，所以範圍是 3.36。

2. 平均差 (mean deviation，MD)

每個觀測值 x_i 與中心值距離的絕對值稱為平均差，中心值可取平均數或中位數。其計算公式為：

● 數據不分組

隨機變數 $X = \{x_1, x_2 \cdots .., x_i, .., x_n\}$ 之中位數 M_d 與平均數 $\bar{x}$，其平均差定義為：

$$\text{MD} = \frac{1}{n} \sum_{i=1}^{n} |x_i - M_d| \ or = \frac{1}{n} \sum_{i=1}^{n} |x_i - \bar{x}| \tag{3.8}$$

如果數據分成 k 組，其平均差計算公式如下：

● 數據分組

$$\text{MD} = \frac{1}{n} \sum_{j=1}^{k} n_j |\hat{x}_j - M_d| , \ or = \frac{1}{n} \sum_{j=1}^{k} n_j |\hat{x}_j - \overline{x}| \tag{3.9}$$

此處，k = 組數，n_j = 第 j 組之個數，$\hat{x}_j$ = 第 j 組中點。

3. 變異數和標準差 (variance and standard deviation)

(1) 母體變異數和標準差

如果連續型隨機變數 X 的機率函數是 $f(X)$，X 的變異數為：

$$\sigma^2 = \int (x - \mu)^2 f_{(x)} \, dx , \ -\infty < x < \infty \tag{3.10a}$$

如果 N 是離散型隨機變數 X 的總個數，X 的變異數為：

$$\sigma^2 = \frac{1}{N} \sum_{i=1}^{N} (x_i - \mu)^2 \tag{3.10b}$$

(2) 樣本變異數和標準差

樣本變異數之分組和不分組的計算公式，分列在 (3.11a) 式和 (3.11b) 式。兩個公式的差別在於 S^2 是除以 n，$\hat{S}^2$ 除以 $n-1$，後者稱為不偏變異數。變異數開平方稱為標準差 S 或不偏標準差 $\hat{S}$（只取正值）。在推定母體變異數時用到不偏標準差（參看第七章 7.1.2 節）。

$$S^2 = \frac{1}{n} \sum_{i=1}^{n} (x_i - \overline{x})^2 \ or = \frac{1}{n} \sum_{j=1}^{k} n_j (\hat{x}_j - \overline{x})^2 \tag{3.11a}$$

$$\hat{S}^2 = \frac{1}{n-1} \sum_{i=1}^{n} (x_i - \overline{x})^2 \ or = \frac{1}{n-1} \sum_{j=1}^{k} n_j (\hat{x}_j - \overline{x})^2 \tag{3.11b}$$

(3) 離差的特性與應用

● 標準差是所有離差中之最小者，因為標準差的平方項比任何一個平方項小：

$$\sum (x_i - M_d)^2 \geq \sum (x_i - \overline{x})^2 \tag{3.12}$$

因此樣本標準差是推估母體標準差最有效的估計值，參看第七章 7.1.2 節。

● 標準差可用來評估儀器或分析方法的精度 (Precision)：

在分析化學上，準度 (Accuracy) 是指分析值與真值接近的程度，精度是同一個樣本多次分析值集中的程度，標準差越小精度越高，但不一定準度好。例如用 A、B 兩廠的儀器，同時分析一個樣本數 10 次，假設結果 A 廠的標準差

$S_a = 0.4\text{mg/L}$，B 廠 $S_b = 0.8\text{mg/L}$，B 廠的標準差較大表是儀器的精度較差。

- 不用取絕對值即可將負號因素消除，從事高階統計研究時可大量減輕計算的困難。

 例 3.6　求表 2.1 COD 的變異數數和標準差。

解

因為表 2.1 是從廢水處理廠放流水的母體中取樣出的樣本，只用不分組公式計算變異數和標準差：

變異數：

$$S^2 = \frac{1}{42}[(22-34.1)^2 + (41-34.1)^2 + \cdots + (43-34.1)^2] = 47.1$$

不偏變異數 $\hat{S}^2 = \dfrac{n-1}{n}\hat{S}^2 = \dfrac{41}{42} \times 47.1 = 46.0$

將變異數開平方得 COD 的標準 $S = 6.9$，不偏標準差 $\hat{S} = 6.8\text{mg/L}$。

---

4. 相對離差—變動係數 (coefficient of variance，C_v)：

變動係數定義為標準差除以平均數，其公式為：

$$C_v = \frac{\hat{S}}{\bar{x}}，\text{或} = \frac{S}{\bar{x}} \tag{3.13}$$

C_v 沒有單位而且除以平均值，消除變量的大小，對於單位不同或同一單位數據相差很大的情況下，很難用絕對離差比較，但用變動係數就沒這種問題。例如要比較兩地空氣品質 AQI 變動的大小，用變動係數很適合，請看下例：

 例 3.7　已知高雄小港空氣品質站 3 年來 PM2.5 的日平均濃度是 $32\mu\text{g/m}^3$，標準差是 $8\mu\text{g/m}^3$；玉山國家公園鹿林山空氣品質站是 $5\mu\text{g/m}^3$，標準差是 $3\mu\text{g/m}^3$。請問那個空品站的變動比較大？

解

　　大家都知道小港的空氣品質比鹿林山差，PM2.5 的濃度比較高，所以算出來的標準差比較大，但不表示變動會比較大，此時要用變動係數比較恰當。

● 小港的變動係數：$C_v = 8/32 = 0.25$，

● 鹿林山的變動係數：$C_v = 3/5 = 0.6$。

因為小港站的變動係數比數較小，所以 PM2.5 的變動比鹿林山站小。

3-5　動差 (moment)

　　在力學裏力量 (F) 對某一中心點垂直距離 (x) 的乘積稱為力矩 (Fx，moment)，在統計學裏隨機變數 (x_i) 對某一點 (a) 為中心之距離的 r 次方，稱為 r 級動差，以公式 (3.14) 表示：

對任意點 a 之 r 級動差：

不分組資料：$m_r'' = \dfrac{1}{n} \sum_{i=1}^{n} (x_i - a)^r$　　　　　　　　　　　(3.14a)

分組資料：$m_r'' = \dfrac{1}{n} \sum_{j=1}^{k} n_j (\hat{x}_j - a)^r$　　　　　　　　　　　(3.14b)

　　上式 $r \geq 0$ 之正整數，n_j 為第 j 組發生次數，n 為總樣本數，a 為任意實數，一般取 0 或平均數 $\bar{x}$。取 $a=0$ 時，是以原點為中心的動差，稱為原動差，用 m_r' 表示；若取 $a=\bar{x}$ 為中心的動差，稱為主動差用 m_r 表示。

原動差：不分組 $\Rightarrow m_r' = \dfrac{1}{n} \sum_{i=1}^{n} x_i^r$，分組 $\Rightarrow m_r' = \dfrac{1}{n} \sum_{j=1}^{k} \hat{x}_j^r$　　　(3.15a)

主動差：不分組 $\Rightarrow m_r = \dfrac{1}{n} \sum_{i=1}^{n} (x_i - \bar{x})^r$，分組 $\Rightarrow m_r = \dfrac{1}{n} \sum_{j=1}^{k} (\hat{x}_j - \bar{x})^r$　　(3.15b)

當 $r=1$ 時不分組的原動差，由 (3.15a) 式得到一級原動差，等於平均數：

$$m_1' = \frac{1}{n} \sum_{i=1}^{n} x_i = \bar{x}$$

當 $r=2$ 時之主動差，由 $(3.15b)$ 式得二級主動差，相當於變異數：

$$m_2 = \frac{1}{n}\sum(x-\bar{x})^2 = \frac{1}{n}\sum(x^2 - 2\bar{x}x + \bar{x}^2)$$

$$= \frac{1}{n}\sum x^2 - (\frac{\sum x}{n})^2 = m_2' - (m_1')^2$$

3-6 形狀統計量

1. 偏態與偏態係數 (coefficient skewness)

一般統計學討論的機率函數都是單峰的分布，不討論雙峰或多峰的分配。單峰分配的形狀有下列特性：

- 左偏分布：$\bar{x} < M_d < M_0$
- 對稱分布：$\bar{x} = M_d = M_0$
- 右偏分布：$\bar{x} > M_d > M_0$

峰的偏向大小可用**偏態係數**表示：

$$b_1 = \frac{m_3}{S^3} = \frac{m_3}{m_2^{3/2}} \tag{3.16}$$

式中，m_2、m_3 分別為二級和三級主動差，用 $r=2$ 和 3 代入 (3.15b) 式求得，S 是標準差，S^2 是二級主動差相當於變異數，b_1 = 偏態係數，對稱時 $b_1 = 0$；右偏時 $b_1 > 0$ 又稱為正偏 (positive skewness)；左偏時 $b_1 < 0$ 又稱為負偏 (negative skewness)。偏態係數越大偏度越大。

2. 峰態與峰度係數 (kurtosis coefficient)

單峰分布的峰有高聳和低闊之分，可用峰度係數表示，公式為：

$$K = \frac{m_4}{m_2^2} = \frac{m_4}{S^4} \tag{3.17}$$

式中，m_2、m_4 分別為二級和四級主動差，K = 峰度係數，$K=3$ 是常態分配峰，$K < 3$ 是低闊峰，表示資料較分散；$K > 3$ 是高窄峰，表示資料較集中，如圖 3.6 所示。

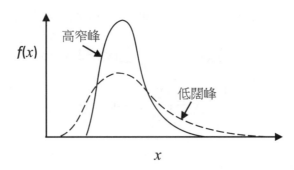

高窄峰

低闊峰

$f(x)$

x

🎧 圖 3.6：資料分布型態

 例 3.8　求表 2.1 COD 濃度之分配形態。

● 偏態評估：

$S^2 = 46.0$，$\bar{x} = 34.1$，$S = 6.9$

$$m_3 = \frac{1}{42} \sum (x_i - \bar{x})^3 = \frac{1}{42} [(22 - 34.1)^3 + (42 - 34.1)^3 + \cdots\cdots + (43 - 34.1)^3]$$

$$= -53.4$$

由公式 (3.16)，偏態係數 $b_1 = \dfrac{-53.4}{6.9^3} = -0.16$

因為 b_1 是負值但不大，COD 濃度分布是輕微偏左。

● 峰度評估：

$S^2 = 46.0$

$$m_4 = \frac{1}{42} \sum (x_i - \bar{x})^4 = 5598$$

由公式 (3.17)，$K = \dfrac{5598}{46.0^2} = 2.65$

因為峰度係數小於 3 但不多，屬於輕微低闊峰。

3-7 EXCEL 的敘述統計計算

上面是說明資料的中心**趨勢**、**離勢**，以及分布形態的各種特性，如果數據多的時候計算比較複雜，若用 EXCEL 的敘述統計，很簡單可以求出來，下面舉例說明。

例 3.9 用 EXCEL 工具列中之資料分析的敘述統計，求表 2.1 數據之各種統計量。

解

(1) 打開 EXCEL 出現的畫面如下圖 3.7。按上面的「資料」， 在最右上角再按「資料分析」，會出現圖 3.8。再按「敘述統計」得到圖 3.9。

◯ 圖 3.7：EXCEL 工具列

◯ 圖 3.8：資料分析的內頁

(2) 出現圖 3.8 的「敘述統計」後再按確定，會出現圖 3.9。

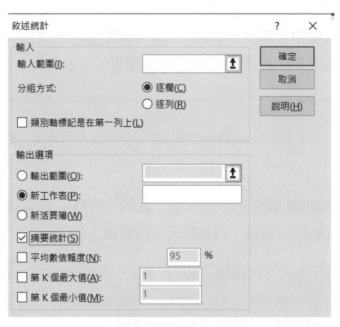

○ 圖 3.9：敘述統計

(3) 在圖 3.9 輸入數據範圍，依據你的數據在 EXCEL 上是逐欄排列或逐列排列，選一個「逐欄」或「逐列」。其他項目點選你需要的。EXCEL 算出的結果如表 3.7 表中中間值就是中位數，標準誤是平均數 $\bar{x}$ 的標準差，定義請看 6.3 節 (6.6) 式。(註：EXCEL 輸出表本來是 2 欄 15 列，本處改為 4 欄 8 列，以節省空間，本書常做同樣處理)。

○ 表 3.7：EXCEL 的敘述統計輸出

統計量名稱	統計量	統計量名稱	統計量
平均數	34.1	範圍	28
標準誤	1.1	最小值	19
中間值	34.0	最大值	47
眾數	41.0	總和	1433
標準差	6.9	個數	42
變異數	48.2	最大值	47
峰度	−0.4	最小值	19
偏態	−0.2	-	-

3-8 特殊資料統計量 (USEPA，2006)

拿到的數據常有 ND(低於偵測極限 DL 值) 在內，因 ND 不是數據，無法作敘述統計，必須特別處理，第二章 2.4.2 節已說明過，本節就直接計算。

3.8.1 ND 數小於 15% 之統計方法

用柯亨 (Cohen) 求平均數和標準差的方法。

$X = \{x_1, x_2, \cdots, x_m, x_{m+1}, \cdots, x_n\}$，其中 $x_{m+1}, \cdots, x_n$ 為 ND 值，

● 計算 $x_1, x_2, \cdots, x_m$ 之平均數和變異數

$$x_d = \frac{1}{m} \sum_{i=1}^{m} x_i，\quad S_d^2 = \frac{1}{m-1} \sum_{i=1}^{m} (x_i - x_d)^2 \tag{3.18}$$

● 計算全部樣本之平均數和變異數

$$x = x_d - \hat{\lambda}(x_d - \mathrm{DL})，\quad S^2 = S_d^2 + \hat{\lambda}(x_d - \mathrm{DL})^2 \tag{3.19}$$

● 求 $\hat{\lambda}$： $h = \frac{n-m}{n}$，$r = \frac{S_d^2}{(x_d - \mathrm{DL})^2}$，查附表 5。

▶▶▶ ────────────────────────────────●

例 3.10　某工廠放流水硫酸鹽濃度 24 個隨機樣本如表 3.8，儀器之偵測極限 DL = 1450 $\mu g/L$，求放流水硫酸鹽之平均值及標準差。

⟳ 表 3.8：某工廠放流水硫酸鹽濃度 (USEPA，2006)

1850, 1760, < 1450, 1710, 1575, 1475, 1780, 1790, 1780, < 1450, 1790, 1800, < 1450, 1800, 1840, 1820, 1860, 1780, 1760, 1800, 1900, 1770, 1790, 1780。

解　因為儀器最小偵測極限 (DL) 是 1450，所以上表 < 1450 的數據均是 ND。

(1) 簡易法

因 ND 個數少於總樣本數 15%，假設 ND = DL/2 = 725μg/L(參看表 2.2)，所以 24 個測值變成：

> 1850, 1760, 725, 1710, 1575, 1475, 1780, 1790, 1780, 725, 1790, 1800, 725, 1800, 1840, 1820, 1860, 1780, 1760, 1800, 1900, 1770, 1790, 1780。

用 EXCEL 資料分析之敘述統計求得：$\bar{x} = 1641$，$S^2 = 132561$, $S = 364$。

(2) 柯亨法：

- 已知 $n = 24$，$m = 21$，$(n - m)/n = 0.125 = 12.5\%$。

- 計算 $x_1, x_2, \cdots, x_m$ 之平均數和變異數

$$\bar{x}_d = \frac{1}{m} \sum_{i=1}^{m} x_i = 1771.9，S_d^2 = \frac{1}{m-1} \sum_{i=1}^{m} (x_i - \bar{x}_d)^2 = 8593.7 (\mu g/L)^2。$$

- 求 h 和 r

$$h = \frac{n-m}{n} = 0.125，r = \frac{S_d^2}{(x_d - DL)^2} = 0.083。查附錄表 5 得 \hat{\lambda} = 0.150$$

- 求 $\hat{\lambda}$

雙直線內插法：

第一步：$\hat{\lambda}_1 = 0.1143 + \dfrac{0.1793 - 0.1143}{0.15 - 0.10}(0.125 - 0.10) = 0.1468$，

同理求得 $\hat{\lambda}_2 = 0.1514$。

第二步：$\hat{\lambda} = 0.1468 + \dfrac{0.1514 - 0.1468}{0.10 - 0.05}(0.083 - 0.05) = 0.1498 \approx 0.150$。

第一步

r	h		
	0.10	0.125	0.15
0.05	0.1143	$\hat{\lambda}_1 = 0.1468$	0.1793
0.083			
0.10	0.1180	$\hat{\lambda}_2 = 0.1514$	0.1848

第二步

r	h		
	0.10	0.125	0.15
0.05	0.1143	0.1468	0.1793
0.083		$\hat{\lambda} = 0.1498$	
0.10	0.1180	0.1514	0.1848

- 放流水之平均濃度和變異數

$\bar{x} = \bar{x}_d - \hat{\lambda}(\bar{x}_d - DL) = 1771.9 - 0.150(1771.9 - 1450) = 1723$

$S^2 = S_d^2 + \hat{\lambda}(\bar{x}_d - DL)^2 = 8593.7^2 + 0.150(1771.9 - 1450)^2 = 24120$

$S = 155$。

3.8.2 ND 數在 15% 與 50% 間之統計方法

　　ND 數據數落在這範圍內，可用柯亨或艾奇森法求平均數和標準差。柯亨法已於 3.8.1 節說明過，下面是艾奇森法。

> 艾奇森 (Aitchison) 法：
>
> $X = \{x_1, x_2, \cdots, x_m, x_{m+1}, \cdots, x_n\}$，其中 $x_{m+1}, \cdots, x_n$ 為 ND 值，
>
> ● 計算 $x_1, x_2, \cdots, x_m$ 之平均數和變異數
>
> $$\bar{x}_d = \frac{1}{m} \sum_{i=1}^{m} x_i \ , \ S_d^2 = \frac{1}{m-1} \sum_{i=1}^{m} (x_i - \bar{x}_d)^2 \qquad (3.20)$$
>
> ● 計算全部樣本之平均數和變異數
>
> $$\bar{x} = \frac{m}{n} \bar{x}_d \ , \ S^2 = \frac{m-1}{n-1} S_d^2 + \frac{m(n-m)}{n(n-1)} \bar{x}_d^2 \qquad (3.21)$$

 例 3.11　有一河水採樣 10 個月，每月一次，分析二氯甲烷濃度如下表（單位 = $\mu g/L$），求該河二氯甲烷的平均濃度和標準差，但二氯甲烷之 DL = $1.0 \mu g/L$。(USEPA，2006)

> 1.9, 1.3, 1.9, < 1, 2.0, < 1, < 1 , < 1, 1.6, 1.7

解

由所給的數據可知，$m = 6$，$n = 10$，ND 值占的比率 40%。

$$\bar{x}_d = \frac{1}{m} \sum_{i=1}^{m} = \frac{1}{6} (1.9 + 1.3 + 1.9 + 2.0 + 1.6 + 1.7) = 1.733 \ ,$$

$$S_d^2 = \frac{1}{m-1} \sum_{i=1}^{m} (x_i - x_d)^2 = \frac{1}{6} \sum_{i=1}^{6} (x_i - 1.733)^2 = 0.0667$$

(1) 柯亨法

$$h = \frac{n-m}{n} = 0.4 \ , \ r = \frac{S_d^2}{(\bar{x}_d - DL)^2} = \frac{0.0667}{(1.733 - 1)^2} = 0.124$$

查附錄表 5，直線內插得 $\hat{\lambda} = 0.628$，所以樣本

平均數：$\bar{x} = \bar{x}_d - \hat{\lambda}(x_d - \mathrm{DL}) = 1.733 - 0.628(1.733 - 1) = 1.273$，

變異數：$S^2 = S_d^2 + \hat{\lambda}(\bar{x}_d - \mathrm{DL})^2 = 0.0667 + 0.628(1.733 - 1)^2 = 0.404$

(2) 艾奇森法

$$\bar{x} = \frac{m}{n}\bar{x}_d = \frac{m}{n}\frac{1}{m}\sum_{i=1}^{m} x_i = 1.04$$

$$S^2 = \frac{m-1}{n-1}S_d^2 + \frac{m(n-m)}{n(n-1)}\bar{x}_d^2 = \frac{5}{9}0.0667^2 + \frac{5\times 4}{10\times 9}1.733^2 = 0.838$$

　　柯亨和艾奇森兩種修正平均數和變異數的方法，柯亨法是假設所有觀測值 (包括 ND 樣本) 的母體是成常態分配，艾奇森法只有假設可測值 (不包括 ND 樣本) 成常態分配。因此可以用常態機率座標紙，判斷哪一種方法較適合。選擇的步驟如下：

第一步：配合柯亨的假設，將觀測值點在包含 ND 觀測次數的常態機率座標紙上。

第二步：配合艾奇森的假設，將觀測值點在不包含 ND 觀測次數的常態機率座標紙上。

第三步：上面兩種圖形，選用較成直線的方法做為計算平均數和標準差。或用密合度檢定 (goodness fit test) 觀測值是否成常態分配，檢定方法參看本書第八章 8.6 節。下面舉例說明做圖的方法。

例 3.12　有一井水每月採樣並分析氯苯濃度，一年內共測 12 次，濃度如下表，求年平均濃度和標準差。DL = 1.00，單位 μg/L。(USEPA，2006)

> < 1, 1.20,　< 1, 1.35,　< 1, 1.25, 1.55, 1.30, 1.45, 1.85, 1.60, 2.10

解

$n = 12$，$m = 9$，ND 的比例 = 3/12 = 0.25 = 25%。

(1) 數據按照大小次序排列

i	1	2	3	4	5	6	7	8	9	10	11	12
氯苯	<1	<1	<1	1.20	1.25	1.30	1.35	1.45	1.55	1.60	1.85	2.10

(2) 第一步：柯亨標示法

- 將所有樣本數求累積機率，$F(z) = (i\text{-}0.5)/n$，包括小於偵測極限的樣本數也算在內，所以 $n = 12$ 計算如表 3.9 第 3 列。

- 由第 3 列之累積機率值，查常態機率表得標準常態變數 z（參考 4.4.1 節），如第 4 列。

- 以 z 為橫坐標，氯苯濃度為縱座標畫圖如圖 3.10。

⬇ 表 3.9：柯亨法

i	1	2	3	4	5	6	7	8	9	10	11	12
氯苯	<1	<1	<1	1.20	1.25	1.30	1.35	1.45	1.55	1.60	1.85	2.10
$(i\text{-}0.5)/12$	0.04	0.13	0.21	0.29	0.37	0.46	0.54	0.62	0.71	0.79	0.88	0.96
z				−0.55	−0.32	−0.11	0.11	0.32	0.55	0.81	1.15	1.73

(3) 第二步：艾奇森標示法

- 將所有小於偵極限的樣本數除外，求累積機率，$F(z) = (i - 0.5)/n$，$n = 9$ 計算如表 3.10 第 3 列。

- 由第 3 列知累積機率值，查常態機率表得標準常態變數 z，如第 4 列。

- 以 z 為橫坐標，氯苯濃度為縱座標畫圖如圖 3.11。

⬇ 表 3.10：艾奇森法

i				1	2	3	4	5	6	7	8	9
氯苯	<1	<1	<1	1.20	1.25	1.30	1.35	1.45	1.55	1.60	1.85	2.10
$(i\text{-}0.5)/9$				0.06	0.17	0.78	0.39	0.50	0.61	0.72	0.83	0.94
z				−1.59	−0.97	−0.57	−0.28	0	0.28	0.59	0.97	1.59

(4) 評估計算方法

因為圖 3.10 比圖 3.11 更接近直線，或比較 R^2，選較大的柯亨法計算平均數和標準差較適當。

(5) 計算樣本平均數和標準差（柯亨法）

與例 3.10 方法相同，$n = 12$，$m = 9$。

$$\bar{x}_d = \frac{1}{m} \sum_{i=1}^{m} x_i = 1.517 \ , \quad S_a^2 = \frac{1}{m-1} \sum_{i=1}^{m} (x_i - x_d)^2 = 0.0888$$

$$h = \frac{n-m}{n} = 0.25 \ , \quad r = \frac{S_d^2}{(\bar{x}_d - DL)^2} = \frac{0.0888}{(1.517-1)^2} = 0.332 \ , \text{查附錄表 5 得}$$

$\hat{\lambda} = 0.371$。

樣本 $\bar{x} = \bar{x}_d - \hat{\lambda}(\bar{x}_d - DL) = 1.517 - 0.371(1.517 - 1) = 1.325$

樣本 $S^2 = S_d^2 + \hat{\lambda}(\bar{x}_d - DL)^2 = 0.0888 + 0.371(0.517^2) = 0.1880$

(6) 如果用愛奇森法（雖然 R^2 比較小，為了使大家了解計算方法，繼續說明如下）：

樣本 $\bar{x} = \dfrac{m}{n}\bar{x}_d = \dfrac{9}{12} 1.517 = 1.138$

樣本 $S^2 = \dfrac{m-1}{n-1}S_d^2 + \dfrac{m(n-m)}{n(n-1)}\bar{x}_d^2 = \dfrac{8}{11}0.0888 + \dfrac{9 \times 3}{12 \times 11}1.517^2 = 0.5353$

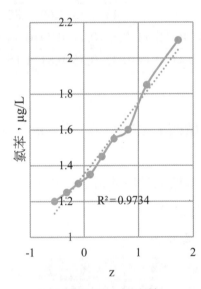

△ 圖 3.10：柯亨法

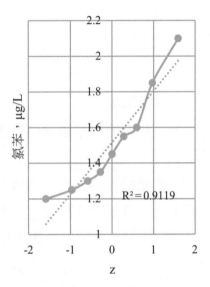

△ 圖 3.11：艾奇森法

3.8.3 ND 數在 50% 與 90% 間之統計法

因為觀測值樣本數已超過一半，計算其平均值和變異數已無太大意義，用 ND 發生次數的比例表示比較適當。例如觀測值有 67% 的 ND，就說是 70% 低於偵測極限 (DL)，30% 可被檢出，並列出最大偵測值。

例 3.13　某河川水質站，一年內測了 10 次水中重金屬鋅的濃度為 0.15, ND, ND, 0.10, ND, ND, ND, ND, 011, ND mg/L，求該溪重金屬鋅之年平均濃度及標準差 (設鋅之 DL = 0.05 mg/L)。

解　因為觀測值 ND 樣本數已很超過 50%，所以計算平均值和變異數已無太大意義，改計算檢出率。10 個樣本有 3 個檢出，檢出率 = 3/10 = 0.3，最大檢測值 = 0.15 mg/L；未檢出率 = 0.7。

3.8.4 ND 數大於 90% 之統計法

因為 ND 數太多，用被檢出數的比例表示較適當，再用卜松分配 (Poisson distribution) 求平均數和標準差 (參看第五章 5.4 節)。例如有一水質站，連續測 5 年之重金屬銅濃度，總共測 50 次，其中有 3 次檢出，其餘 47 次低於 ND。被測出之比值是 $p = 0.06 (= 3/50)$。在這 5 年時間，銅被測出的過程是一種卜松過程，依據卜松分配期望值 = 變異數 = np (參看第五章 5.4 節)。如果有一年測 10 次可檢出之樣本數 = 10 × 0.06 = 0.6 < 一次。

第三章 習題

Ex.3.1　求第二章習題 Table 2.3 之空氣中總碳氫化合物 (TPH) 濃度的算術平均、幾何平均、眾數、中位數、標準差、變異數、峰態係數 (峰度) 及偏態係數，並用此統計量解釋數據的分佈特性。

Ex.3.2　某空氣品質站 10 天來之 PM2.5 濃度如下，求其中位數：(1) 5, 6, 7, 4, 10, 4, 5, 7, 8 μg/m³，(2) 4, 5, 6, 7, 4, 10, 4, 5, 7, 8 μg/m³。

Ex.3.3　某市 36 次空氣品質 (AQI) 測值如課本表 3.3(已將數據從小排到大)，分別採用分組和不分組求該市空氣 AQI 指數之 (1) 中心值 (2) 離差，(3) 評估該站 AQI 之分布。

Ex.3.4　求第二章習題 Table 2.3 之 TPH 濃度之分位圖，並由分位圖之趨勢討論 TPH 的分布特性。

Ex.3.5　課本表 3.3 是某市空氣品質 AQI 指數，畫分位圖並由其趨勢討論 AQI 的分布特性。

Ex.3.6　某空氣品質站 10 天來之 PM2.5 濃度如下：4, 5, 6, 7, 4, 10, 4, 5, 7, 8 μg/m³，劃分位圖並說明其分佈特性。(USEPA, 2006)

Ex.3.7　二仁溪一年內測了水中重金屬銅的濃度 0.15, 0.21, ND, 0.10, 0.35, ND, 0.28, 0.44, 0.18, 0.30 mg/L，求該溪重金屬銅之年平均濃度及標準差，但銅之 DL＝0.05 mg/L，(DL＝偵測極限)。

Ex.3.8　東港溪港西抽水站一年內測了水中重金屬銅的濃度 0.15, ND, ND, 0.10, ND, ND, ND, ND, 0.09, ND mg/L，求該溪重金屬銅之年平均濃度及標準差，但銅之 DL＝0.05 mg/L。

Ex.3.9　有一隨機數據 $x_1, x_2, \cdots, x_n$，證明下列問題：

1. $\sum_{i=1}^{m} (x_i - c)^2 = \sum_{i=1}^{m} (x_i - \bar{x})^2 + n(\bar{x} - c)^2$，$c =$ 任意實數常數。

2. 當 $c = \bar{x}$，$\sum_{i=1}^{m} (x_i - c)^2$ 最小。

機率函數與常態機率分配

在高三的數學已介紹過隨機變數及機率函數－常態分配和二項分配，也介紹過機率函數最重要的兩個參數 (parameters，或稱母數)- 期望值和變異數的計算公式。本章將先介紹機率函數的基本定義、原理、特徵值及其公式，這些是學統計最重要的部分，讀者必須深記在心中，因為後面的抽樣、估計、統計推論以及迴歸分析等，都是根據這些原理延伸出來的。

常態分配是各領域用得最多之機率分配，4.3 節起將介紹這個分配的方程式、基本性質和應用，也介紹資料是否成常態分配的初步判定方法。

4-1 一維隨機變數之機率函數與性質

4.1.1 一維隨機變數之機率函數 (probability function)

若隨機變數 $X = \{x_1, x_2, \cdots, x_n\}$，$X$ 屬於實數 R，寫成 $X \in R$，X 有離散型和連續型兩種隨機變數，其函數若為 $f(x)$，能滿足下列兩個條件者稱為機率函數，或稱機率分配 (probability distribution)：

定義：機率分配

條件一：$0 \leq f(x) \leq 1$ (4.1a)

條件二：X 為離散 $\sum_{x_1}^{x_n} f(x) = 1$ (4.1b)

        X 為連續 $\int_{-\infty}^{\infty} f(x)dx = 1$ (4.1c)

● 機率函數具有一個很重要之特性：若 a、b 為常數，當 $a \leq X \leq b$ 時，X 發生的機率和等於

X 為離散型， $P(a \leq X \leq b) = \sum_{a}^{b} f(x)$ (4.2a)

X 為連續型， $= \int_{a}^{b} f(x)dx$ (4.2b)

(4.1a) 式表示機率函數 $f(x)$ 不能有負值或大於 1，(4.1b) 式或 (4.1c) 式表示所有 X 定義範圍內，其機率值總和等於 1。如果 X 是離散隨機變數，其機率函數稱為機率質量函數 (probability mass function，簡稱 pmf)；如果 X 是連續隨機變數，其機率函數稱為機率密度函數 (probability density function，簡稱 pdf)。

4.1.2 一維隨機變數之累積機率函數

如果 X 是隨機變數，其機率函數是 $f(x)$，x 從最小值產生的機率，累積到某一個 x 的機率稱為累積機率函數，以 $F(x)$ 表示，寫成數學式

定義：累積機率函數

X 為離散　　　　　　　$F(x) = P(t \le x) = \sum_{t=-\infty}^{x} f(t) = \text{cmf}$　　　　　　(4.3)

X 為連續　　　　　　　$F(x) = P(t \le x) \le \int_{-\infty}^{x} f(t)dt = \text{cdf}$　　　　　(4.4)

若 X 為離散型隨機變數 $F(x)$ 稱為累積機率質量函數 (cumulative probability mass function，cmf)；若 X 為連續性，$F(x)$ 稱為累積機率密度函數 (cumulative probability density function，cdf)。如果 X 介於 a 與 b 之間的機率可用下方程式計算

$$P(a \le X \le b) = F(b) - F(a)$$

機率函數和累積機率函數之間有一重要關係，當 X 為連續隨機變數時

$$dF(x)/dx = f(x)$$

 例 4.1　擲骰子出現之點數的機率是 $f(x) = 1/6$，(1) 證明 $f(x) = 1/6$ 為機率分配並繪圖，(2) 求 $P(2 \le X \le 4)$，(3) 求累積機率函數 $F(x)$ 並繪圖。

解

(1) 證明 $f(x) = 1/6$ 是 pmf：

- 擲骰子是一種隨機動作，出現的點數用 x 代表，$X = \{1,2,3,4,5,6\}$。因出現的點數是正整數，兩點數之間沒有其他點數，所以 X 為離散隨機變數。
- 如果擲一次骰子出現的機率用 $f(x)$ 表示，所以在 X 定義的範圍內，$f(1) = f(2) = \cdots = f(5) = f(6) = 1/6$，其值介於 0 與 1 之間，滿足 (4.1a) 之條件。

● 所有 $x = 1, 2, \cdots, 6$ 範圍內,出現的機率和:

$$\sum f(x) = 1/6 + 1/6 + 1/6 + 1/6 + 1/6 + 1/6 = 1,$$

滿足 (4.1b) 之條件,所以 $f(x) = 1/6$ 機率質量函數 (pmf),其圖形如圖 4.1 之淡色柱狀。

(2) 求 $P(2 \leq X \leq 4)$

● 從 (4.2a) 式知:

$$P(2 \leq X \leq 4) = \sum_{x=2}^{4} f(x) = f(2) + f(3) + f(4) = \frac{3}{6} = \frac{1}{2}$$

(3) 求累積機率函數 cmf

$x = 1$,$F(1) = P(X \leq 1) = 1/6$;$x = 2$,$F(2) = P(X \leq 2) = \frac{1}{6} + \frac{1}{6} = \frac{2}{6}$

同理得到 $F(3) = 3/6$,$F(4) = 4/6$,$F(5) = 5/6$,$F(6) = 1$。畫圖如圖 4.1 之深色累積柱狀。

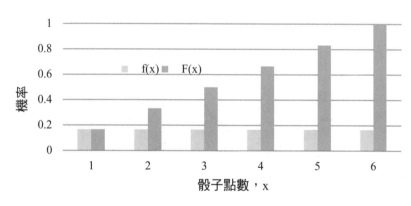

◑ 圖 4.1:擲骰子機率分配與累積機率分配

例 4.2　連續隨機變數 X 的定義範圍 $-\infty < X < \infty$,(1) 問函數 $f(x) = \dfrac{1}{\sqrt{2\pi}}\, e^{-x^2/2}$ 是否為機率函數 (2) 若是機率函數,求 $-1 \leq X \leq 1$ 之機率。(3) 求累積機率函數 cdf。

解

(1) 證明 $f(x)$ 為 pdf

● 條件一：$x = 0$ 代入 $f(x)$ 得 $f(0) = \dfrac{1}{\sqrt{2\pi}} e^{-0} = 0.399$，$x = -\infty$ 代入得 $f(-\infty) = 0$；

$x = \infty$ 代入得 $f(\infty) = 0$，其他各 x 值代入 $f(x)$ 均在 0 與 1 之間，所以 $f(x)$ 滿足 (4.1a) 式。

● 條件二：$\displaystyle\int_{-\infty}^{\infty} f(x)dx = \dfrac{1}{\sqrt{2\pi}} \int_{-\infty}^{\infty} e^{-x^2/2}dx = 1$，滿足 (4.1c) 式。

條件一、二都滿足，所以 $f(x)$ 為機率密度函數 (pdf)，圖形如圖 4.2。因 $f(x)$ 為標準常態分佈，圖形以 y 軸為對稱。條件二是從 $-\infty$ 積分到 ∞，積分值相當曲線下全部之面積。

(2) 求 $P(-1 \leq X \leq 1) = \displaystyle\int_{-1}^{1} f(x)dx = \int_{-1}^{1} \dfrac{1}{\sqrt{2\pi}} e^{-x^2/2}dx = 0.68$。

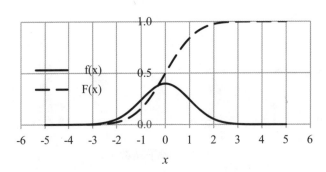

🎧 圖 4.2：連續型機率函數及其累積機率分配

 例 4.3　問下列任意函數 $f(x)$ 是否為 pdf？

(1) $f(x) = \begin{cases} 0.02x，0 \leq X \leq 10 \\ 0，其他值 \end{cases}$

(2) $f(x) = \begin{cases} 3x^2，0 \leq X \leq 1 \\ 0，其他值 \end{cases}$

解

(1) $f(x) = 0.02x$，$0 \leq X \leq 10$

● 條件一：當在 $0 \leq X \leq 10$，代入 $f(x) = 0.02x$，得 $0 \leq f(x) = 0.2 < 1$，所以滿足。

● 條件二：$\int_{-\infty}^{\infty} f(x)dx = \int_0^{10} f(x)dx = 0.02\int_0^{10} xdx = 0.01[x^2]_0^{10} = 1$，滿足。

因為在 $0 \leq X \leq 10$，$f(x) = 0.02x$ 滿足機率函數條件一、二，所以是機率函數，其 cdf 為

$$F(x) = \int_{-\infty}^{x} f(t)dt = 0.02\int_0^x xdx = 0.01 \times x^2，0 \leq x \leq 10$$

隨機變數 X 在 0 與 10 之間繪 $f(x)$ 和 $F(x)$ 圖如圖 4.3。

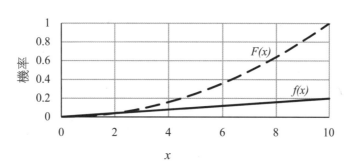

⋂ 圖 4.3 任意函數之機率分配與累積機率分配

(2) $f(x) = x^2$，$0 \leq X \leq 1$

● 條件一：$x = 0$, 代入 $f(x) = f(0) = 0$、$x = 0.2, f(0.2) = 0.04, \cdots$、$x = 1$，滿足。

● 條件二：$\int_{-\infty}^{\infty} f(x)dx = \int_0^1 f(x)dx = \int_0^1 x^2 dx = \frac{1}{3}[x^3]_0^1 = \frac{1}{3} \neq 1$，不滿足。

函數 $f(x) = x^2$ 滿足第一條件 (4.1 a) 式，但不滿足第二條件 (4.1c) 式，所以不是機率函數，如圖 4.4。

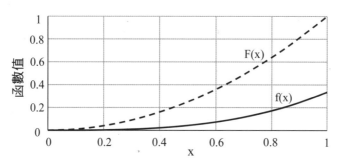

⋂ 圖 4.4：非機率函數

4.1.3 一維隨機變數之機率分配的重要特徵值

在機率函數中有很多重要的特徵值 (參數)，可以表現函數特性也代表數據的特性，包括分布的形狀、對稱或偏斜、峰的形狀等，這些參數稱為特徵值，其中最重要的兩個是期望值和變異數。本節分別定義隨機變數和任意函數這兩個參數。

1. 期望值

(1) 隨機變數之期望值

如果 $f(x)$ 為機率函數，兩種型態隨機變數的期望值定義如下：

定義：期望值

X 為離散 $\Rightarrow$ $\qquad E(X) = \mu = \sum_x xf(x)$ （4.6a）

X 為連續 $\Rightarrow$ $\qquad E(X) = \int_{-\infty}^{\infty} xf(x)dx$ （4.6b）

隨機變數的期望值相當於平均數，習慣用 μ 表示。

(2) 任意函數之期望值

設一個隨機變數的機率函數 $f(x)$，而其任意函數為 $g(x)$，當然 $f(x)$ 要滿足機率函數的條件 (4.1a) 式和 (4.1b) 式，但 $g(x)$ 不一定要。$g(x)$ 的期望值定義：

定義：$g(x)$ 期望值 $\qquad \mu_g = E[g(x)] = \sum_x g(x)f(x)$ （4.7a）

$\qquad\qquad\qquad\qquad\qquad \mu_g = E[g(x)] = \int_{-\infty}^{\infty} g(x)f(x)dx$ （4.7b）

---

(3) 期望值公式

如果 a_1、a_2 是常數，任意函數 $g(x) = a_1 \pm a_2 x$，由期望值的定義

公式：

$\qquad\qquad E(g(x)) = E(a_1 \pm a_2 x) = a_1 \pm a_2 E(X)$ （4.8）

依據期望值的定義，本處只用連續型隨機變數證明 (4.8) 式：

$$E(a_1 \pm a_2 x) = \int (a_1 \pm a_2 x) f(x)dx = \int a_1 f(x)dx \pm \int a_2 xf(x)dx$$
$$= a_1 \int f(x)dx \pm a_2 \int xf(x)dx$$

因為 $f(x)$ 是機率函數，由 (4.1c) 知 $\int f(x)dx = 1$，由 (4.6) 式知 $\int xf(x)dx$ 是 x 得期望值 $E(X)$，所以

$$E(a_1 \pm a_2x) = a_1 \pm a_2E(X)$$

2. 變異數

一維隨機變數 x 與平均數之差距 $x-\mu$ 稱為離差，離差平方的平均稱為變異數，寫成數學式：

定義：隨機變數之變異數

$X =$ 離散型 $\Rightarrow \qquad \sigma^2 = V(X) = \sum_x (x-\mu)^2 f(x)$ （4.9a）

$X =$ 連續型 $\Rightarrow \qquad \sigma^2 = V(X) = \int_{-\infty}^{\infty} (x-\mu)^2 f(x)dx$ （4.9b）

上式 $f(x)$ 為 X 之機率函數，$\mu = E(X)$。

由隨機變數變異數的定義，擴展到任意函數的變異數為：

定義：任意函數 $g(x)$ 之變異數

X 為離散型 $\Rightarrow \qquad \sigma_g^2 = V[g(x)] = \sum_x [g(x)-\mu_g]^2 f(x)$ （4.10）

X 為連續型 $\Rightarrow \qquad \sigma_g^2 = V[g(x)] = \int_{-\infty}^{\infty} [g(x)-\mu_g]^2 f(x)dx$ （4.11）

由 (4.9a) 式或 (4.9b) 式可推導出 (4.12) 式。

公式：μ 與 σ 之關係

$$\sigma^2 = E(x^2) - \mu^2$$ （4.12）

證明：本處只用 X 為連續型隨機變數證明 (4.12) 式。

$\sigma^2 = V(Y) = \int_{-\infty}^{\infty} (x-\mu)^2 f(x)dx = \int_{-\infty}^{\infty} (x^2 - 2\mu x + \mu^2)f(x)dx$

$= \int_{-\infty}^{\infty} x^2 f(x)dx - 2\mu \int_{-\infty}^{\infty} xf(x)dx + \mu^2 \int_{-\infty}^{\infty} f(x)dx = E(x^2) - 2\mu\mu + \mu^2$

由 (4.6b) 式知 $\int_{-\infty}^{\infty} xf(x)dx = E(x) = \mu$，由 (4.1c) 式知 $\int_{-\infty}^{\infty} f(x)dx = 1$，所以

$\sigma^2 = E(x^2) - \mu^2$

 例 4.4 有一工廠廢水處理後之放流水的 COD 期望值 (平均數) 為 20 mg/L，而已知 COD 與 BOD 關係為 BOD $= 0.2$ COD $+ 1$，求放流水 BOD 之平均濃度。

解

● 求 BOD 平均數：$E(BOD) = E(0.2\ COD + 1) = 0.2E(COD) + 1 = 0.2 \times 20 + 1 = 5\ mg/L$

多維隨機變數之聯合機率函數

4.2.1 聯合機率函數

先以二維隨機變數 X、Y 之談起，X、Y 機率函數分別為 $f(x)$ 和 $f(y)$，若 x 與 y 都屬於實數，範圍從 $-\infty$ 到 ∞，兩變數有關係存在，若 $f(x, y)$ 能滿足下面條件 (4.13a) 式和 (4.13b) 式，則稱 $f(x, y)$ 為 X、Y 之聯合機率分配。

定義：聯合機率函數

$$1 \geq f(x, y) \geq 0 \tag{4.13a}$$

X, Y 為離散型 $\Rightarrow$ $\quad \sum_x \sum_y f(x, y) = 1$，$-\infty \leq x, y \leq \infty$

X, Y 為連續型 $\Rightarrow$ $\quad \int_{-\infty}^{\infty} \int_{-\infty}^{\infty} f(x, y)dxdy = 1$，$-\infty \leq x, y \leq \infty$ $\tag{4.13b}$

如果隨機變數是離散型，$f(x, y)$ 稱為聯合機率質量函數 (joint probability mass function，jpmf)；如果是連續型隨機變數，$f(x, y)$ 稱為聯合機率密度函數 (joint probability density function，jpdf)。

如果將 $f(x, y)$ 對其中一個隨機變數積分 (或累積)，得到另一個變數的函數 (以 $g(x)$ 或 $g(y)$ 表示) 仍然是機率函數，稱 $g(x)$ 為 X 的邊際機率函數 (marginal probability function for x)，$g(y)$ 為 Y 之邊際機率函數，寫成數學式：

定義：邊際機率函數

X 之邊際機率函數 $\Rightarrow$

$$g(x) = \sum_y f(x, y), \qquad X, Y \text{ 為離散型}$$

$$g(x) = \int_{-\infty}^{\infty} f(x, y)dy, \qquad X, Y \text{ 為連續型} \qquad (4.14)$$

Y 之邊際機率函數 $\Rightarrow$

$$g(y) = \sum_x f(x, y), \qquad X, Y \text{ 為離散型}$$

$$g(y) = \int_{-\infty}^{\infty} f(x, y)dx, \qquad X, Y \text{ 為連續型} \qquad (4.15)$$

1. 離散型聯合機率函數意義

將兩個離散型隨機變數 X、Y 的所有聯合機率函數和邊際機率函數，全部列舉在表 4.1，此處 $X = \{x_1, x_2, \cdots, x_i, \cdots, x_c\}$，$Y = \{y_1, y_2, \cdots, y_j, \cdots, y_r\}$。$f(x_1, y_1)$ 代表 $X = x_1$ 和 $Y = y_1$ 出現之聯合機率，最底下一列 $g(x_1) = f(x_1, y_1) + f(x_1, y_2) + \cdots + f(x_1, y_j) + \cdots + f(x_1, y_r)$；同理最後一欄 $g(y_1) = f(x_1, y_1) + f(x_2, y_1) + \cdots + f(x_i, y_1) + \cdots + f(x_c, y_1)$。最下一列最後一欄是所有機率 $f(x, y)$ 的總和 1。

表 4.1：離散型 X、Y 的聯合機率 f(x , y) 與邊際機率 g(x)、g(y) 表

Y ＼ X	x_1	x_2	$\cdots\cdots$	x_i	$\cdots\cdots$	x_c	$g(y)$
y_1	$f(x_1, y_1)$	$f(x_2, y_1)$	$\cdots\cdots$	$f(x_i, y_1)$	$\cdots\cdots$	$f(x_c, y_1)$	$g(y_1)$
y_2	$f(x_1, y_2)$	$f(x_2, y_2)$	$\cdots\cdots$	$f(x_i, y_2)$	$\cdots\cdots$	$f(x_c, y_2)$	$g(y_2)$
$\vdots$	$\vdots$	$\vdots$		$\vdots$		$\vdots$	$\vdots$
y_j	$f(x_1, y_j)$	$f(x_2, y_j)$	$\cdots\cdots$	$f(x_i, y_j)$	$\cdots\cdots$	$f(x_c, y_j)$	$g(y_j)$
$\vdots$	$\vdots$	$\vdots$		$\vdots$		$\vdots$	$\vdots$
y_r	$f(x_1, y_r)$	$f(x_2, y_r)$	$\cdots\cdots$	$f(x_i, y_r)$	$\cdots\cdots$	$f(x_c, y_r)$	$g(y_r)$
$g(x)$	$g(x_1)$	$g(x_2)$	$\cdots\cdots$	$g(x_i)$	$\cdots\cdots$	$g(x_c)$	1

例 4.5　口袋內有兩顆骰子，分別編號為 1 號和 2 號，用 Y 表示。每次摸出一顆擲在地上出現的點數是 1 ～ 6，用 X 表示。求每號骰子被摸出，擲地後出現點數的機率函數。

解．

● 1 號骰子出現點子之聯合機率：1 號骰子 (y_1) 被摸出的機率是 1/2，擲地出現的 1 點 (x_1) 的機率是 1/6，所以摸出 1 號出現 1 點的聯合機機率 $f(1，1) = 1/2 \times 1/6 = 1/12$、出現 2 點的聯合機率 $f(2,1) = 1/12$、…、出現 6 點的聯合機率 $f(6，1) = 1/12$。

● 1 號骰子的邊際機率

$g(y = 1) = g(1) = f(1，1) + f(2，1) + f(3，1) + f(4，1) + f(5，1) + f(6，1)$

$= 1/12 + 1/12 \cdots + 1/12 = 1/2$

● 同理可求出 2 號骰子出現點數的聯合機率和邊際機率。

● 將上面三個步驟求得之機率列於表 4.2 和圖 4.5。

⬆ 表 4.2：兩個骰子被抽出一個擲地出現點數的聯合機率和邊際機率

Y(骰號)	X (點數)						g(y)
	1	2	3	4	5	6	
1 號骰子	$f(1，1) = 1/12$	$f(2，1) = 1/12$	$f(3，1) = 1/12$	$f(4，1) = 1/12$	$f(5，1) = 1/12$	$f(6，1) = 1/12$	$g(y = 1) = 0.5$
2 號骰子	$f(1，2) = 1/12$	$f(2，2) = 1/12$	$f(3，2) = 1/12$	$f(4，2) = 1/12$	$f(5，2) = 1/12$	$f(6，2) = 1/12$	$g(y = 2) = 0.5$
g(x)	$g(x = 1) = 1/6$	$g(x = 2) = 1/6$	$g(x = 3) = 1/6$	$g(x = 4) = 1/6$	$g(x = 5) = 1/6$	$g(x = 6) = 1/6$	1.0

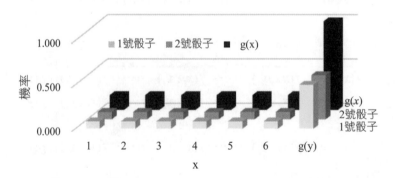

⬆ 圖 4.5：離散型隨機變數聯合機率函數和邊際機率之圖解

2. 連續型聯合機率函數

二維連續型的隨機變數 X 與 Y，有一函數 $f(x，y)$ 滿足 (4.13a) 式和 (4.13b) 式之條件，則 $f(x，y)$ 為 X 與 Y 的聯合機率函數。舉例說明。

例 4.6　有一部汙水抽水機直接連結一個電腦控制器，控制器開機後抽水機才能抽水，如果 X 代表抽水機抽水的時間，Y 代表控制器開機時間，$f(x , y)$ 代表抽水機不能抽水的機率，是為

$$f(x , y) = 6 \times 10^{-6} e^{-0.001(x+2y)} ,$$

求 (1) $f(x , y)$ 是否為 X 與 Y 的聯合機率函數？

　　(2) 當控制器開機 2000 小時抽水機啟動抽水 1000 小時，在這段時間內抽水機故障的最大機率 (數據取自 Montgomery and Runger, 2007)。

解

因控制器啟動後抽水機才能啟動，所以知 $0 \leq x < y$。

(1) 求證 $f(x , y)$ 是否為 jpdf。

- 機率函數條件一：$0 \leq f(x , y) \leq 1$

　因為 $x \geq 0$，$y > x$，知 x , y 不為負值，下面兩種情況 $f(x , y)$ 為最小和最大：

　$x = y = 0$ 時：$f(x , y) = 6 \times 10^{-6} e^0 = 6 \times 10^{-6} =$ 最大，

　$x = y \to \infty$ 時：$f(x , y) = 6 \times 10^{-6} e^{-\infty} = 0 =$ 最小。

　因此 $0 = e^{-0.001(x+2y)} < 1$，所以 $0 \leq f(x , y) < 1$，故 $f(x , y)$ 滿足條件一。

- 機率函數條件二：$\iint f(x , y) dx dy = 1$

$$\iint f(x , y) dx dy = 6 \times 10^{-6} \int_0^\infty (\int_x^\infty e^{-0.001(x+2y)} dy) dx$$

$$= 6 \times 10^{-6} \int_0^\infty (\int_x^\infty e^{-0.002y} dy) e^{-0.001x} dx$$

$$= 6 \times 10^{-6} \int_0^\infty (\frac{e^{-0.002x}}{0.002}) e^{-0.001x} dx = 0.003(\int_0^\infty e^{-0.003x} dx)$$

$$= 0.003 \frac{1}{0.003} = 1 ，滿足機率函數條件二。$$

　所以 $f(x , y)$ 為 X 與 Y 之聯合機率密度函數。

(2) 求 $x = 1000$，$y = 2000$ 的累積機率

$$P(X \leq 1000, Y \leq 2000) = 6 \times 10^{-6} \int_0^{1000} (\int_0^{2000} e^{-0.001(x+2y)} dy) dx$$

$$= 6 \times 10^{-6} \int_0^{1000} (\int_x^{2000} e^{-0.002y} dy) e^{-0.001x} dx$$

$$= 6 \times 10^{-6} \int_0^{1000} \frac{e^{-0.002x} - e^{-4}}{0.002} e^{-00.001x} dx$$

$$= 0.003 \int_0^{1000} (e^{-0.001x} - e^{-4} e^{-0.001x}) dx$$

$$= 0.003 (\frac{1 - e^{-3}}{0.003} - e^{-4} \frac{1 - e^{-1}}{0.001}) = 0.915$$

4.2.2 條件機率函數

1. 條件機率之定義

條件機率 (conditional probability function) 之定義：在已知 Y 情況下，X 發生之機率寫成 $f(x|y)$，稱為 X 之條件機率；同樣定義，當已知 X 情況下，Y 發生之機率寫成 $f(y|x)$，稱為 Y 之條件機率。如果 $f(x, y)$ 為 X, Y 之聯合機率函數，則有下面公式，稱為機率乘法定律。

機率乘法定律：
$$f(x, y) = f(x)f(y|x) = f(y)f(x|y) \qquad (4.16)$$

若 X 事件的發生，不受 Y 事件的影響，稱 X、Y 互為獨立，所以 $f(x|y) = f(x)$，$f(y|x) = f(y)$，從 (4.16) 式得：

X、Y 互為獨立事件：
$$f(x, y) = f(x)f(y) \qquad (4.17)$$

(4.17) 式是二維隨機變數互為獨立的聯合機率函數 $f(x, y)$，與事件 X、Y 各自發生之機率 $f(x)$、$f(y)$ 的關係，可以擴展到 k 維互為獨立事件 X_1、X_2、$\cdots$、X_k 間之機率關係，但 $X_1 = \{x_{11}, x_{12}, \cdots, x_{1n}\}$，$X_2 = \{x_{21}, x_{22}, \cdots, x_{2n}\}$，$\cdots$，$X_k = \{x_{k1}, x_{k2}, \cdots, x_{kn}\}$：

X_1、X_2、$\cdots$、X_k 互為獨立事件：
$$f(x_1, x_2, \cdots, x_k) = f(x_1)f(x_2) \cdots f(x_k) \qquad (4.18)$$

上式 $f(x_1, x_2, \cdots, x_k)$ 為 X_1、X_2、$\cdots$、X_k 的聯合機率函數。

例 4.7　例 4.5 兩個骰子被抽出一個的過程，是互為獨立事件，抽出後擲出的點數也是獨立事件，所以聯合機率函數 $f(x , y) = g(x)g(y)$，這個關係可以從前面表 4.2 證明。例如：

● 當抽出 2 號骰子擲出去出現 1 點時，即 $x = 1$，$y = 2$ 時，由表 4.2 知聯合

機率 $f(x , y) = f(1 , 2) = \dfrac{1}{12}$。

$x = 1$ 之邊際機率 $g(x = 1) = \dfrac{1}{6}$，$y = 2$ 之邊際機率 $g(y = 2) = 0.5$。兩個邊

際機率相乘 $= g(x = 1) \times g(y = 2) = \dfrac{1}{6} \times 0.5 = \dfrac{1}{12} = f(1 , 2) = f(x , y)$。

● 再舉例，當抽出 1 號骰子擲出去出現 3 點時，即 $x = 3$，$y = 1$ 時，由

表 4.2 知聯合機率 $f(x , y) = f(3 , 1) = \dfrac{1}{12}$。$x = 3$ 之邊際機率 $g(x = 3) = \dfrac{1}{6}$，

$y = 1$ 之邊際機率 $g(y = 1) = 0.5$。兩個邊際機率相乘 $= g(x = 3) \times g(y = 1)$

$= \dfrac{1}{6} \times 0.5 = \dfrac{1}{12} = f(3 , 1) = f(x , y)$。

● 上面兩種情況都滿足 (4.17) 式。

＊ 4.2.3 多維函數之特徵值

1. 期望值

　　先從二維隨機變數之函數的特徵值說起，設 X、Y 為隨機變數，其聯合機率函數為 $f(x , y)$，任一函數為 $g(x , y)$，其期望值用 μ_g 符號代表，其定義如下：

任意函數 $g(x , y)$ 期望值定義：

X、Y 為離散型 $\Rightarrow$ 　　　$\mu_g = E[g(x , y)] = \sum_x \sum_y g(x , y)f(x , y)$ 　　　　(4.19)

X、Y 為連續型 $\Rightarrow$ 　　　$\mu_g = E[g(x , y)] = \displaystyle\int_{-\infty}^{\infty} \int_{-\infty}^{\infty} g(x , y)f(x , y)dxdy$

期望值之公式：

> 線型函數 $g(x, y) = ax \pm by$ 之期望值：
> $$\mu_g = E[g(x, y)] = E(ax \pm by) = aE(X) \pm bE(Y) = a\mu_x \pm b\mu_y \tag{4.20}$$

證明：X、Y 為連續隨機變數，其聯合機率函數為 $f(x, y)$，由期望值之定義知：

$$E(ax \pm by) = \int_{-\infty}^{\infty} \int_{-\infty}^{\infty} (ax \pm by)f(x, y)dxdy$$

$$= a\int_{-\infty}^{\infty} \int_{-\infty}^{\infty} xf(x, y)dxdy \pm b\int_{-\infty}^{\infty} \int_{-\infty}^{\infty} yf(x, y)dxdy = aE(X) \pm bE(Y)$$

> 若 X, Y 互為獨立 $g(x, y) = xy$ 之期望值
> $$E(XY) = E(X)E(Y) = \mu_x\mu_y \tag{4.21}$$

證明：因為 X、Y 互為獨立，由 (4.17) 式知
$f(x, y) = f(x)f(y)$，所以

$$E(XY) = \int_{-\infty}^{\infty} \int_{-\infty}^{\infty} (xy)f(x, y)dxdy = \int_{-\infty}^{\infty} \int_{-\infty}^{\infty} (xy)f(x)f(y)dxdy$$

$$= \int_{-\infty}^{\infty} xf(x)dx \int_{-\infty}^{\infty} yf(y)dy = E(X)E(Y) = \mu_x\mu_y$$

(4.20) 式推展到多維 (k 維)：

> 任意函數 $g(X_1, X_2, \cdots, X_k) = a_1X_1 \pm a_2X_2 \pm \cdots \pm a_kX_k$ 之期望值：
> $E[g(X_1, X_2, \cdots, X_k)] = E(a_1X_1 \pm + a_2X_2 \pm \cdots \pm a_kX_k) = a_1 E(X_1) \pm a_2E(X_2) \pm \cdots \pm a_kE(X_k)$
> $$\tag{4.22}$$
> X_1、X_2、$\cdots$、X_k 互為獨立事件：
> $$E(X_1X_2\cdots X_k) = E(X_1)E(X_2)\cdots E(X_k) \tag{4.23}$$

一個隨機變數 X 的母體，每次隨機從母體取出 n 個樣本，其平均數

$$\overline{X} = \frac{1}{n} (x_1 + x_2 + \cdots + x_n) \tag{4.24}$$

套用公式 (4.22) 式得

$$E(\overline{X}) = \frac{1}{n} E(X_1 + X_2 + \cdots + X_n) = \frac{1}{n} [E(X_1) + E(X_2) + \cdots + E(X_n)]$$

但 $X_1 \cdot X_2 \cdot \cdots \cdot X_n$ 都是從同一個母體 (X) 抽出來的，所以

$$E(X_1) = E(X_2) = \cdots = E(X_n) = E(X) = \mu,$$

故得到下面公式：

$\overline{X} = \frac{1}{n} (X_1 + X_2 + \cdots + X_n)$ 之期望值：

$$E(\overline{X}) = E(X) = \mu \tag{4.25}$$

---

3. 變異數與共變數 (covariance)

若 $f(x, y)$ 為 X，Y 之聯合機率函數，任意函數 $g(x, y)$ 之變異數定義如下

定義：$g(x, y)$ 之變異數

$X \cdot Y$ 為離散型：

$$V[g(x, y)] = E\{[g(x, y) - \mu_g]^2\} = \sum_x \sum_y [g(x, y) - \mu_g]^2 f(x, y) \tag{4.26a}$$

$X \cdot Y$ 為連續型：

$$V[g(x, y)] = E\{[g(x, y) - \mu_g]^2\} = \int_{-\infty}^{\infty} \int_{-\infty}^{\infty} [g(x, y) - \mu_g]^2 f(x, y) dx dy \tag{4.26b}$$

(4.26a) 式中之 $\mu_g = E[g(x, y)] = \sum_x \sum_y g(x, y) f(x, y)$，

(4.26b) 式的 $\mu_g = E[g(x, y)] = \int_{-\infty}^{\infty} \int_{-\infty}^{\infty} g(x, y) f(x, y) dx dy$。

二維隨機變數 $X \cdot Y$ 之共變數定義如下：

定義：$X \cdot Y$ 之共變數

$$\sigma_{xy} = Cov(X, Y) = E[(x - \mu_x)(y - \mu_y)]$$

$$= \begin{cases} \sum_x \sum_y (x - \mu_x)(y - \mu_y) f(x, y), & X \cdot Y \text{ 為離散型} \\ \int_{-\infty}^{\infty} \int_{-\infty}^{\infty} (x - \mu_x)(y - \mu_y) f(x, y) dx dy, & X \cdot Y \text{ 為連續型} \end{cases}$$

$$= E[xy - y\mu_x - x\mu_y + \mu_x \mu_y]$$

$$= E(XY) - \mu_x \mu_y \tag{4.27a}$$

若 $X \cdot Y$ 互為獨立： $\sigma_{xy} = Cov(X, Y) = E(X)E(Y) - \mu_x \mu_y = 0 \tag{4.27b}$

例 4.8 已知 $g(x,y)=ax\pm by$，求 $g(x,y)$ 之變異數 $V[g(x,y)]$。

解

● 求 $\mu_g=E(ax\pm by)=aE(X)\pm bE(Y)=a\mu_x\pm b\mu_y$

● 求 $V[g(x,y)]$：由 (4.26) 式

$$
\begin{aligned}
V[g(x,y)]=V(ax\pm by) &= E\{[(ax\pm by)-\mu_g]^2\} \\
&= E\{[a(x-\mu_x)\pm b(y-\mu_y)]^2\} \\
&= E[a^2(x-\mu_x)^2\pm 2ab(x-\mu_x)(y-\mu_y)+b^2(y-\mu_y)^2] \\
&= a^2[E(x-\mu_x)^2]\pm 2abE[(x-\mu_x)(y-\mu_y)]+b^2E[(y-\mu_y)^2] \\
&= a^2V(X)\pm 2ab\,Cov(XY)+b^2V(Y)=a^2\sigma_x^2\pm 2ab\sigma_{xy}^2+b^2\sigma_y^2
\end{aligned}
$$

● 如果 X、Y 互為獨立 $\sigma_{xy}=0$，所以

$$V(ax\pm by)=a^2\sigma_x^2+b^2\sigma_y^2$$

公式：若 X、Y 互為獨立

$$V(ax\pm by)=a^2\sigma_x^2+b^2\sigma_y^2 \tag{4.28}$$

(4.28) 式可擴展到 k 維，$\underline{X}=X_1$、X_2、$\cdots$、X_k 之變異數，但 $X_1=\{x_{11},x_{12},\cdots,x_{1n}\}$，$X_2=\{x_{21},x_{22},\cdots,x_{2n}\}$，$\cdots$，$X_k=\{x_{k1},x_{k2},\cdots,x_{kn}\}$：

公式：任意函數 $g(x)=\sum_{i=1}^{k}g(X)=a_1X_1+a_2X_2+\cdots+a_kX_k$

$$\sigma_g^2=V[g(X)]=\sum_{i=1}^{k}a_i^2\,V(X_i)+\sum_{i=1}^{k}\sum_{\substack{j=1\\j\neq i}}^{k}a_ia_jCov(X_i,X_j) \tag{4.29}$$

若 X 互為獨立 $Cov(X_i,X_j)=0$，$i\neq j$

$$\sigma_g^2=V[g(X)]=\sum_{i=1}^{k}a_i^2\,V(X_i) \tag{4.30}$$

例 4.9 在例 4.4 工廠放流水若已知 COD 的變異數為 10mg/L，求 BOD 濃度的變異數。

解

因為 BOD $= 0.2$ COD $+1$，寫成 X、Y 變數 $y = 0.2x + 1$，

$V(\text{BOD}) = V(Y) = V(0.2X + 1) = (0.2)^2 V(X) = 0.04 \times 10 = 0.4 \ (\text{mg/L})^2$

例 4.10　假設氣象局在台北市設有三個雨量站，代表雨量面積分別為 90、100 和 82 平方公里。三個雨量站之每日降雨量分別以 X、Y、Z 三個隨機變數表示，各雨量站降雨互為獨立。台北市的平均日雨量 $g(x, y, z) = \dfrac{90x + 100y + 82z}{90 + 100 + 82}$

$= \dfrac{1}{272}(90x + 100y + 82z)$。已知 2020 年全年日雨量資料，求得三個雨量站的日平均雨量和變異數為：$E(X) = 10$、$E(Y) = 12$ 和 $E(Z) = 8$mm，$V(X) = 20$、$V(Y) = 25$ 和 $V(Z) = 16(\text{mm})^2$。假設三個雨量站的降雨量，彼此互為獨立，求全市日平均雨量及變異數。

解

已知全市的平均雨量是三個雨量站對其轄區之面積加權平均，

$g(x, y, z) = \dfrac{1}{272}(90x + 100y + 82z)$

$E[g(x, y, z)] = E\left[\dfrac{1}{272}(90x + 100y + 82z)\right]$

$\qquad\qquad = \dfrac{1}{272}\{90E(X) + 100E(Y) + 82E(Z)\} = 10.1\text{mm}$

因為三個雨量站觀測的雨量彼此互為獨立，共變數為 0，所以：

$V[g(x, y, z)] = V\left[\dfrac{1}{272}(90x + 100y + 82z)\right]$

$\qquad\qquad = \left(\dfrac{90}{272}\right)^2 V(X) + \left(\dfrac{100}{272}\right)^2 V(Y) + \left(\dfrac{82}{272}\right)^2 V(Z) = 7.0(\text{mm})^2$

4-3 常態分配 (normal distribution)

4.3.1 常態機率函數及其參數

常態分配又稱高斯分配 (Gaussian distribution) 在高三的數學課裡已學過常態機率分配及其重要特徵值 μ 和 σ 再說明如下：

1. pdf 及 cdf

一般型常態機率密度函數 pdf：

$$f(x) = \frac{1}{\sigma\sqrt{2\pi}} e^{-\frac{(x-\mu)^2}{2\sigma^2}}, \ -\infty < x < \infty \tag{4.31}$$

一般型常態累積機率密度函數 cdf：

$$F(x) = \int_{-\infty}^{x} \frac{1}{\sigma\sqrt{2\pi}} e^{-\frac{(t-\mu)^2}{2\sigma^2}} dt \tag{4.32}$$

機率函數中有兩個參數 (母數)，一為 μ 是 X 之期望值代表資料集中點，另一為 σ 是標準差代表資料分散的程度，σ 越大資料越分散，分布峰的高度越矮但對稱，形狀呈較扁平峰分布。常態分配的圖形如圖 4.6。如果 $a \le X \le b$ 之機率為：

$$P(a \le X \le b) = \int_{a}^{b} f(x)dx = \int_{a}^{b} \frac{1}{\sigma\sqrt{2\pi}} e^{-\frac{(x-\mu)^2}{2\sigma^2}} dx$$

$$= \int_{-\infty}^{b} f(x)dx - \int_{-\infty}^{a} f(x)dx = F(b) - F(a)$$

X 介於 a、b 之間的機率 $P(a \le X \le b)$ 相當於圖 4.6 灰色面積。

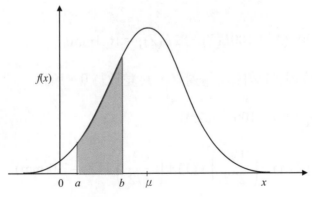

◉ 圖 4.6：一般型常態分配

如果隨機變數 X 成平均數為 μ 標準差為 σ 之常態分配，在 μ 前後一個 σ 間的機率寫成 $P(\mu-\sigma \le x \le \mu+\sigma)=0.68$，同理其他 2 個 σ 間之機率 $=0.95$，3 個 σ 間標準的機率 $=0.997$，如圖 4.7。

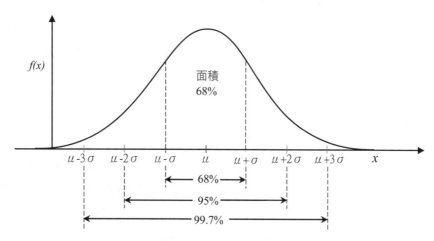

🎧 圖 4.7：常態分配標準差之間包含的機率

2. 標準化 (normalized) 後之機率函數

令 $z=\dfrac{x-\mu}{\sigma}$ 變數變換，代入 (4.31) 式得到之方程式仍為常態分配，稱為標準常態分配，其機率密度函數 (pdf) 和累積機率密度函數 (cdf) 如下：

標準常態分配 pdf：

$$f(z)=\frac{1}{\sqrt{2\pi}}\,e^{-\frac{z^2}{2}},\quad -\infty < Z < \infty \qquad (4.33)$$

標準常態分配 cdf：

$$F(z)=\int_{-\infty}^{z}\frac{1}{\sqrt{2\pi}}\,e^{\frac{-t^2}{2}}\,dt \qquad (4.34)$$

標準化的動作非常有用，因為 x、μ 和 σ 三者之單位相同，標準化後之 z 為無單位，期望值 $E(Z)=0$，標準差 $\sigma=1$，請參考後面 4.3.4 節標準化的應用。

3. 常態分配的重要參數

不管是一般型或標準型之常態分配形狀是鐘形對稱，橫軸是左右兩尾的漸近線，平均數、中位數和眾數三者相等。另外重要之參數如下：

常態分配之參數：

一般型 ⇒

期望值 $E(X) = \mu$，變異數 $V(X) = \sigma^2$，偏態係數 $b_1 = 0$，峰度係數 $K = 3$。

標準型 ⇒

期望值 $E(Z) = 0$，變異數 $V(Z) = 1$，偏態係數 $b_1 = 0$，峰度係數 $K = 3$。

4.3.2 常態分配表及其應用

由於常會用到常態分配的機率，若用 (4.33) 式或 (4.34) 式直接計算很繁瑣，統計學家已用 (4.34) 式之標準常態分配公式，計算各種 z 值的累積機率值，並做成表列於本書後面的附表 1，可直接查表，也可用 EXCEL 的常態分配軟體計算。下面先說明查表法的用法，後面 4.3.3 節再說明 EXCEL 軟體的用法。

表是根據標準常態分配之累積機率 $F(z)$ 積分而得的面積，如圖 4.8。$z \to \infty$ 時 $F(\infty) = 1$。附表 1 的用法分兩種，一種是順向查法，已知 z 查累積機率；另一種是逆向查法，已知機率反求 z。

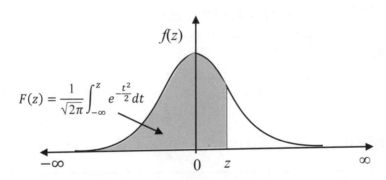

$$F(z) = \frac{1}{\sqrt{2\pi}} \int_{-\infty}^{z} e^{-\frac{t^2}{2}} dt$$

🎧 圖 4.8：標準常態累積機率值 F(z)

(1) 順向查表法 (已知 z 求機率)

● $z = 0$ 時是標準常態分配的一半，所以 $F(0) = 0.5$，查附表 1 得 0.5000。

● $z \to \infty$，$F(\infty) = 1$。

● $z = 1$ 時查附表 1 得 $F(1) = 0.8413 \approx 0.84$。

● 如果 $z < 0$，如 $z = -1$，先查表 $z = 1$，得 $F(1) = 0.8413$，因為常態分配是對稱的，從 $-\infty$ 到 ∞ 的累積機率 (總面積) $= 1$，所以 $F(-1) = 1 - F(1) = 0.1587 \approx 0.16$。

- $Z = -1.235$，$F(-1.235) = 1 - F(1.235)$，

  先查 $F(1.23) = 0.8907$ 和 $F(1.24) = 0.8925$，

  內插 $F(1.235) = (0.8925 - 0.8907) \times \dfrac{0.005}{0.010} = 0.8916$，

  $F(-1.235) = 1 - F(1.235) = 1 - 0.8916 = 0.1084$。

- 如果 x 是一般型常態分配，必須先將 x 標準化 $z = \dfrac{x - \mu}{\sigma}$ 再查表，例如 x 成 $\mu = 10$、

  $\sigma = 5$ 之常態分配，求 $x = 5$ 之累積機率 $F(5)$：

  (i) 標準化 $\Rightarrow z = \dfrac{x - \mu}{\sigma} = \dfrac{5 - 10}{5} = -1$

  (ii) $F(-1) = 1 - F(1) = 1 - 0.84 = 0.16$。

  (iii) 所以 $x = 5$ 發生的累積機率是 0.16。

(2) 逆向查表法 (已知機率求 z)

- 已知累積機率 $F(z) = 0.68$，查附表 1 得 $z = 0.47$。

- 已知累積機率 $F(z) = 0.32$，查附表 1 沒有 0.32，機率值都大於 0.5000。由 $F(-z) = 1 - F(z)$，即 $F(z) = 1 - F(-z) = 1 - 0.32 = 0.68$，查附表 1，$z = 0.47$。

- 所以累積機率 $F(z) = 0.32$ 時，$z = -0.47$。

 例 4.11　台灣某氣象站紀錄 50 年之年降雨量，統計結果年雨量是成平均數 1500mm，標準差 500 的常態分配，求 (i) 年降雨少於 1000mm，(ii) 年降雨量等於 1000mm，(iii) 降雨量介於 1000 及 2000mm 之機率，(iv) 累積機率 0.1 之降雨量。

解

設該氣象站之年雨量為 x，標準化 $z = (x - 1500)/500$

(i) 求年降雨少於 1000mm 的機率

$z = (1000 - 1500)/500 = -1$，查表 $F(-1) = 0.16$，所以年降雨少於 1000mm 的積率是 0.16。

(ii) 求年雨量等於 1000mm 之機率

題意是年降雨量 $x = 1000$mm 時之機率，因為無法查表，所以用公式 (4.31) 式計算：

$$f(x) = \frac{1}{\sigma\sqrt{2\pi}}\, e^{-\frac{(x-\mu)^2}{2\sigma^2}} = \frac{1}{500\sqrt{2\pi}}\, e^{-\frac{1}{2}\left(\frac{1000-1500}{500}\right)^2} = \frac{1}{500\sqrt{2\pi}}\, e^{-0.5} = 0.000484$$

(iii) 求年降雨量 1000 ～ 2000mm 的機率

$$P(1000 \le x \le 2000) = F(2000) - F(1000)$$

$$P(-1 \le z \le 1) = F(1) - F(-1) = 0.84 - 0.16 = 0.68$$

(iv) 求累積機率 0.1 之年降雨量

設年降雨累積機率 0.1 之降雨量為 x，寫成數學符號 $F(x) = 0.1 < 0.5000$。先查附表 1 $F(z) = 1 - 0.1 = 0.9$ 之 z 值，再把 $-z$ 標準化求 x，求法如下：

查附表 1 得 $z = 1.28$，$-z = -1.28 = \dfrac{x-1500}{500}$，$x = 860$mm。

 例 4.12　求常態分配累積機率是 $F(z_1) = 95\%$ 和 $F(z_2) = 5\% = F(-z_1)$ 的 z 值。

解　查附表 1 之面積 $= 0.950$ 處之 $z_1 = 1.645$（內插）；$F(z_2) = 0.05 = 1 - 0.95 = F(-z_1)$，所以 $z_2 = -1.645$。

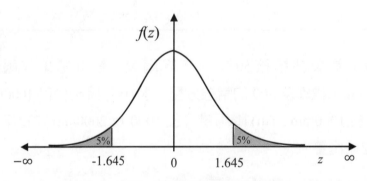

🎧 圖 4.9：常態分配截尾面積 5% 對應之 z 值

4.3.3 EXCEL 常態分配統計軟體的應用

打開 EXCEL 後，在「公式」的工具列有「fx」或「其他函數」，如圖 4.10。進入

後選取「統計」(圖 4.11)，裏面有各種機率分配的指令，可以直接得到函數值或機率值，不必查統計表。圖 4.11 中有「NORM.DIST」是一般常態分配，「NORM.INV」是逆向 (Invers) 常態分配；「NORM.S.DIST」和「NORM.S.INV」是指標準化常態分配。下面舉例說明。

🎧 圖 4.10

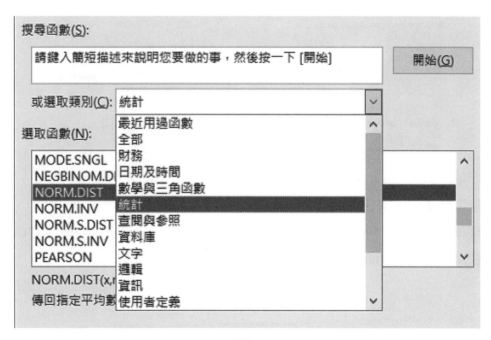

🎧 圖 4.11

例 4.13　在例 4.11 之 50 年降雨量紀錄，假設成平均數 1500mm，標準差 500 的常態分配，用 EXCEL 之公式法求 (1) 年降雨少於 1000mm，(2) 年雨量等於 1000mm 之機率，(3) 降雨量介於 1000 及 2000mm 之機率，(4) 累積機率 0.1 之降雨量。

解 按照圖 4.11，進入 EXCEL 之 NORM.DIST 和 NORM.INV。

(1) 求年降雨少於 1000mm 的機率

在圖 4.11 之 NORM.DIST 按確定得圖 4.12。輸入 $x=1000$，Mean $=1500$，Standard_dev $=500$，Cumulative $=$ TRUE。輸入 TRUE 指令是計算 $-\infty$ 到 $x=1000$ 的累積機率 (cdf)，若輸入 FALSE 指令只計算 $x=1000$ 之機率 (密度函數，pdf)，如下面畫面。答案在左下角，$F(1000) = 0.158655$。如果看不懂怎麼輸入，按左下角「函數說明」，會出現說明。

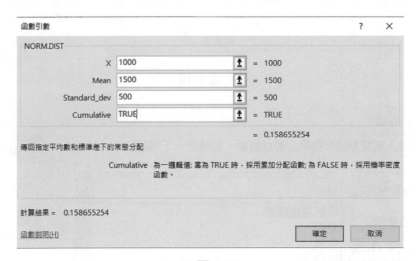

⌒ 圖 4.12

(2) 年雨量等於 1000mm 之機率

題意是年降雨量 $x=1000$mm 時之機率，是求 pdf 的 $f(x)$，所以在圖 4.13Cumulative 填 FALSE，答案是 0.000484，圖 4.13。

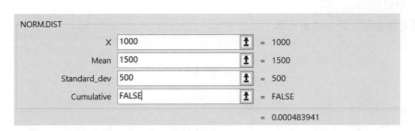

⌒ 圖 4.13

(3) 求年降雨量 1000 ～ 2000mm 的機率

同 (i) 步驟求計算 $P(1000 \leq x \leq 2000)$

$= F(2000) - F(1000) = 0.8413 - 0.1587 = 0.6826 \approx 0.68$。

(4) 求累積機率 0.1 之年降雨量

回到圖 4.11，在 NORM.INV 按確定。再輸入機率 $= 0.1$，Mean $= 1500$，Standard_dev $= 500$，答案在右下角 $x = 859mm$，即年降雨量等於或少於 $859mm$ 的機率和等於 0.1。

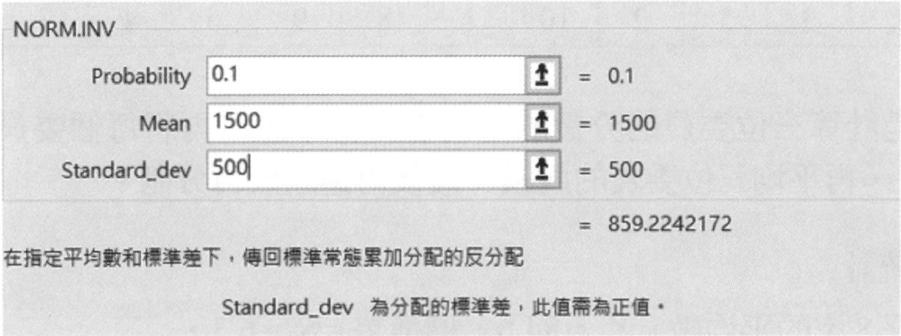

NORM.INV
Probability	0.1 ⬍	= 0.1
Mean	1500 ⬍	= 1500
Standard_dev	500 ⬍	= 500
		= 859.2242172

在指定平均數和標準差下，傳回標準常態累加分配的反分配

Standard_dev 為分配的標準差，此值需為正值。

 圖 4.14

● 查表法和 EXCEL 法之比較

如果有計算機，用 EXCEL 公式計算法很快可以直接得到結果，查表法一次只能查一個數據，有時需要內插計算，相當耗時不及 EXCEL 快速，尤其 EXCEL 有「複製」的功能，可以很快算出結果。

4.3.4 標準化之應用

隨機變數標準化後變成另一個沒有單位而且平均數為 0，標準差為 1 的隨機變數，所以可應用在不同單位的比較或相同單位不同水準的的修正。下面舉例說明。

 例 4.14　同單位不同水準之評估。

有三個評審委員評估 10 家汽機車回收場環保設施，但因評選時有委員臨時缺席，以致每家評選委員不同。雖然事先多有擬訂評分標準，但每個委員心中各有不同的看法，以致評分有落差，如表 4.3 的評分，求各場的平均分數並排名。

⊕ 表 4.3：汽機車回收場環保設施評分表

場編號	1	2	3	4	5	6	7	8	9	10	$\overline{X}_i$
A 委員	88	85	92	76	94	80	—	82	—	80	84.6
B 委員	84	80	88	—	—	78	74	78	85	77	80.5
C 委員	—	—	90	75	92	81	79	80	86	81	83.0
平均	86	82.5	90	75.5	93	79	76.5	80	85.5	79.3	
名次	3	5	2	10	1	8	9	6	4	7	—

解 解題原則是計算三位委員的分數的平均值和標準差，再將每個委員的分數，標準化為 0 和 1，再平均三位委員的成績，最後再還原成百分制。

● 各委員評分統計

A 委員：評分 8 家的平均數 $= \overline{X}_a = 84.6$，標準差 $= S_a = 6.3$，

B 委員：$\overline{X}_b = 80.5$，$S_b = 4.7$，

C 委員：$\overline{X}_c = 83.0$，$S_c = 5.8$。

● 各委員評分標準化

標準化公式：各委員評分只 8 家，屬於小樣本，以樣本算數平均做為母體 μ 之估計值，樣本標準差 S 做為母體 σ 之估計值，各委員成績標準化公式 $z = \dfrac{x - \mu}{\sigma} \approx \dfrac{x - \overline{X}}{S}$。

把表 4.3 各委員的分數標準化後的成績如表 4.4。求每場 (兩個或三個委員) 標準化後的平均成績，列於表 4.4 最後一列。

⊕ 表 4.4：回收場標準化後成績及其平均

回收場	1	2	3	4	5	6	7	8	9	10
A 委員	0.54	0.06	1.17	−1.37	1.49	−0.73	—	−0.41	—	−0.73
B 委員	0.74	−0.11	1.6	—	—	−0.53	−1.38	−0.53	0.96	−0.74
C 委員	—	—	1.21	−1.38	1.55	−0.34	−0.69	−0.52	0.52	−0.34
z 委員平均	0.64	−0.08	1.33	−1.38	1.52	−0.53	−1.04	−0.49	0.74	−0.60

● 求 10 家回收場總平均和標準差

三個委員總共評分 24 個成績，總平均 82.7，標準差 5.67。各家還原分數 x 為：

$z = \dfrac{x - 82.7}{5.67}$，所以 $x = 82.7 + 5.67z$。

● 還原各家平均分數

將表 4.4 最底下一列 z 的平均值代入上式求 x 值如表 4.5。比較表 4.3 和表 4.5 的名次有四家產生了變動。用標準化後的平均數來排名較公平。

⤵ 表 4.5：還原後的平均成績

回收場	1	2	3	4	5	6	7	8	9	10
平均分數	86.3	82.2	90.2	74.9	91.3	79.7	76.8	79.9	86.9	79.3
名次	4	5	2	10	1	7	9	6	3	8

4-4 機率點圖法 (probability plot)

通常在統計分析時，常假設母體成常態分配或其他分配。但事實是否如此？在統計分析之前應先判定假設是否成立？ 判定方法有兩種，一是機率點圖法，另一是密合度檢定法 (goodness fit test，參看第八章第 8.6 節)。機率點圖法只用來初步判斷，最好使用密合度檢定法。但一般使用機率點圖法直接判斷是否成直線，覺得很滿意時，就沒有進入密合度檢定法，只有在點圖法不易判斷好壞時，才進入密合度檢定法。

機率點圖法的原理和對數座標點圖法原理相似，後者是用對數變換成算數座標，然後繪圖成直線，前者是機率函數變換成算數座標再繪圖成直線。機率點圖法可再分下面兩種方法：

● 算術刻度法：第一法是把累積機率透過機率函數轉換成對應 z 之算數座標，本書稱為「算術刻度法」或「算數轉換座標法」。

● 機率刻度法：第二法是把累積機率做成機率刻度，本處稱為「機率刻度法」或稱「機率座標紙法」(probability paper)。

兩種方法基本原理分別在下面 4.4.1 節和 4.4.2 節說明。

4.4.1 常態機率點圖法 (normal probability plot)—算術刻度法

判斷隨機變數 X 是否成常態分配，先把 X 按照大小次序排列 $X = \{x_1, x_2, \cdots, x_i, \cdots, x_n\}$，再把第 i 個 x_i 發生的累積機率 $F(x_i)$ 用下面公式計算：

$$F(x_i) = \frac{i-0.5}{n} \text{ , 或} = \frac{i}{n+1} \qquad (4.35)$$

(4.35) 式的 $F(x_i)$ 是表示小於等於 x_i 發生的累積機率，而 $F(x)$ 可能是常態機率分配、對數態分配或其他機率分配。假設 $F(x_i)$ 常態機率累積函數 (cdf)，x_i 標準化後成標準常態分配 $F(z_i)$，再以 $F(z_i)$ 反求 z 值，以 z 的算術座標代替原來的機率座標 $[F(z_i)]$，這種方法稱為算術刻度法。例如：

● 常態分配之 $F(x) = F(z) = 0.1$ 時，反求對應 $z = -1.28$(用 EXCEL 的公式的 NORM.INV 求出)，其他如：

● $F(x_i) = F(z) = 0.1586$，反求 $z = -1.000$；$F(z) = 0.5$，反求 $z = 0$；$F(z) = 0.8414$，反求 $z = 1.000$；$F(z) = 0.6$，$z = 0.253$；$F(z) = 0.99$，$z = 2.326$；$F(z) = 0.99865$，$z = 3.000\cdots$。

上面運算就是把原來的常態機率座標 $[F(z)]$ 轉換成算術座標 z，然後以 x 和 z 劃圖，若成直線表示 x 成常態分配。看下面例 4.15 可以更了解。

▶▶▶ ────────────────────────────────●

 例 4.15　阿里山雨量站 1973 年到 2008 年每年最大日降雨量如表 4.6，問該站的暴雨量 x 是否成常態分佈或對數常態分配？

↻ 表 4.6：阿里山雨量站過去 (1973 ~ 2008) 每年之最大日降雨量

年代	1973	1974	1975	1976	1977	1978	1979	1980	1981	1982	1983	1984
x	323	518	274	520	380	617	457	462	494	337	383	225
年代	1985	1986	1987	1988	1989	1990	1991	1992	1993	1994	1995	1996
x	547	470	485	536	730	590	387	433	221	558	208	1095
年代	1997	1998	1999	2000	2001	2002	2003	2004	2005	2006	2007	2008
x	224	434	190	229	715	129	288	616	663	812	357	738

解

● 用算術刻度點圖法，求 x 是否成常態分配或對數常態分配？

由表 4.6 雨量值共有 36 年 ($n = 36$)，重新排列從最小排到最大，用 (4.35) 式計算發生的累積機率 $F(x_i) = \dfrac{i-0.5}{n} = F(z_i)$，用 % 表示如表 4.7。

⊕ 表 4.7：歷年最大日雨量 x 按照大小次序排列，並計算發生之累積機率

i	1	2	3	4	5	6	7	8	9	10	11	12
x_i	129	190	208	221	224	225	229	274	288	323	337	344
$(i-0.5)/n,\%$	1.4	4.2	6.9	9.7	12.5	15.3	18.1	20.8	23.6	26.4	29.1	31.9
i	13	14	15	16	17	18	19	20	21	22	23	24
x_i	357	380	383	387	433	457	462	470	485	494	518	520
$(i-0.5)/n,\%$	34.7	37.5	40.3	43	45.8	48.6	51.4	54	57	60	62.5	65.3
i	25	26	27	28	29	30	31	32	33	34	35	36
x_i	536	547	558	590	616	617	663	715	730	738	812	1095
$(i-0.5)/n,\%$	68	70.8	73.6	76.4	79	82	84.7	87.5	90.3	93	95.8	98.6

● 把表 4.7 的累積機率 $F(z)$，用 EXCEL 之 NORM.INV 反求 z 值如表 4.8。

例如 $z=-2.20$ 的由來：進入 EXCEL 公式的 NORM.INV，在 Probability 鍵入 $F(z)=0.014$，得到 -2.20，餘者類推。

⊕ 表 4.8：降雨量 x 按照大小次序排列，並做對數變換

$F(z), \%$	1.4	4.2	6.9	9.7	12.5	15.3	18.1	20.8	23.6	26.4	29.1	31.9
z_i	-2.20	-1.73	-1.48	-1.30	-1.15	-1.02	-0.91	-0.81	-0.72	-0.63	-0.55	-0.47
x_i	129	190	208	221	224	225	229	274	288	323	337	344
$\text{Log}(x)$	2.11	2.28	2.32	2.34	2.35	2.35	2.36	2.44	2.46	2.51	2.53	2.54
$F(z), \%$	34.7	37.5	40.3	43	45.8	48.6	51.4	54	57	60	62.5	65.3
z_i	-0.39	-0.32	-0.25	-0.17	-0.10	-0.03	0.03	0.10	0.17	0.25	0.32	0.39
x_i	357	380	383	387	433	457	462	470	485	494	518	520
$\text{Log}(x)$	2.55	2.58	2.58	2.59	2.64	2.66	2.66	2.67	2.69	2.69	2.71	2.72
$F(z),\%$	68	70.8	73.6	76.4	79	82	84.7	87.5	90.3	93	95.8	98.6
z_i	0.47	0.55	0.63	0.72	0.81	0.91	1.02	1.15	1.30	1.48	1.73	2.20
x_i	536	547	558	590	616	617	663	715	730	738	812	1095
$\text{Log}(x)$	2.73	2.74	2.75	2.77	2.79	2.79	2.82	2.85	2.86	2.87	2.91	3.04

$F(z)=(i-0.5)/n*100=\%$

● 表 4.8 之 z 為橫坐標，x 為縱坐標做圖 4.15，因圖不接近直線，表示 x 成常態分配不好，尤其兩端較大和較小值離直線特別遠。很不巧工程師做預測多用直線的兩端延長線，預測最大值 (如降雨量) 或最小值 (如枯水量)。所以需要另選其他分配，下面試選對數常態分配。

● 另將表 4.8 第 3、7、11 各列之 x 值取對數,計算結果列於表 4.8 的第 4 列。$\text{Log}(x)$ 與 z 作圖如圖 4.16,直線趨勢比圖 4.15 好,所以日最大暴雨量 x 比較接近對數常態分配。但在容許的誤差 5% 下是否可接受?尚須採用密合度檢定,參看本書第 8 章 8.6 節。

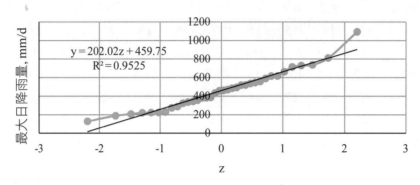

圖 4.15:常態機率點圖法

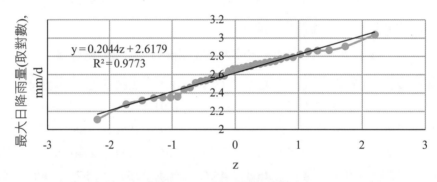

圖 4.16:對數常態點圖法

* 4.4.2 常態機率點圖法 (Normal probability plot)—機率刻度法

1. 常態機率座標刻度之製作方法

常態機率座標的畫法與對數座標的畫法類似,對數座標只是把算數刻畫 x 經對數轉換,同理常態機率座標只是把算數刻畫經過標準常態機率函數轉換,轉換方法如表 4.9 所列。因為常態分配是對稱的,所以表只列一半,另外一半畫法相同。因為實用上用到的累積機率刻度 $F(z)$ 是 0.5、0.6⋯、0.99 等,所以表中只列這些機率。此外,常會用到一個和兩個標準差,所以特地把 $z=1$ 和 2 的累積機率算出。畫法如下:

● 累積機率 $F(z)$ 如 0.55 時對應的 z 值 0.13 是用 EXCEL 的公式的 NORM.INV 算出的。其他 $F(z)$ 值如表 4.9 所列。

⬇ 表 4.9：已知 F(z) 對應之 z 值

F(z)	0.5	0.55	0.6	0.65	0.7	0.75	0.8	0.82	0.84	0.841	0.86	0.88
z	0.00	0.13	0.25	0.39	0.52	0.67	0.84	0.92	0.99	1.00	1.08	1.17
F(z)	0.9	0.92	0.94	0.96	0.977	0.98	0.99	0.995	0.997	0.998	0.999	0.9
z	1.28	1.41	1.55	1.75	2.00	2.05	2.33	2.58	2.75	2.88	3.09	1.28

● 以 $z = 0.00$ 為座標原點，設一個單位長度長如 10 公分 (其他長度也可以，隨你需要圖的大小而定)，距離原點 1.3 公分 (0.13×10) 處就是 $F(z) = 0.55(= 55\%)$ 處。

● 其他 $F(z)$ 值的畫法與上面相同，可以畫到 0.999 或更多，隨你需要的最大機率值而定。畫出結果如圖 4.17 橫坐標 50%(= 0.5) ～ 99.9%(= 0.999) 右半部。

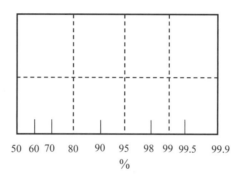

50 60 70 80   90   95   98 99 99.5   99.9
%

⬇ 圖 4.17：常態機率座標 (橫坐標)50% ～ 99.9% 部分

● 因為常態機率分配是對稱的，所以從 0.1% ～ 50% 的左半部和右半部的尺寸相同方向相反，用 EXCEL 的工具「插入」內的格式，點選「旋轉」的「水平翻轉」，完成左半部。注意：要旋轉之前先把圖 4.17 群組化。

● 連接左右兩半部，標上機率座標，就可得到常態機率座標指如圖 4.18。

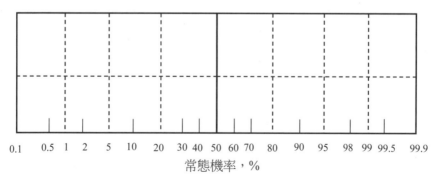

0.1   0.5 1   2   5   10   20   30 40 50 60 70   80   90   95   98 99 99.5   99.9
常態機率，%

⬇ 圖 4.18：常態機率座標刻度

2. 機率座標紙之應用

舉例說明如下：

例 4.16　用機率座標刻度法求例 4.15，求日最大降雨量 $x=1166mm$ 之再現期。

解

● 求最大日降雨量之累積機率

由表 4.6 雨量值，共有 36 年 $(n=36)$ 從最小排到最大，用 (4.35) 式計算發生的累積機率 $(i-0.5)/n$，$F(x_i)$，用 % 表示如表 4.7。以此值為橫座標，對應之最大日雨量 x_i 畫在對數蹤座標上，如圖 4.19。該圖觀測值接近直線，表示雨量成對數常態分配。

● 在縱座標 1166 處畫水平線交於直線，得 $z=0.987$，再現期 $T=1/(1-0.987)=77$ 年。

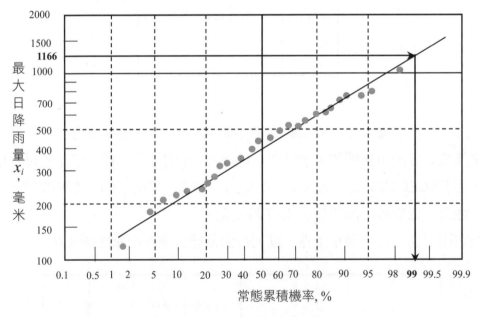

🎧 圖 4.19：對數常態機率座標紙

4-5 常態分配之再生性 (Reproductivity)

設隨機變數 $x_1, x_2 \cdots\cdots x_n$ 互為**獨立**，且各自成 (μ_1 , σ_1)，(μ_2 , σ_2)，$\cdots$，(μ_n , σ_n) 之常態分配，由 (4.22) 式和 (4.30) 式可以得到下面公式。

若 $y = a_1x_1 + a_2x_2 + \cdots + a_nx_n$，則 y 亦成常態分配，其期望值與變異數為：

$$\mu_y = E(y) = a_1\mu_1 + a_2\mu_2 + \cdots + a_n\mu_n \tag{4.36}$$

$$\sigma_y^2 = V(y) = a_2^2 \, \sigma_1^2 + a_2^2 \, \sigma_2^2 + \cdots + a_n^2 \, \sigma_n^2 \tag{4.37}$$

公式證明省略。如果有兩隨機變數 x_1 和 x_2 互為獨立，而且各成 (μ_1 , σ_1) 和 (μ_1 , σ_1) 常態分配，則 $y = x_1 + x_2$ 亦成為 $\mu_y = \mu_1 + \mu_2$，$\sigma_y^2 = \sigma_1^2 + a_2^2$ 之常態分配。這公式很重要，應用在抽樣分配和母體平均數之區間估計。如 x_1 與 x_2 不互為獨立，還有共變異 $\text{Cov}(x_1 , x_2)$ 項存在。

例 4.17　有兩家性質不同之工廠排放廢水，每日排放之汙染量 (以 BOD 計)，A 廠成平均數 = 25 kg/d 標準差 = 10 kg/d 之常態分配，B 廠成平均數 = 35 kg/d 標準差 = 15kg/d 之常態分配，求 (1) 兩股廢水排出混和後汙染總量之分布，(2) 混和後 BOD 超過 60 kg/d 之機率。

解

- 因為兩家工廠各自獨立排放廢水，排出的汙染總量成常態分配，依據常態分配的加法性，混合法亦成常態分配，其平均數 = 25 + 35 = 50 kg/d，變異數 = $10^2 + 15^2 = 325$，標準差 = 18 kg/d。

- 超過 60 kg/d 的機率用 EXCEL 的 NORM.DIST 求得 $1 - 0.71 = 0.29 = 29\%$。

第四章 習題

Ex.4.1 嘉南平原共有 100 口水井做砷含量的水質檢測，其中深度超過 50m 深的有 25 口，其餘深度小於 50m。砷超過飲用水標準的縣市如 Table 4.1。求這個地 區砷超標的機率質量函數。

⟲Table4.1：水井水質超標數

地區	井深 ,$x\ m$	砷超標井數
雲林	>50	4
	<50	18
嘉義	>50	9
	<50	22
台南	>50	12
	<50	35
合計	>50	25
	<50	75

Ex.4.2 有 pmf 為 $f(x) = (4/5)(1/5)^x$，$X = \{0,1,2,\cdots\}$，求其 cmf。

Ex.4.3 有一函數 $f(x) = \dfrac{2x+1}{25}$，$x = 0, 1, 2, 3, 4$，(1) 問該函數是否為機率質量函數？ 如果是 (2) 求其 cmf，(3) 求 $f(x)$ 之期望值和變異數。

Ex.4.4 有一隨機變數 X 之橢圓函數為 $f(x) = c\left(1 - \dfrac{1}{16}6x^2\right)$，$0 < x < 2$，$c$ 為常數，問： (1) 如果 $f(x)$ 是機率密度函數 (pdf)，求 c 值，(2) 求 $P(X \leq 0.4)$，(3) 求 $P(0.1 < X < 0.4)$，(4) 求其 cdf，(5) 求其期望值和標準差。

Ex.4.5 有一生物反應槽汙染物濃度的分解成一階反應，即 $\dfrac{dC}{dt} = -kC$，$k =$ 反應係 數，當 $t = 0$，$C = C_0$，$t = \infty$，$C = 0$，其積分式為

$$C = C_0 e^{-kt} \tag{4.1}$$

如果上式為機率函數時，C_0 應為多少？

Ex.4.6 某市空氣品質出現良好天數的機率如 Table 4.2，求其期望值和標準差。

⟲Table 4.2：PM2.5 出現之機率

天數	機率
1.5	0.05
3	0.25
4.5	0.35
5	0.20
7	0.15

Ex.4.7 已知兩隨機變數 X 與 Y 為正實數，$x < y$，(1) 求證 $f_{(x,y)} = 6 \times 10^{-6} e^{-0.001x - 0.002y}$ 為 X 與 Y 之聯合機率函數，(2) 求 $x + y < 2600$ 之機率。

Ex.4.8 兩隨機變數 X,Y，$f(x,y) = c$，在 $0 < x < 4$ 與 $x-1 < y < x+1$ 範圍下 $f(x,y)$ 為聯合機率函數，求 (1)c 值，(2)$P(X < 0.5, Y < 0.6)$，(3)$E(X)$，(4)$E(Y)$。

Ex.4.9 兩隨機變數 X 與 Y 之聯合機率函數如下表，求 (1)$x = 1$ 時 Y 之條件機率值，即求 $f(y\,|\,1)$，(2)$y = 1$ 時 X 之條件機率值，即求 $f(x\,|\,1)$，(3)X 與 Y 是否互為獨立？

x	y	$f_{(x,y)}$
−1.0	−2	1/8
−0.4	−1	1/4
0.4	1	1/16
1.0	2	9/16

Ex.4.10 隨機變數 z 是標準常態分配，求下面之機率：$\text{Pro}(z < 1.32)$，$\text{Pro}(z > 1.45)$，$\text{Pro}(-1 < z < 1)$。

Ex.4.11 隨機變數 X 之平均數 $= 10$，標準差 $= 2$，求 $\text{Pro}(X < 13)$，$\text{Pro}(X > 9)$，$\text{Pro}(6 < X < 14)$。

Ex.4.12 假設 X 成平均數為 10 標準差為 2 之常態分配，求下面機率求 X 值。$\text{Pro}(X > x) = 0.5$，$\text{Pro}(X > x) = 0.95$，$\text{Pro}(-x < X - 10 < x) = 0.99$。

Ex.4.13 有一城市經長期統計得知年平均降雨量成常態分配，其平均數 $= 2000\text{mm}$，標準差 $= 500\text{mm}$，求年平均降雨量超過 2500mm 之機率。

Ex.4.14 有一工廠的放流水經 42 次採樣分析 COD 濃度的結果如課本表 2.1，(1)COD 是否成常態分配？(2) 若成常態分配，求其平均數和標準差，(3) 若放流水標

準是 50mg/L，該工廠超標的機率是多少？

Ex.4.15 有一汙水廠原水經 9 次採樣分析 BOD 濃度 82, 100, 104, 105, 98, 113, 86, 91, 108 mg/L，若汙水廠設計生物處理原水濃度是採用 90% 為設計值，請問 BOD 設計濃度是多少？

Ex.4.16 有一河川承受 A、B 兩家工廠的汙染，其污染量 A 廠成 $E(X) = 1000$kg/d，$V(X) = 2500$ (kg/d)^2，B 廠成 $E(Y) = 2000$kg/d，$V(Y) = 4000$ (kg/d)^2 之成常態分配，求該河月平均之汙染量。

Ex.4.17 已知兩隨機變數 X 與 Y，$f(x, y) = \dfrac{1}{16} xy$，$0 < x < 2$，$0 < y < 4$，證明 $\sigma_{xy} = 0$。

Ex.4.18 兩隨機變數 X 與 Y 之 pdf 各為 $f(x)$ 和 $f(y)$，其期望值各為 $\mu_x = 4$、$\mu_y = 1$，變異數各為 $\sigma_x^2 = 2$、$\sigma_y^2 = 1$、$\sigma_{xy} = 1$、$E(xy) = 2$，已知任一方程式 $g(x, y) = 2x + y$，求 μ_g 及 σ_g^2。

5 其他常用的機率分配

隨機變數的機率函數很多，本章只介紹環境上常用到的機率分配，包括連續型的常態配、對數常態分配、指數分配、韋伯分配、極大值分配及極小值分配等，離散型的有二項分配、幾何分配、卜松分配等。內容包括分配的來源、特性和應用，而最常應用的是用已知的機率推估未知的變量，或已知變量推估發生的機率或再現期。

生活上用得最多的是常態分配，但環境品質如水質、空氣品質或非點源汙染負荷等資料常呈現對數常態分配；在水文資料方面，如洪水量或枯流量常接近極端值分配；在設備或機件壽命方面，常用到威伯稱分配。至於判斷資料適合那一種分配？除了第四章介紹圖解法外，還可以用第八章 8.6 節的密合度檢定。此外，本章最後的 5.8 節，將這些分配的方程式、期望值和變異數歸納成表，方便大家使用。

5-1 柏努利試驗與柏努利分配

1. 柏努利試驗 (Bernoulli trial 或 Bernoulli process)

任何一件事或一個實驗，只產生兩種結果：「正面」或「反面」、「成功」或「失敗」、「發生」或「不發生」，不會有第三種結果產生，這種實驗稱柏努力試驗或柏努利過程。例如擲銅板，不是出現正面就是出現反面。柏努利試驗可以導出很多種不連續機率分配，包括兩點分配、二項分配、幾何分配等。

2. 柏努利分配 (Bernoulli distribution)

在柏努利實驗過程中，實驗成功的次數設為 $X=\{0,1,2,\cdots,x\}$，x 為正整數；再設成功的機率為 p、失敗的機率為 q，$0 \leq p \leq 1$，$0 \leq q \leq 1$，$p+q=1$。

如果只做一次柏努力試驗，得到的結果可能是失敗 $(x=0)$，也可能是成功 $(x=1)$。所以只做一次實驗，不管成功或失敗的機率，可以用下式表示：

$$f(x)=p^x q^{1-x}，x=0,1 \tag{5.1}$$

(5.1) 式是否為機率函數？必須滿足 (4.1) 式的兩個條件：

● 條件一：機率函數 $0 \leq f(x) \leq 1$，

$x=0$ 時，$f(0)=p^0 q^{1-0}=q \leq 1$

$x=1$ 時，$f(1)=p^1 q^{1-1}=p \leq 1$

所以滿足條件一。

● 條件二：$\sum_x f(x)=1$

$\sum_x p^x q^{1-x}=p^0 q^{1-0}+p^1 q^{1-1}=p+q=1$

滿足條件二，所以 (5.1) 式是機率函數，稱為**柏努利分配**，又因為機率只出現在 $x=0$ 和 1 兩點，所以又稱為**兩點分配** (two-point distribution)。

兩點分配之期望值和變異數為：

兩點分配：

期望值 ⇒	$\mu=E(X)=p$	
變異數 ⇒	$\sigma^2=V(X)=pq$	(5.2)

(5.2) 式的證明如下：

因為 x 為不連續，依據期望值定義，在 $X=\{0,1\}$ 下，

$E(X)=\sum_x x f(x)=\sum_x x p^x q^{1-x}=0 \times p^0 q^{1-0}+1 \times p^1 q^{1-1}=p$

依據變異數之定義，

$V(X)=\sum_x (x-\mu)^2 f(x)=\sum_x (x-p)^2 p^x q^{1-x}=p^2 \times p^0 q^{1-0}+(1-p)^2 \times p^1 q^{1-1}=p^2 q+q^2 p$

$=pq(p+q)=pq$

5-2 二項分配 (Binomial distribution)

5.2.1 機率函數

做了 n 次的柏努利試驗，每次都是互為獨立，結果有 x 次成功的機率函數稱為二項分配：

二項分配：

機率質量函數 $pmf \Rightarrow$	$f(x)=\begin{cases} C_x^n \, p^x q^{n-x}, & x=0,1,2,\cdots,n \text{。} \\ 0, & \text{其他} \end{cases}$	(5.3a)
累積機率函數 $cmf \Rightarrow$	$F(x)=\sum_{k=0}^{x} C_k^n \, p^k q^{n-k}$	(5.3b)

當 $x=0$，表示全部沒有成功。因為 (5.3a) 式很像下面二項展開式，所以稱為二項分配：

$$(a + b)^n = \sum_{x=0}^{n} C_x^n \ a^x b^{n-x}$$

二項分配的應用很廣，常用在工廠產品的良率、環境品質的合格率等。例如檢驗工廠產品有沒有不良品是一個柏努利過程，設不良品出現的機率為 p，抽 n 個樣品有 x 個不良品的機率就是二項分配。舉例說明：

 例 5.1 有一水管製造廠根據以往的統計，出現抗壓強度不足的機率是 0.01。有一水管工程向該廠購買 40 支水管，規定抗壓強度不足的水管不得超過 1 支，問該工程用到不良水管的機率多少？

解 用 x 代表水管抗壓強度不定的支數。由題意知 $p=0.01$，$x=0,1$，所以機率 $P(x=0,1)=C_0^{40} \ p^0 q^{40} + C_1^{40} \ p^1 q^{39}=0.939$。

5.2.2 二項分配之圖形

二項分配的分佈情形與實驗次數 n 和成功機率 p 有關，如果 $p=q$，畫出來的圖形是對稱的如圖 5.1；如果 $p > 0.5$，分配是左偏的如圖 5.2；$p < 0.5$ 分配是右偏的如圖 5.3。

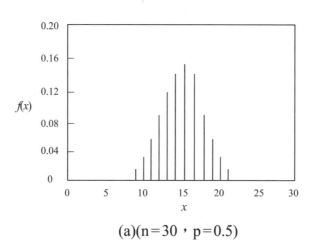

(a)(n＝30，p＝0.5)

🎧 圖 5.1：二項分配機率質量函數圖
（參考陳、鄭，2004，作者自劃）

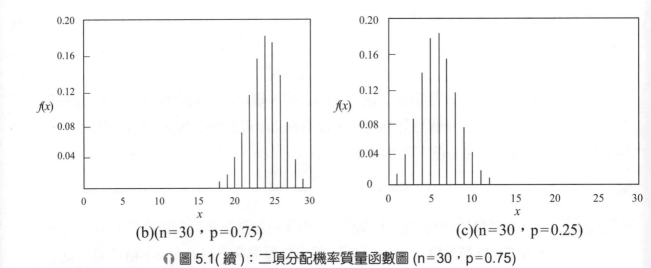

(b)(n=30，p=0.75)　　　　　　　　(c)(n=30，p=0.25)

🎧 圖 5.1(續)：二項分配機率質量函數圖 (n=30，p=0.75)

5.2.3 二項分配之性質

● 二項分配之期望值與變異數

二項分配：

期望值 ⇒ $\qquad\qquad\qquad \mu=E(X)=np$ $\qquad\qquad\qquad$ (5.4a)

變異數 ⇒ $\qquad\qquad\qquad \sigma^2=V(X)=npq$ $\qquad\qquad\qquad$ (5.4b)

註 讀者可參考 5.2.1 節兩點分配期望值和變異數的證明，自行證明，本處省略。

● 二項分配與常態分配之關係

當 $p=0.5$，n 值逐漸變大時，二項分配越接近常態分配，一般 $n>30$ 兩個分配已很接近，當 $n\to\infty$ 二項分配就是常態分配，一般計算上 $n>30$ 時，二項分配就用常態分配代替，並可進一步將 x 標準化，轉換成標準常態分配：

$$z=\frac{x-\mu}{\sigma}=\frac{x-np}{\sqrt{npq}}$$

這個特性非常重要，後面很多統計推論、無母數檢定…，都是應用這特性來的。

5.2.4 二項分配機率與累積機率之求法

二項分配機率值的求法有公式直接計算法、查表法和用 EXCEL 軟體計算法三種。

第二法是查表法，因為數據繁多本書不提供，若要使用，請直接上網到「Google」打「二項分配表」，很快可以得到二項分配機率表。下面只說明第一和第三方法。

1. 直接計算法：用二項分配公式 (5.3) 式直接計算，舉率說明。

 例 5.2　擲一個銅板 6 次，求出現 x 次正面的機率。

 解

設每次出現正面的機率為 p，$p=0.5$，不出現正面的機率 $q=0.5$。擲 6 次出現正面的次數計有 $X=\{0,1,2,3,4,5,6\}$，用公式 (5.3a) 直接計算求機率如下：

0 次之機率：$f(0)=C_0^6\ p^0 q^{6-0}=1\times 0.5^0\times 0.5^6=0.015625$

1 次之機率：$f(1)=C_1^6\ p^1 q^{6-1}=\dfrac{6}{1}\ 0.5^1\times 0.5^5=0.09375$

2 次之機率：$f(2)=C_2^6\ p^2 q^{6-2}=\dfrac{6\times 5}{2\times 1}\ 0.5^2\times 0.5^4=0.234375$

3 次之機率：$f(3)=C_3^6\ p^3 q^{6-3}=\dfrac{6\times 5\times 4}{3\times 2\times 1}\ 0.5^3\times 0.5^3=0.3125$

4 次之機率：$f(4)=C_4^6\ p^4 q^{6-4}=\dfrac{6\times 5\times 4\times 3}{4\times 3\times 2\times 1}\ 0.5^4\times 0.5^2=0.234375$

5 次之機率：$f(5)=C_5^6\ p^5 q^{6-5}=\dfrac{6\times 5\times 4\times 3\times 2}{5\times 4\times 3\times 2\times 1}\ 0.5^5\times 0.5^1=0.09375$

6 次之機率：$f(6)=C_6^6\ p^6 q^{6-6}=\dfrac{6\times 5\times 4\times 3\times 2}{5\times 4\times 3\times 2\times 1}\ 0.5^6\times 0.5^0=0。015625$

2. EXCEL 軟體「BINOM」計算法

● 求機率

　　上面例 5.2 機率之計算，用 EXCEL「公式」裡的「其他函數」中之「統計」，再尋找「BINOM.DIST」(如圖 5.4)，第一列輸入 $x=0$，第二列輸入 $n=6$，第三列輸入 $p=0.5$，第四列輸入 false，結果輸出 pmf=0.015625；複製 $x=1\sim 6$，可以求得各次出現正面之機率。

BINOM.DIST			
Number_s	0	🔼	= 0
Trials	6	🔼	= 6
Probability_s	0.5	🔼	= 0.5
Cumulative	false	🔼	= FALSE
			= 0.015625

傳回在特定次數之二項分配實驗中，實驗成功的機率

Cumulative　為一邏輯值: TRUE 則採用累加分配函數; FALSE 則採用機率質量函數。

◑ 圖 5.4：二項分配用 EXCEL 之 BINOM.DIST 計算機率

● 累積機率之求法

　　因為二項分配計算較複雜，求法有兩種：一是用公式 (5.3b) 直接計算，另一是使用 EXCEL「公式」裡的「BINOM.DIST」計算，可快速得到結果，詳細請看下面例題。

▶▶▶ ─────────────────────────────────────●

例 5.3　擲銅板 20 次，求出現正面 8 次的機率。

解 分別用二項分配計算法和近似常態分配計算法解，供讀者比較誤差。

(1) 二項分配計算法：

● $n=20$，$x=8$ 二項分配之累積機率，上網查二項分配表，$x=k=8$ 得 0.2517。因是累積機率，所以在查 $x=k=7$ 之累積機率得 0.1316。兩個累積機率相減得 $x=8$ 之質量機率值 $=0.1201(=0.2517-0.1316)$。

● 用 EXCEL" 公式 " 中之 " 其他函數 "，按 " 統計 "，在按 "BINOM.DIST" 後出現 " 函數引數 " 頁面，如上圖 5.4。在 Number_s 輸入出現正面次數 8，Trials 輸入總實驗次數 20，Probability_s 輸入正面出現機率 0.5，Cumulative 輸入 False(質量機率)。按確定。答案 0.1201。

(2) 近似常態分配計算法：

n 逐漸變大時二項分配逐漸趨近常態分配，由 (5.4) 式知 $E(X)=np=10$，$V(X)=npq=5$。進入 NORM.DIST 後，輸入 $x=8$，Mean$=10$，Standard$=\sqrt{5}=2.236$，Cumulative$=$True，得答案 0.1196。

(3) 比較兩種分配：兩種機率相差 0.0005。

▶▶▶ ─────────────────────────────────────●

例 5.4 擲銅板 35 次出現正面 8 次之機率。

解

(1) 二項分配計算法：

因為擲銅板是屬於柏努利實驗，每次是獨立的，35 次出現正面 8 次的機率是二項分配。用 BINOM.DIST 求機率＝0.000685。

(2) 近似常態分配計算法：

當 $n > 30(np=35 \times 0.5=17.5 > 5)$，二項分配近似常態分配，其 $E(X)=np=17.5$，變異數＝$npq=8.75$，相當於標準差 $\sigma=2.96$。$x=8$，用 NORM.DIST 求得機率 ＝0.000781。

(3) 兩種分配之機率相差 0.0001，已經非常小。

 例 5.5 有一工廠產品的不良率是 0.05，某公司向該工廠購買 10000 件，抽出 100 件。至多 1 件不良率的機率是多少？

解

相當於求 $p=0.05$，$n=100$，$x=0,1$ 之累積機率。用 EXCEL 之 BINOM.DIST 求得 0.037。

5-3 幾何分配 (Geometric distribution)

5.3.1 機率函數

柏努利試驗每次實驗都是獨立的，在經過 $x-1$ 次失敗，第 x 次始成功，可用下圖表示：

$X=\{1,2,3,\cdots,x\}$，第 x 次始成功的機率為 $f(x)=pq^{x-1}$，是等比級數稱為**幾何分配**。

幾何分配

pmf $\qquad\qquad\qquad\qquad f(x)=pq^{x-1}$，$X=\{1,2,3,\cdots,x\}$ $\qquad\qquad$ (5.5)

期望值：$\qquad\qquad\qquad\qquad E(X)=\dfrac{1}{p}$

變異數：$\qquad\qquad\qquad\qquad V(X)=\dfrac{q}{p^2}$

期望值求法如下，變異數求法省略。

$$\mu=E(x)=\sum_{x=1}^{\infty} pq^{x-1}=p(1+2q+3q^2+\cdots)=p\frac{1}{(1-q)^2}=\frac{1}{p} \qquad (5.6)$$

5.3.2 幾何分配之應用

在氣象或水文預測某一再現期的大暴雨或大洪水是利用幾何分配。假設某一大暴雨，最大洪水量 Q，在「一年」內發生大於 Q 的事件只有「發生」或「不發生」，所以是一次的柏努利試驗。經過 $x-1$ 年都沒有發生，到第 x 年才發生的機率，與幾何分配的由來完全吻合，所以 x 的期望值 $E(X)$，也是發生大洪水 Q 的平均發生時間，水文學上稱為平均再現期 (average return period)，或簡稱再現期，用 T 表示。由 (5.6) 式得

$$\mu=E(X)=T=\frac{1}{p}，或 p=\frac{1}{T} \qquad (5.7)$$

所以某一事件發生的機率等於再現期之倒數，如果要求平均 100 年發生一次，$T=100$，由 (5.7) 式得

$$p=\frac{1}{T}=\frac{1}{100}=0.01$$

利用上面之原理和過去每年最大洪水量的紀錄，預測某一再現期的洪水。通常所用之機率分配，不論是離散型或連續型，大部分是單峰分布，如圖 5.5，每一個相等之截尾面積 p 都有兩個變量，如圖 5.5 的 x_1 和 x_2，其中一個較大 x_2 之累積機率 $1-p$，稱為超越機率 (exceedance probability)。如果預測暴雨或洪水，取較大值的 x_2，如果是預測枯水或乾旱雨量，取最小值 x_1。

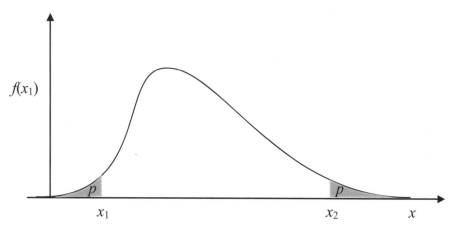

🎧 圖 5.5：超越機率

 例 5.6　統計某市歷年來最大日降雨量，成 $E(x)=1000$mm 標準差＝500mm 之常態分佈，求 50 年和 100 年發生一次之暴雨量。

解

● 再現期 50 年，$T=50$，$p=1/T=0.02$，因為是暴雨，所以取超越機率＝$1-0.02=0.98$，用 EXCEL 的 NORM.INV，求得 $x=2027\approx2000$mm。

● 再現期 100 年，$T=100$，$p=1/T=0.01$，求得 $x=2163\approx2160$mm。

 例 5.7　假設某河川的流量站年最枯流量 Q 成 $E(Q)=8$m³/sec，標準差＝3m³/sec 之常態分配，求 50 年和 100 年發生一次之日枯流量。

解

● 再現期 50 年，$T=50$，$p=1/T=0.02$，因為是枯流量是小值，所以取機率＝0.02，用 EXCEL 的 NORM.INV，求得 $Q=1.8$ m³/sec。

● 再現期 100 年，$T=100$，$p=1/T=0.01$，求得 $Q=1.0$ m³/sec。

5-4 卜松分配 (Poisson distribution)

1. 機率函數

　　事件在某時間或空間 t 內發生的過程稱為卜松過程 (Poisson process)。卜松過程有下面三個假設：

- 事件的發生是隨機而獨立的。

- 在微小的時間或空間 $\triangle t$ 裏，只發生一件事件，發生兩次或兩次以上的機率非常小，因而忽略不計。因此可假設平均發生率為 v。

- 事件的發生與 t 的大小成正比，即 vt。

　　例如在 1 平方公里的農地裏發生重金屬汙染，或是自來水管 10 公里長發生漏水，或在 10 公里的公路發生車禍事件，這些過程都稱為卜松過程，但必須符合上面三個假設。由卜松過程所推導出來機率分配稱為卜松分配。在某一時間或空間發生 x 件 (如水管漏水) 其機率質量函數如下：

卜松分配：

$$\text{Pmf}\Rightarrow \quad f(x)=\frac{1}{x!}\,e^{-\lambda}\lambda^{x}\text{，}x=0,1,2,3\cdots \tag{5.8}$$

$\lambda=$ 參數，$\lambda>0$，$\lambda=vt$，$v=$ 事件平均發生之機率，$t=$ 時間或空間。

期望值和變異數： $\quad E(X)=\lambda\text{，}V(X)=\lambda$

　　卜松分配之分布圖形與 λ 有關，下圖是 $\lambda=4$ 之卜松分配。

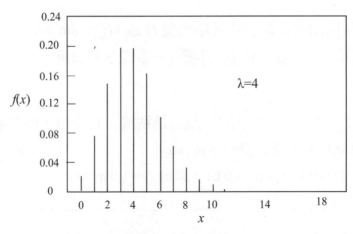

⋂ 圖 5.6：卜松分配

例 5.8 統計某市自來水管的漏水事件，平均每年漏水率為 0.5 件 /km，若該市有配水管 10km，求一年內漏水率有 2 件或兩件以下之機率。

解

v＝0.5 件 /km, $E(X)$＝λ＝vt＝0.5 × 10＝5 件

$F(x \le 2)$＝$f(0)+f(1)+f(2)$＝$e^{-5}+e^{-5} \times 5+\dfrac{1}{2!} e^{-5} 5^2$＝0.125，漏水機率。

也可以用 EXCEL 公式裡的 POISSON.DIS 計算如圖 5.7，得累積機率＝0.1247。

🔊 圖 5.7：EXCELL 卜松分配的用法與結果

2. 卜松分配的性質

當實驗次數 n 趨近於無窮大時，二項分配變成卜松分配。

例 5.9 有一河水重金屬銅平均每年被檢出的比率是 0.1，問該河川 (1) 未來五年內、(2) 未來 30 年內，最多被檢出 1 次之機率有多少？

 解 (1)n＝5

- 以二項分配處理，由「BINOM.DIST」得機率＝0.9785
- 以卜松分配處理，vt＝0.1・5＝0.5，由 POISSON.DIST 得機率＝0.9098

(2) n＝30

- 以二項分配處理，由 BINOM.DIST 得機率＝0.1837
- 以卜松分配處理，vt＝0.1・30＝3，由 POISSON.DIST 得機率＝0.1991

  n 較大時，兩種分配的機率很接近；無窮大時，兩種分配的機率相等。

5-5 對數常態分配 (Lognormal Distribution)

1. 對數常態分配之機率密度函數

在環境工程資料處理，使用對數常態分配的機會僅次於常態分配。如果 $X = e^Y$，取對數後變成

$$Y = ln(X) \qquad (5.9)$$

如果 Y 是隨機變數且成常態分配，則 X 也是隨機變數且成機率分配，所成之機率分配稱為對數常態分配。其機率密度函數如下：

> 對數常態分配 pdf：
>
> $$f(x) = \frac{1}{\sqrt{2\pi}\omega x} e^{-\frac{(lnx - \theta)^2}{2\omega^2}} ,\ 0 < x < \infty \qquad (5.10)$$
>
> 參數： $\quad E(Y) = \theta = \mu_y = E(ln\,x), \quad \omega^2 = \sigma_y^2 = V(ln\,x) = V(Y) \qquad (5.11)$
>
> 期望值： $\quad \mu = E(X) = e^{(\theta + \frac{\omega^2}{2})} \qquad (5.12a)$
>
> 變異數： $\quad \sigma^2 = V(X) = \mu^2(e^{\omega^2} - 1) \qquad (5.12b)$

(5.11) 式的 θ 和 ω 是 x 取對數後的期望值和標準差，對數常態分配的圖形與兩者有關，設 $\theta = 0$，$\omega = 1$ 及 1.4 之圖形如圖 5.8 所示，由該圖可看出對數常態分配成右偏分布。

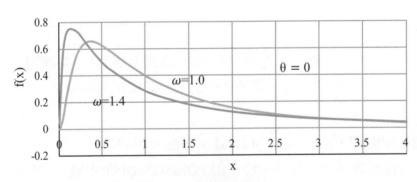

⋒ 圖 5.8：對數常態分配之 pdf

2. 對數常態分配之性質

隨機變數 X 的對數常態分配具有下列幾個特性：

● 由 (5.9) 式知 X 取對數轉換後成常態分配，轉換後擁具有常態分配之一切性質。

● X 分配的參數與常態分配 Y 的參數，成下列關係：

> 對數常態分配公式：
>
> Y 之參數 $\Rightarrow$
> $$\mu_y = \theta = E(ln\ x) = E(Y)，\tag{5.13a}$$
> $$\sigma_y^2 = \omega^2 = V(ln\ x) = V(Y)。\tag{5.13b}$$
>
> X 之參數 $\Rightarrow$
> $$E(X) = \mu = e^{(\theta + \frac{\omega^2}{2})} \Rightarrow\ ln\ \mu = \theta + \frac{\omega^2}{2}\tag{5.14a}$$
>
> 或
> $$V(X) = \sigma^2 = \mu^2(e^{\omega^2} - 1) \Rightarrow\ \omega^2 = ln\left\{1 + \left(\frac{\sigma}{\mu}\right)^2\right\}\tag{5.14b}$$

以上公式用在對數常態分配演算時相當重要，但推導相當複雜，本書省略。

▶▶▶ ─────────────────────────────────●

例5.10　設台南降雨量 X 成對數常態分佈，其 $\mu = E(X) = 1500$、$\sigma^2 = V(X) = 500^2$，求其 pdf 及降雨量介於 1000 及 2000mm 之機率。

解

● 求 pdf：由 (5.14b) 知

$$\omega^2 = \sigma_y^2 = ln\left\{1 + \left(\frac{\sigma}{\mu}\right)^2\right\} = ln\left\{1 + \left(\frac{500}{1500}\right)^2\right\} = 0.105，\omega = 0.324，$$

由公式 (5.14a) 知

$$\theta = \mu_y = ln\ \mu - \frac{\omega^2}{2} = 7.313 - \frac{0.105}{2} = 7.260$$

X 之 pdf 為：$f(x) = \dfrac{1}{\sqrt{2\pi}\omega x} e^{-\frac{(lnx - \theta)^2}{2\omega^2}} = \dfrac{1}{0.324x\sqrt{2\pi}} e^{-\frac{(lnx - 7.26)^2}{2 \times 0.105}}$

● 求 $P(1000 \le X \le 2000)$- 查圖法

因為 x 成對數常態分配，取對數後 $y = ln\ x$ 成常態分配，把 x 標準化成 z：

$$z_1 = \frac{ln\ x_1 - \theta}{\omega} = \frac{ln\ 1000 - 7.26}{0.324} = -1.087$$

$$z_2 = \frac{ln\ x_2 - \theta}{\omega} = \frac{ln\ 2000 - 7.26}{0.324} = 1.052$$

$P(1000 \leq X \leq 2000) = P(-1.087 \leq Z \leq 1.052) = F(1.052) - F(-1.087)$

查附表 1 得 $P(1000 \leq x \leq 2000) = 0.8535 - (1 - 0.8618) = 0.7153$

● 求 $P(1000 \leq X \leq 2000)$-EXCEL 公式法

用公式裏的「LOGNORM.DIST」，但要注意輸入 x 要輸入沒有對數轉換的 1000，其餘「Mean」「Standard_dev」輸入轉換後的對數常態分配的 θ 和 ω。再打「True」得累積機率 $F(1000) = 0.1385$，如下圖：

LOGNORM.DIST

X	1000	⬍	= 1000
Mean	7.26	⬍	= 7.26
Standard_dev	0.324	⬍	= 0.324
Cumulative	true	⬍	= TRUE

= 0.138479724

傳回 x 的對數分配。在此 ln(x) 以平均數 Mean 和標準差 Standard_dev 參數進行常態分配

Cumulative 為一邏輯值; 當為 TRUE 時, 採用累加分配函數; 為 FALSE 時, 採用機率密度函數。

◯ 圖 5.9：對數常態分配

同樣方法輸入 $x = 2000$ 得 $F(2000) = 0.8536$，

$$P(1000 \leq X \leq 2000) = 0.8536 - 0.1385 = 0.7151$$

例 5.11 在第四章的例 4.15，阿里山年最大日降雨量 x 是成對數常態分配。2009 年的 8 月 8 日是該年最大日降雨量 1166mm，問該日是幾年發生一次大暴雨？

解

● 在例 4.15 已用作圖法判斷阿里山最大日雨量成對數常態分配，所以用這種分配來推估 1166mm 發生之再現期。但方法有兩種，一是用 EXCEL 公式法，另一是用對數常態機率座標紙法。

(1) EXCEL 公式法

　● 當 $x = 1166$mm 時所發生之機率：$log(1166) = 3.0667$。

　● 進入 NORM.DIST，輸入以下資料：$x = 3.0667$，$log\ x$ 的平均數 Mean = 2.61795 及標準差 Standard-dev = 0.20598，求得超越機率 0.985，所以 $p = 1 - 0.985 = 0.0153$。

● 求再現期$=T=1/p=1/0.0153=68\approx70$ 年。所以 2009 年 8 月 8 日的日暴雨量是 70 年一遇的大暴雨。(也可以模仿例 5.9，用 LOGNORM.DIST 解題)

(2) *對數常態機率座標紙法

　　在例 4.16 用對數常態機率座標紙法，如圖 4.19 求出來的超越機率約 98.7%，所以 $T=1/(1-0.987)=77$ 年。

註 兩種方法求得結果因做圖關係會有些誤差，用計算的 (第一法) 會比較明確。

 例5.12　某工廠排出含有懸浮微粒的氣體，為了裝設過濾設備測定懸浮微粒的粒徑及其對應之重量，結果列於表 5.1，問該氣體的懸浮微粒徑是否成對數常態分布？

解

本處用算術刻度機率點圖法，把粒徑取對數，再經常態機率轉換成算術刻度後，做為判斷粒徑是否成為對數常態分配？其做法如下：

● 表 5.1 之第 (1)、(2)、(4) 欄為已知，第 (3) 欄是第 (2) 欄粒徑取對數平均。

● 第 (5) 欄是第 (4) 欄的累積百分比，相當於標準常態分配的累積機率 $F(z)$。

● 第 (6) 欄是將第 (5) 欄輸入 EXCEL「公式」裡「NORMS.INV」的 probability，所得到之 z。

● 以第 (6) 欄為橫座標，第 (3) 欄為蹤座標作圖如圖 5.10。

● 圖 5.10 觀測值大致成直線，可以初步判定懸浮微粒成對數常態分配。

表 5.1：懸浮微粒之粒徑分布 (Cooper & Alley, 2006)

(1) 粒徑範圍 (μm)	(2) 平均粒徑, d(μm)	(3) $Logd$	(4) 重量百分比, %	(5) 累積重量百分比, %	(6) 標準常態, z
0 − 2	1	0.00	0.5	0.5	−2.58
2 − 4	3	0.48	9.5	10	−1.28
4 − 6	5	0.70	20	30	−0.52
6 − 10	8	0.90	37	67	0.36
10 − 14	12	1.08	19	86	1.08
14 − 20	17	1.23	10	96	1.75
20 − 30	25	1.40	3.4	99.4	2.51
30 − 50	40	1.60	0.4	99.8	2.88
> 50	> 50	−	0.2	100	−

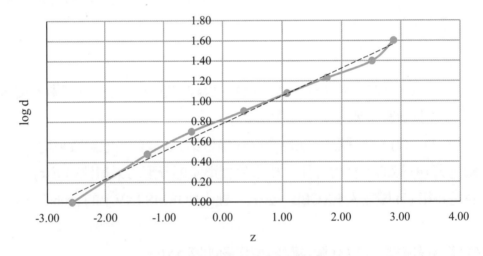

圖 5.10：懸浮微粒粒徑分佈

*5-6 韋伯分配 (Weibull distribution)

　　韋伯分配是可靠性分析和壽命檢驗的理論基礎，在生命週期分析裡最常用的一種分布。例如一個設備或產品，估計有效壽命期間內有多少次損壞需要修繕？用 x 表示其壽命，其機率函數如下：

$$pdf \Rightarrow \qquad f(x) = \frac{\alpha}{\beta^{\alpha}} x^{\alpha-1} e^{-\left(\frac{x}{\beta}\right)^{\alpha}} \ , \ x > 0 \ , \ \alpha > 0 \ , \ \beta > 0 \qquad (5.15a)$$

$$cdf \Rightarrow \qquad F(x) = 1 - e^{-\left(\frac{x}{\beta}\right)^{\alpha}} \qquad (5.15b)$$

$$期望值 \Rightarrow \qquad E(X) = \beta \Gamma\left(1 + \frac{1}{\alpha}\right) \qquad (5.16a)$$

$$變異數 \Rightarrow \qquad V(X) = \beta^{2} \Gamma\left(1 + \frac{2}{\alpha}\right) - \beta^{2} \left[\Gamma\left(1 + \frac{1}{\alpha}\right)\right]^{2} \qquad (5.16b)$$

$$Gama\ function \Rightarrow \quad \Gamma(N) = \int_{0}^{\infty} t^{N-1} e^{-t} dt \ , \ N > 0 \qquad (5.17)$$

(5.15a) 式是韋伯分配的 pdf，α 與 β 是參數，分布圖形兩參數有關，圖 5.10 是三組 α、β 值的圖形。

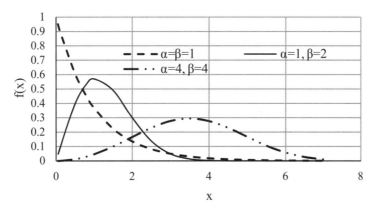

⋒ 圖 5.11：韋伯分配圖形

 例 5.13　抽水機承軸的壽命可以用韋伯分配表示，其 $\alpha = 0.5$，$\beta = 5000$ 小時，求抽水機能夠運轉的平均時間以及承軸能支撐 6000 小時之機率。

解

● 求抽水機平均運轉時間：由 (5.16a) 期望值，$E(X) = \beta \Gamma\left(1 + \frac{1}{\alpha}\right) = 5000 \Gamma\left(1 + \frac{1}{0.5}\right) = 5000 \Gamma(3)$

● 到 EXCEL「公式」找「GAMMA」如下圖 5.12，輸入 $x = 3$，得到 $\Gamma(3) = 2$。所以抽水機能夠運轉的平均時間 $= E(X) = 10000$ 小時。

- 求承軸能支持 6000 小時以上之累績機率：＝ $1 - P(x < 6000)$ 之機率，到 EXCEL「公式」找「WEIBULL.DIST」，輸入 $x = 6000$，$\alpha = 0.5$，$\beta = 5000$，得 $P(x < 6000) = 0.666$。$P(x > 6000) = 1 - 0.666 = 0.334$，所以承軸能支持 6000 小時以上之累績機率是 0.334。

- 也可以直接從 (5.15b) 式計算 $P(x > 6000) = 1 - F(6000) = e^{-\left(\frac{6000}{5000}\right)^{0.5}} = e^{-1.095} = 0.334$。得到同樣結果。

● 圖 5.12：Γ 函數求法

*5-7 極端值分配 (extreme value distribution)

1. 極大值分配之性質

　　由於極端氣候關係，自然界常產生極端現象，如大暴雨或大乾旱。很多氣象資料即使用對數常態分配也不能吻合，而適用另一種極端值分配，其分為極大值分配和極小值分配。若 x 為隨機變數，而且是極大值，若 $z = -x$ 就是極小值。所以這兩種分配是差一個負號。兩種分配再各分成直線型、對數 A 型和對數 B 型，直線型又名 Gumbell 分配，本書只介紹 Gumbell 極大值型。

Gumbell 極大值分配，令 $y = a(x - x_0)$：

pdf $\Rightarrow$ $\qquad\qquad f(x) = e^{-y - e^{-y}}$，$-\infty < x < \infty$ $\qquad\qquad$ (5.15a)

cdf $\Rightarrow$ $\qquad\qquad F(x) = e^{-e^{-y}}$，$-\infty < y < \infty$ $\qquad\qquad$ (5.15b)

a、x_0 為常數。

　　極端值分配因是指數的指數的函數，所以又稱 double E 分配，水文工程師常用來推估洪水量，其特性如下：

當 $x = x_0$，$y = 0 \Rightarrow$ $\qquad$ $F(x) = 1/e = 0.368$

期望值 $\Rightarrow$ $\qquad$ $E(X) = \mu = \dfrac{0.5772}{a} + x_0$ $\qquad\qquad$ (5.16)

變異數 $\Rightarrow$ $\qquad$ $V(X) = \sigma^2 = \dfrac{\pi^2}{6a^2}$

▶▶▶ ──────────────────────────────●

 例5.14　紐約市歷年來最大日降雨量成 $E(X) = 60$in、$V(X) = 225$in^2 之 (1) 常態分佈，(2) 對數常態分佈，(3) Gumbell 分配。求三種分配 100 年發生一次之暴雨量大小。

解

再現期 $T = 100$ 年，發生機率 $p = 1/100 = 0.01$，因為是暴雨，所以用超越機率 0.99。已知 $E(X) = 60$，$V(X) = 15^2 = 225$。

(1) 若降雨量成常態分配

求 $F(x) = 0.99$ 之降雨量。用 EXCEL 之「NORM.INV」輸入「Probability = 0.99，Mean = 60，Standard = 15」，得 $x = 95$in。

(2) 若降雨量成對數常態分配

用 LOGNORM.INV，輸入 Probability = 0.99，Mean = $log(60) = 1.778$，Standard = $log(15) = 1.176$，得 $x = 91$in。

(3) 若降雨量成極大值第 I 型分配

● 因為 $F(x) = e^{-e^{-y}} = 0.99$，解之得 $y = 4.6$

● 由 (5.16) 式 知：$E(X) = 60 = (0.5772/a) + x_0$，$V(X) = 225 = 3.1416^2/(6a^2)$，解 之 得 $x_0 = 53.3$、$a = 0.0855$。

● 當 $y = 4.6$ 時，$a(x - x_0) = y$，所以 $x = 106$in。

(4) 討論：由本題求紐約市雨量分布的型態，計算出來 100 年發生一次的大暴雨量都不同，那一種分配比較好？需要收集該市過去每年最大暴雨量的資料，用作圖法或密合度檢定評估三種分配的好壞，再選擇最好的一個分配預測 100 年發生一次的暴雨

量。但在工程應用上，如果密合度檢定都通過，習慣上工程師選擇預測值最大者做為防洪工程設計之依據，以本例而言取最大 $x=106in$。

2. 極大值機率座標

極大值分配之機率座標是將累積機率做極大值分配的轉換，變成機率座標。極大值分配的點圖法一樣可分為機率刻度法和算術刻度法，如同第四章常態機率點圖法 (參看 4.4.1 和 4.4.2 節)，只是把常態分配之機率改成極大值分配之機率，即可。

例5.15 討論例 4.15 表 4.6 阿里山雨量站的雨量 (用 X 表示) 是否成極大值第一型分配？

解 本例只用極大值分配之算術刻度法演算。

● 求 38 年雨量的平均數 $\bar{x}=460$，$S^2=42545$，代入 (5.16) 式求得 $a=0.0062$，$x_0=460$。

● 降雨量 x 由小排到大排列，如表 5.2 第 3 列。

● 由 (4.35) 式計算 $(i-0.5)/n=F(x)$，列在表 5.2 第 2 列。

● 因 X 成極大值分配，變數變換：由 (5.15b) 式知 $F(x)=e^{-e^{-y}}$，$y=-ln\left[ln\left(\dfrac{1}{F(x)}\right)\right]$，

● 以 y 為橫座標，x 為縱座標，做圖如圖 5.13。各點近似直線，所以日暴雨量成極大值第一型分配 (Gumbell disbution)。

討論：從圖 4.15、圖 4.16 和圖 5.13 三個圖比較，圖 4.16 和圖 5.13 兩圖比較接近直線，表示阿里山站過去每年最大日暴雨量比較接近對數常態分配或極大值第一型分配。

表 5.2：阿里山雨量排序及其發生之累積機率的轉換

i	1	2	3	4	5	6	7	8	9	10	11	12
$F(x)$	0.01	0.04	0.07	0.10	0.13	0.15	0.18	0.21	0.24	0.26	0.29	0.32
x	129	189.5	207.5	221	224	224.9	229	273.7	287.5	323.2	336.6	343.5
y	−1.45	−1.16	−0.98	−0.85	−0.73	−0.63	−0.54	−0.45	−0.37	−0.29	−0.21	−0.13
i	13	14	15	16	17	18	19	20	21	22	23	24
$F(x)$	0.35	0.38	0.40	0.43	0.46	0.49	0.51	0.54	0.57	0.60	0.63	0.65
x	357	379.5	382.7	387	433.3	457.3	461.7	470.3	485.1	493.7	518	520
y	−0.06	0.02	0.10	0.17	0.25	0.33	0.41	0.49	0.57	0.66	0.76	0.85
i	25	26	27	28	29	30	31	32	33	34	35	36
$F(x)$	0.68	0.71	0.74	0.76	0.79	0.82	0.85	0.88	0.90	0.93	0.96	0.99
x	536	547.3	558	590	616	617.1	663	714.5	730	738	811.5	1094.5
y	0.95	1.06	1.18	1.31	1.45	1.61	1.80	2.01	2.28	2.63	3.16	4.27

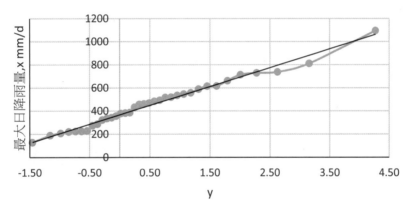

圖 5.13：極大值分配 (1973-2008)

5-8 常用機率分配綜合表

機率分配的種類很多，本文無法每一種多介紹，下表是一般較常見分配的機率函數及其期望值和標準差。

◑ 表 5.3：一般較常見分配的機率函數及其期望值和標準差

分配名稱	機率方程式，$f(x)=$	X 範圍	平均數	變異數
常態分配	$\dfrac{1}{\sigma\sqrt{2\pi}}\,e^{\frac{-(x-\mu)^2}{2\sigma^2}}$	$-\infty < X < \infty$	μ	σ^2
對數常態分配	$\dfrac{1}{\sqrt{2\pi}\omega x}\,e^{-\frac{(lnx-\theta)^2}{2\omega^2}}$	$0 < X < \infty$	$e^{(\theta+\frac{\omega^2}{2})}$	$\mu^2(e^{\omega^2}-1)$
指數分配	$\lambda e^{-\lambda x}$	$x \geq 0$，$\lambda > 0$	$1/\lambda$	$1/\lambda^2$
韋伯分配 (Weibull)	$\dfrac{\alpha}{\beta^\alpha}x^{\alpha-1}e^{-\left(\frac{x}{\beta}\right)^\alpha}$	$x > 0$，$\alpha > 0$，$\beta > 0$	$\beta\Gamma\left(1+\dfrac{1}{\alpha}\right)$	$\beta^2\Gamma\left(1+\dfrac{2}{\alpha}\right)$ $-\beta^2\left[\Gamma\left(1+\dfrac{1}{\alpha}\right)\right]^2$
極大值分配 (第一型)	$e^{-y-e^{-y}}$	$y=a(x-x_0)$ $-\infty < x < \infty$	$\dfrac{0.5772}{a}+x_0$	$\dfrac{\pi^2}{6a^2}$
均佈分配 (uniform)	$\dfrac{1}{b-a}$	$a \leq X \leq b$	$\dfrac{a+b}{2}$	$\dfrac{(b-a)^2}{12}$
二項分配	$C_x^n\,p^x q^{n-x}$	$X=0,1,2,\cdots,x,\cdots,n$	np	npq
幾何分配	pq^{x-1}	$X=1,2,3,\cdots,x$	$\dfrac{1}{p}$	$\dfrac{q}{p^2}$
卜松分配	$\dfrac{1}{x!}\,e^{-\lambda}\lambda^x$	$x=0,1,2,3\cdots$	λ	λ
均佈分配	$\dfrac{1}{n}$	$a \leq b$	$\dfrac{a+b}{2}$	$\dfrac{(b-a+1)^2-1}{12}$

第五章 習題

Ex.5.1 環境調查保育鳥類每 10 次出現過一次，若調查 4 次，看到之機率多少？

Ex.5.2 製造晶片時是互為獨立的，不良率有 2%。檢驗員從產線隨機取 20 片，用 X 表示不良品的片數，求 (1) X 的期望值和變異數，(2) 不良晶片小於或等於 1 片的機率。

Ex.5.3 製造晶片時是互為獨立的，不良率有 2%，求在 1000 片中 (1) 壞的晶片超過 25 片的機率，(2) 壞的晶片介於 20 到 30 片的機率。

Ex.5.4 自來水供給 362,000 戶，每月費率計算錯誤的機率 $p=0.001$，(1) 每月費率計算錯誤戶數的平均數和標準差 (2) 每月計算錯誤少於 350 戶的機率。

Ex.5.5 在 Ex.5.2 中檢驗員從產線隨機取晶片，第 20 片才是不良品之機率。

Ex.5.6 涵容能力是依據 10 年發生一次之最小七天日平流量 ($_7Q_{10}$，稱 *seven Q ten*) 計算，某溪流量站最近 20 年來，每年最小 7 天流量 $_7Q$ 如 Table 5.1(Q 已按照大小排列)，求 10 年發生一次之 $_7Q_{10}$。

◔Table 5.1：某流量站 20 年來之 $_7Q_{10}$

年代	1	2	3	4	5	6	7	8	9	10
$_7Q$	1.3	3.4	4.5	5.2	5.3	5.5	5.5	6.7	8.0	8.6
年代	11	12	13	14	15	16	17	18	19	20
$_7Q$	9.2	10.4	10.4	10.5	10.5	12.5	13.5	13.6	15.2	18.0

Ex.5.7 某河水每月檢測水中重金屬銅，根據過去多年之檢測經驗，平均只有一次檢測出來，其餘 11 次都是 ND 值，明年檢測有 2 次被檢測出來之機率有多少？

Ex.5.8 隨機變數 x 成對數常態分配，若 $y=ln(x)$，證明 y 成常態分配。

Ex.5.9 有一空氣品質站之空氣汙染指標 AQI 用 x 表示，AQI 成下列對數常態分配，其 $E(x)=80=\mu$，$V(x)=100=\sigma^2$，問該品質站 AQI 超過 120 之機率多少？

Ex.5.10 曝氣機的壽命可以用韋伯分配表示，其 $\alpha=3$，$\beta=900$ 小時，求 (1) 曝氣機的平均壽命，(2) 壽命的標準差，(3) 壽命小於 500 小時的機率。

Ex.5.11 已知高屏溪高屏大橋流量站最近 42 年每年的 " 最大瞬時流量 " 如 Table5.2，

若 x 代表流量，且 $E(x) \approx \overline{X}$，$V(X) = S^2$，用三種機率函數 (1) 常態分配、(2) 對數常態分配、(3) 極大值第一型分配，求 100 年發生一次的洪水量，並比較其結果。

⊍Table5.2：高屏大橋 42 年來 " 年最大瞬時流量 "

年序	1	2	3	4	5	6	7	8	9	10	11
最大流量	13600	8948	1580	11000	7980	10500	3420	18000	15200	13510	13600
年序	12	13	14	15	16	17	18	19	20	21	22
最大流量	10500	1290	9230	8560	5500	4520	12500	5220	6720	10400	5450
年序	23	24	25	26	27	28	29	30	31	32	33
最大流量	5330	10400	16300	7780	6930	4800	3980	10600	9030	7350	3090
年序	34	35	36	37	38	39	40	41	42	–	–
最大流量	4680	3650	6200	13600	18100	11300	5400	9400	2420	–	–

6

抽樣與抽樣分配

本章先介紹抽樣方法，再說明樣本統計量所形成的各種分配特性，這些分配稱為抽樣分配，是統計推論、假設檢定和變異數分析的基礎，讀者必須先了解。

6-1 抽樣方法

要了解母體的特性，最好是普查每一個體，但如果母體個數龐大，普查費時費力，有時無法進行，只有用抽樣取得資料。但如何取得代表性資料，是一重要課題。抽樣的方法可分為機率抽樣 (probabilistic samplng) 法和非機率抽樣 (non-probabilistic sampling) 法兩大類。機率抽樣是每次抽樣時，每一個母體之個體被抽到的機會相等，而非機率抽樣的母體，每一個體被抽到的機會不一定相等，因此統計出來結果常會受到抽樣方法左右。雖然如此，非機率抽樣也有適用的地方。兩大類的抽樣還可分成四種方法，如圖 6.1。

在環境調查裡常用隨機抽樣、立意抽樣 (又稱判斷抽樣，judgement samplng) 或先立意再髓機的混和抽樣法。例如指定某一河川某一個地點後，再做隨機採樣，這種採樣就是先立意再隨機採樣；另外也常用序列採樣 (series samplng)，選擇一個空氣品質站、水質站或工廠放流口，按照時間次序連續監測，以了解資料是否具有時間性。下面分別介紹各種抽樣方法。

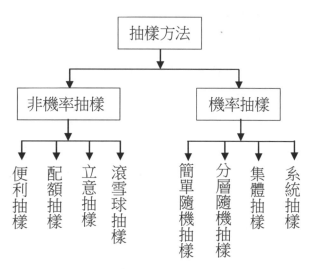

♪ 圖 6.1：抽樣方法

6.1.1 非機率抽樣法

有些母體不一定可以使用機率抽樣，只能用非機率抽樣，包括便利抽樣 (convenience samplng)、立意抽樣 (purposeful samplng)、配額抽樣 (quota samplng)、以及滾雪球抽樣 (snowball samplng)。簡述如下：

1. 便利抽樣

抽樣的方法是依據方便和經濟為原則，抽選最容易得到的部位做樣本。例如要調查台南地區水庫的水質，就近選一個容易到達的水庫採樣，雖然抽樣很方便省時，但調查結果可能會有偏差，不宜把統計結果擴大到全台南區的水庫。

2. 立意抽樣 (判斷抽樣)

又稱判斷抽樣 (judgement samplng) 或目的調查，是環境品質調查常用的方法。調查前對母體做一研判，如個體組成和屬性，了解後再選擇最具代表性的樣本抽樣。立意抽樣也常依據專家意見、民眾意見或歷史資料，來確定樣本數量和採樣位置 (Millard, 2013)。例如環保局要調查電鍍廢水之平均水質，但轄區內有一百多家電鍍廠，有數種電鍍方法，調查前先了解各廠電鍍方法，再選取 (或隨機) 各法代表性的工廠調查；又如調查汙染事件從已知污染嚴重的地區收集樣本，所以調查者必須對母體的特徵要有相當程度的瞭解，否則導致抽樣偏差，樣本無法代表母體。

3. 配額抽樣

配額抽樣前對母體的屬性和概略個數要有所認識，再判定每個屬性要抽多少配額，然後按配額數抽樣。配額抽樣和分層隨機抽樣有點相似，但分層抽樣是採用隨機抽樣，而配額抽樣是依據指定的額度抽樣，屬於非機率抽樣。

4. 滾雪球抽樣

根據「國家教育研究院雙語詞彙、學術名詞暨辭書資訊網」對滾雪球抽樣定義：「在被調查對象的條件特殊且不易搜尋情況下，僅能透過人際關係相互引介，類似滾雪球般從一個人推薦找到下一個人，逐漸累積到足夠的調查樣本為止」。

6.1.2 機率抽樣法

機率抽樣可再分成四種抽樣法，母體的每個各體被抽到的機率相等，所得到的樣本極具代表性。下面分別介紹各種機率抽樣：

1. 簡單隨機抽樣 (simple random samplng)

　　簡單隨機抽樣法是在不受任何意志的控制下，從母體隨意抽樣，每一個個體被抽中的機會相等。簡單隨機抽樣法適合性質較平均母體的抽樣。例如要調查全國大學男生的身高，全國男大學生是母體，每所大學男學生的身高，高矮變化較一致，所以大小和變化較均勻。

2. 分層抽樣 (stratified samplng)

　　如果母體存有不同層次的屬性時，採用此法最適合，如果要調查全體學生的平均身高，男生和女生身高不同，若用簡單隨機抽樣，男生抽到的樣本數較多時，統計出來的身高會偏高，這時採用男生、女生分層隨機抽樣較適合。分層抽樣依屬性分成兩層或多層：

(1) 雙層隨機抽樣：如果第一層屬性不太多，可以全部抽樣，第二層個體較多，可用隨機抽樣。例如環保局要調查全市工廠廢水的性質，因水質受工廠類別的影響很大，採樣時須按照工廠的類別分成第一層，同一類別的工廠分成第二層。第一層全部採樣，第二層工廠數多採用隨機抽樣。

(2) 多層隨機抽樣：如果母體數目龐大屬性又多，先依屬性分成多層，每層再進行隨機抽樣。又因每層抽的樣本數不同，可再分為多層比例隨機抽樣法、Newman抽樣法和 Deming 抽樣法：

● 多層比例隨機抽樣法：每層隨機抽的樣本數 (n_i)，按照每層個體數 (N_i) 占母體總個數 (N) 的比例抽樣，即

$$n_i = n \frac{N_i}{N} \tag{6.1}$$

式中，$n=$ 總樣本數 $=$ 各層樣本數 n_i 之總和。

● Neyman 抽樣法：如果每層標準差 (σ_i) 差異很大時，每層之樣本數用 σ_i 加權：

$$n_i = n \frac{N_i \sigma_i}{\sum N_i \sigma_i} \tag{6.2}$$

● Deming 抽樣法：各層標準差和抽樣成本 (C_i) 差異大時，抽樣成本大者少抽一點，各層樣本數為：

$$n_i = n \frac{N_i \sigma_i / C_i}{\sum N_i \sigma_i / C_i} \tag{6.3}$$

Nyman 和 Deming 抽樣法必須先知道每層之標準差和抽樣成本。

分層抽樣的平均數求法，和第三章平均數的求法相同，如果是求每一層的平均數，採用不分組的公式；如果是求總平均數，採用分組的公式 (3.4)，把組換成層。變異數求法亦同。

3. 集體隨機抽樣 (cluster random samplng)

是一種多階段抽樣方法。將母體按照某種標準如地域關係或方便性，分成數個部落 (cluster)，再從全部部落隨機抽出一個或若干個部落，再從抽出部落內的個體，做普查或隨機抽樣。採用此法的前提是各部落間的差異很小，但部落內個體的差異很大，每一個部落均可視為整個母體的縮影。例如要調查全台 21 縣市國民的身高，各縣市國民的身高相差不大，但同一縣市國民因年紀不同身高相差很大，這種情況適合用集體隨機抽樣，以節省調查經費。所先將依縣市分成群 (cluster)，隨機抽出一個或數個縣市，對抽出縣市國民身高做普查或隨機抽樣。

前面分層隨機抽樣的目的在減少或消除抽樣偏差，提高樣本估計值的可靠性，而集體隨機抽樣的目的在減少抽樣的成本。由於每一部落大小不同，需經多段抽樣，而每一段抽樣都會產生誤差，都有可能選出不具代表性樣本的風險。故抽樣誤差 (samplng error) 會比簡單隨機抽樣大，因為簡單隨機抽樣只有一段抽樣的誤差。

4. 系統抽樣 (systematic samplng)

兼具隨機與非隨機抽樣的特質，將母體等數分段，第一個分段先以簡單隨機抽樣抽出第一個個體，並計其序號，接著其他分段以第一個分段樣本的序號再抽出一個。例如母體有 2000 個個體，分成 20 分段每分段 100 個樣本，每 10 個樣本抽一個，假設第一分段隨機抽序號 3 號的樣本，第二分段抽第 13 號，第三分段抽 23 號，以此類推。

6-2 抽樣分配

一個隨機變數所構成的分布，各具有其特性，如對稱、偏態、中心值等。但母體個數常常很龐大，無法全部測量，只能從中隨機抽出有限樣本，計算統計量 (如平均數或標準差)。如果每次抽出 n 個樣本再放回去，並計算統計量 (如算術平均數)。如果做了很多次之抽樣，每次統計量可能都不一樣，這些不同統計量所構成的分布，稱

為抽樣分布或分配 (samplng distribution)。在統計裡最常用到的有樣本平均數分布 (又稱 $\overline{X}$- 分布)、F- 分布 (Fisher distribution)、t- 分布 (student distribution) 和卡方分布 (χ^2-distribution)。下面分四節討論它們的分配特性，這些特性將應用到第七章的估計、第八章的檢定、第九章的變異數分析，以及第十章的相關係數檢定和迴歸係數的區間估計和檢定。

6-3 樣本平均數分配 ($\overline{X}$- 分配)

在母體期望值的區間估計、假設檢定或隨機採樣樣本數的決定時，需要用到樣本平均數分布。有一維、二維和多維隨機變數的樣本平均數分配，本處只列前兩維。

1. 一個隨機變數 (母體) 之平均數分配

若互為獨立之隨機變數 X 成常態分配，其期望值 $E(X)=\mu$ 變異數 $=\sigma^2$，從其母體隨機抽出 n 個樣本，計算算術平均數為

$$\overline{X} = \frac{1}{n} (x_1 + x_2 + \cdots + x_n) \tag{6.4}$$

如果抽樣次數非常多，每次計算出來之 $\overline{X}$ 值不一定相等，而且是互為獨立之隨機變數，平均數 $\overline{X}$ 也會形成分配，稱為 $\overline{X}$ 分配。因 隨機變數 $x_i,(i=1,2\cdots,n)$ 互為獨立，而且成常態分配，由第四章 4.5 節常態分配之再生性知，(6.4) 式知 $\overline{X}$ 亦成常態分配，其期望值

$$E(\overline{X}) = \sum_{i=1}^{n} E[\frac{1}{n} (x_1 + x_2 + \cdots + x_n)] = \frac{1}{n} [E(x_1) + E(x_2) + \cdots + E(x_n)]，$$

但 $E(x_1)=E(x_2)=\cdots=E(x_n)=E(X)=\mu$，所以 $E(\overline{X})=\mu$。

變異數：$\sigma_{\overline{x}}^2 = V(\overline{X}) = \frac{1}{n^2} [(V(x_1) + V(x_2) + \cdots + V(x_n)] = \frac{1}{n} \sigma^2$

故：

一個互為獨立之隨機變數的平均數 $\overline{X}$ 分配，亦成常態分配：

期望值 ⇒ $\qquad\qquad \mu_{\overline{x}} = E(\overline{X}) = \mu \qquad\qquad$ (6.5)

變異數 ⇒ $\qquad\qquad \sigma_{\overline{x}}^2 = V(\overline{X}) = \frac{1}{n} \sigma^2 \qquad\qquad$ (6.6)

平均數 $\overline{X}$ 分配的圖形如圖 6.2，分布圖形變窄了，表示變異數變小。由 (6.6) 式知 $\overline{X}$ 分配之變異數比原來 X 分配的變異數小 n 倍。

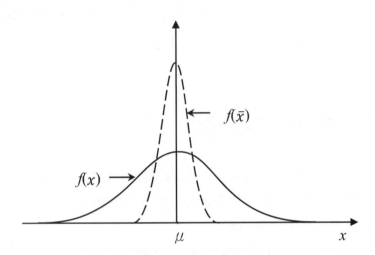

⚫ 圖 6.2：X 分配與 $\overline{X}$ 分配的圖形比較

隨機變數 X 之母體不是常態分配時，只要樣本數夠大，(6.5) 式和 (6.6) 亦成立，這個關係稱為中央極限定理 (central limit theorem)：

中央極限定理：

從任何母體隨機抽出 n 個樣本，只要 n 夠大，其平均數 $\overline{X}$ 會趨近常態分配，其期望值 $E(\overline{X})=\mu$，變異數 $V(\overline{X})=\dfrac{1}{n}\sigma^2=\sigma_{\bar{x}}^2$

這個定理極為重要，因為 (陳 & 鄭，2004)：

● 不成常態分配的母體，不管分佈形狀是對稱、左偏或右偏，單峰甚至多峰 都成立。

● 樣本數到底多大才算夠大，定理並沒有明確說明，n 越大 $\overline{X}$ 的分配趨接近常態分配，在統計上 $n > 30$ 常被視為大樣本。

● 把 $\overline{X}$ 分配的變異數開平方，變成 $\overline{X}$ 分配的標準差，$\left(\sigma_{\bar{x}}=\dfrac{1}{\sqrt{n}}\sigma\right)$，稱為標準誤 (standard error)。

● 標準差 σ 是指原來隨機變數 X 資料分散的程度；標準誤表示統計量 $\overline{X}$ 資料分散的程度，也代表用 $\overline{X}$ 估計母體平均數 μ 之差距或誤差的大小。

因為 $\overline{X}$ 成常態分配，可以把它標準化成標準常態分配。

$$z = \frac{\overline{X} - \mu}{\frac{\sigma}{\sqrt{n}}} \qquad (6.7)$$

▶▶▶ ————————————————————————————————●

 例 6.1　一個水質監測站每月測一次溶氧 (DO) 濃度，連續測了 30 年，得知 DO 月濃度成期望值 5.0mg/L 標準差＝3.0mg/L 之常態分配。求 DO 年平均值之分配。

解

● 年平均 DO 濃度＝$\overline{C}_y = \frac{1}{12}(C_1 + C_2 + \cdots + C_{12})$，$C_i$＝每月之 DO 濃度，$i = 1 \sim 12$。

● 求 $\overline{C}_y$ 之分配：已知 DO 成 $E(\mathrm{DO}) = 5.0$、$V(\mathrm{DO}) = 9$ 之常態分配，所以 $\overline{C}_y$ 亦成常態分配。其期望值由 (6.5) 式知 $E(C_y) = E(\mathrm{DO}) = 5.0\mathrm{mg/L}$，由 (6.6) 式知變異數 $V(\overline{C}_y) = 9/12 = 0.75$ $(\mathrm{mg/L})^2$。

●————————————————————————————————◀◀◀

2. 兩個隨機變數之平均數分配

　　如果有兩個互為獨立之隨機變數 X_1 和 X_2，各自成為 $N_1(\mu_1, \sigma_1)$ 和 $N_2(\mu_2, \sigma_2)$ 常態分配之母體，分別從中隨機抽出 n_1 和 n_2 樣本，統計算術平均數下：

$$\overline{X}_1 = \frac{1}{n_1}(x_1 + x_2 + \cdots + x_{n_1})$$

$$\overline{X}_2 = \frac{1}{n_2}(x_1 + x_2 + \cdots + x_{n_2})$$

由 (6.4) 式知 $\overline{X}_1$ 成常態分配，期望值 $E(\overline{X}_1) = \mu_1$，變異數 $V(\overline{X}_1) = \frac{1}{n_1}\sigma_1^2$，$\overline{X}_2$ 成常態分配，期望值 $E(\overline{X}_2) = \mu_2$，變異數 $V(\overline{X}_2) = \frac{1}{n_2}\sigma_2^2$。

令 $Y = \overline{X}_1 \pm \overline{X}_2$，因 $\overline{X}_1$、$\overline{X}_2$ 互為獨立並且成常態分配，所以 Y 亦成常態分配：

兩個互為獨立之隨機變數的平均數和或差亦成常態分配，其

期望值 ⇒ $\quad\quad\quad\quad\quad \mu_y = E(Y) = E(\overline{X}_1) \pm E(\overline{X}_2) = \mu_1 \pm \mu_2$ (6.8)

變異數 ⇒ $\quad\quad\quad\quad\quad \sigma_y^2 = V(Y) = V(\overline{X}_1) + V(\overline{X}_2) = \dfrac{1}{n_1}\sigma_1^2 + \dfrac{1}{n_2}\sigma_2^2$ (6.9)

Y 標準化後變成標準常態分配：

$$z = \frac{y - \mu_y}{\sigma_y} = \frac{(\overline{X}_1 \pm \overline{X}_2) - (\mu_1 \pm \mu_2)}{\sqrt{\dfrac{1}{n_1}\sigma_1^2 + \dfrac{1}{n_2}\sigma_2^2}}$$ (6.10)

二維隨機變數平均數的抽樣分配是由一維隨機變數推導出來，同理可推導至多維隨機變數的平均數和或差的分配。

例 6.2　某市獨立設置 A、B 兩個空氣品質站，每日監測空氣品質指標 (*AQI*)，監測範圍分別為 30、40 平方公里。常期監測結果得知兩站 *AQI* 各成 $\mu_a = 140$、$\sigma_a^2 = 98$，$\mu_b = 70$、$\sigma_b^2 = 49$ 之常態分配，求全市每日平均 *AQI* 的分布。

解　設全市平均數為 AQI_t

● 求全市平均 *AQI* 與兩測站 *AQI* 之關係：全市平均是兩站 *AQI* 對面積之加權平均，

$AQI_t = \dfrac{1}{30 + 40}(30 \times \mathrm{AQI}_a + 40 \times \mathrm{AQI}_b) = \dfrac{3}{7}AQI_a + \dfrac{4}{7}AQI_b$

● 因為 AQI_a 和 AQI_b 各成常態分配且互為獨立，所以 AQI_t 也成常態分配，

● 期望值 $= E(AQI_t) = E(\dfrac{3}{7}AQI_a + \dfrac{4}{7}AQI_b) = \dfrac{3}{7}E(AQI_a) + \dfrac{4}{7}E(AQI_b)$

$\quad\quad\quad = \dfrac{3}{7} \times 140 + \dfrac{4}{7} \times 70 = 100$，

● 因為兩站 *AQI* 互為獨立，由 (4.27b) 式知共變數為 0，所以

變異數 $= V(AQI_t) = V(\dfrac{3}{7}AQI_a + \dfrac{4}{7}AQI_b) = \dfrac{9}{49}V(AQI_a) + \dfrac{16}{49}V(AQI_b)$

$\quad\quad\quad = \dfrac{9}{49} \times 98 + \dfrac{16}{49} \times 49 = 34$。

6-4 卡方分配 (χ^2-distrbution)

1. 卡方分配之機率函數與性質

互為獨立之隨機變數 X 成常態分配，其期望值 $E(X)=\mu$ 變異數 $=\sigma^2$，若從母體隨機抽出 n 個樣本，標準化為 $z_i=\dfrac{x_i-\mu}{\sigma}$，平方後 $z_i^2=\dfrac{(x_i-\mu)^2}{\sigma^2}$，令一個變數

$$\chi^2=\sum z_i^2=\frac{\sum(x_i-\mu)^2}{\sigma^2}\ , \ i=1,2,\cdots,n \tag{6.11}$$

1900 年 Pearson 推導結果 χ^2 會成機率分布，稱為 χ^2- 分配，又稱卡方分布。若 (6.11) 式的 μ 用估計值 $\hat{\mu}=\bar{x}$ 代替

$$\chi^2=\frac{\sum(x_i-\bar{x})^2}{\sigma^2}=\frac{(n-1)\hat{S}^2}{\sigma^2} \tag{6.12}$$

仍然會成 χ^2 分配，但自由度降為 $k=n-1$。所謂自由度 (degree of freedom, df) 是變數可以自由變動的維度，如 $X=\{x_1 \cdot x_2 \cdot \cdots \cdot x_n\}$，$X$ 可以從 $x_1 \cdot x_2 \cdot \cdots$ 變到 x_n，共有 n 個可以自由變動，若規定 $x_1=x_2-1$，X 可變動數就少一個，所以自由度就減少一個 (df$=n-1$)，以此類推。(6.12) 式用 (3.11b) 求 $\hat{S}^2$，多加一個限制條件，所以 χ^2 少了一個自由度，即 df$=n-1=k$。

卡方分布之機率密度函數及性質如下：

χ^2- 分配：

pdf$\Rightarrow$ $\qquad f(\chi^2)=\dfrac{1}{2^b\Gamma(b)}(\chi^2)^{b-1}e^{-\frac{x^2}{2}}$ ，$\chi^2\geq 0$ $\qquad$ (6.13)

cdf$\Rightarrow$ $\qquad F(\chi^2)=\displaystyle\int_0^{\chi^2}\frac{1}{2^b\Gamma(b)}(t)^{b-1}e^{-\frac{t}{2}}dt$ $\qquad$ (6.14)

期望值 $\Rightarrow$ $\qquad E(\chi^2)=k$

變異數 $\Rightarrow$ $\qquad V(\chi^2)=2k$

$b=k/2$，$k=n-1=$自由度，$n=$樣本數。

卡方分配之圖形 (圖 6.3) 與自由度 k 有關，$k=2$ 形狀比較特別，性質也不一樣。卡方用途很多，常用在母體變異數區間估計及其假設檢定，或機率函數之密合度檢定等。

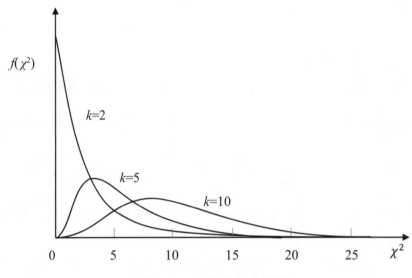

〇 圖 6.3：卡方分布之圖形

2. 卡方分配超越機率之求法

　　卡方分配用在檢定的機會非常多，但超越機率 (右尾截尾面積) 及其對應值不容易用方程式計算，所幸統計學家已幫我們計算好並做成卡方分布表，本書列在附表 3，或到 EXCEL「 公式 」裡的「 CHISQ.DIST、CHISQ.DIST.RT、CHISQ.INV、CHISQ.INV.RT 」查詢，只要打入幾個數據，馬上可以得到答案。

▶▶▶ ───────────────────────────────────── ●

 例 6.4　求 $\alpha=0.05$, $k=10$ 以及 $\alpha=0.025$, $k=5$ 對應之 $\chi^2_{(\alpha,k)}$。

解

(1) 查表法

　　查附表 3 自由度 $k=10$，$\alpha=0.05$ 對應之 $\chi^2_{(0.05,10)}=18.3070$；同樣方法求得 $\chi^2_{(0.025,5)}=12.8325$。

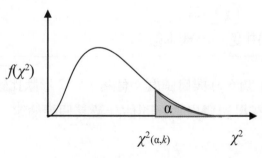

〇 圖 6.4：卡方分配

(2)EXCEL 計算法

● 求 $\alpha=0.05$, $k=10$ 對應之 $\chi^2_{(\alpha,k)}$。

進入 EXCEL 公式裡「其他函數」，找出「CHISQ.INV.RT」，輸入 probability$=0.05$，deg_freedom$=10$ 如圖 6.5，答案$=\chi^2_{(0.05,10)}=18.3070$。

若用「CHISQ.INV」，要輸入 probability$=0.95(=1-0.05)$，deg_freedom$=10$，如圖 6.6，答案$=\chi^2_{(0.05,10)}=18.3070$。

● 求 $\alpha=0.025$, $k=5$ 對應之 $\chi^2_{(\alpha,k)}$

同理可求得 $\chi^2_{(0.025,5)}=12.8325$。

註 因為「CHISQ.INV.RT」的 α 是右尾截尾面積，RT 是 Right Tail 中的簡寫；「CHISQ.INV」的 α 是左尾的截首面積，所以本題輸入 probability$=1-0.05$。

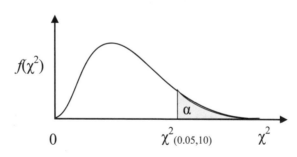

⌂ 圖 6.5：EXCEL 之 CHISQ.INV.RT 輸入示意圖

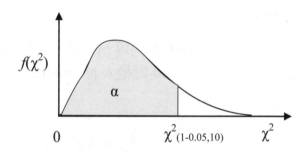

CHISQ.INV
Probability   0.95   ↕   = 0.95
Deg_freedom   10   ↕   = 10
                                    = 18.30703805
傳回卡方分配之左尾機率的反傳值

Deg_freedom   為自由度，其範圍可為 1 到 10^10 但不包括 10^10。

$f(\chi^2)$

α

0            $\chi^2_{(1-0.05,10)}$ χ^2

🎧 圖 6.6：EXCEL 之 CHISQ.INV 輸入示意圖

6-5 t- 分布 (student distribution)

1. t- 分配之機率函數與性質

　　常態分配如果母體之標準差 σ 未知，則無法求 $\overline{X}$ 分配。1908 英國人 Gosset, W.S. 以 樣本標準差 S 代替的 σ，代入 (6.11) 式變成

$$t = \frac{\sum(x-\mu)^2}{S^2} \text{，} i = 1, 2, \cdots, n \tag{6.16}$$

　　他推導結果也得到一個機率函數，用 Student 筆名發表論文，所以稱為 Student distribution，其自由度 $k = n-1$，機率密度函數如下：

t-分布：

$$\text{pdf} \Rightarrow \quad f(t) = \frac{\Gamma\left(\dfrac{k+1}{2}\right)}{\Gamma\left(\dfrac{k}{2}\right)\sqrt{k\pi}} \left(\frac{t^2}{k}+1\right)^{-\frac{k-1}{2}}, \quad -\infty < t < \infty \quad (6.17)$$

自由度 $= k = n - 1$

　　t-分配的圖形是由 (6.17) 式計算出來的，和自由度 k 有關，以 $t=0$ 縱軸為對稱，形狀如圖 6.7。k 越大越 $f(t)$ 接近標準常態分配，當 $k=\infty$ 時，$f(t)$ 等於標準常態分配，一般大 30 以上已很接近標準常態分配。

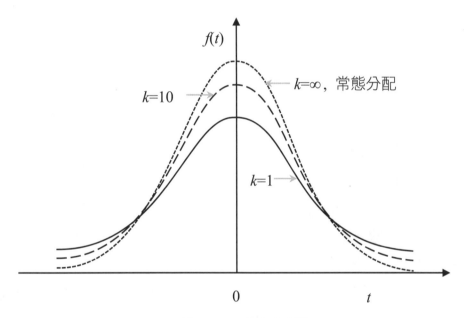

🔊 圖 6.7：t-分布之形狀

2. t-分配表

　　t-分配常用在區間估計和檢定上面，常用到的分配尾端截尾面積 (累積機率) 的對應值 (t)，有單尾的 $t_{(\alpha, k)}$ (圖 6.8) 和雙尾的 $t_{(\alpha/2, k)}$ (圖 6.9)。不容易從 (6.17) 式計算 t 的對應值，附表 2 有 t 分配表可查。另外用 EXCEL 公式的「T.DIST」、「T.DIST」、「T.INV」(單尾)、「T.INV.2T」(雙尾，2 Tails) 也很容易求得。

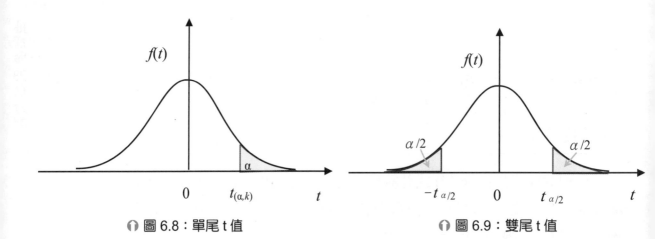

圖 6.8：單尾 t 值　　　　　　　　圖 6.9：雙尾 t 值

 例 6.6　求 (1) 自由度=20(樣本數 n=21) t 分布右尾對應之 $t_{(0.05,\,20)}$，(2) n=11、
α=0.025 左尾 $t_{(0.025,\,10)}$，(3) n=11、α=0.05 雙尾 $t_{(0.025,\,10)}$。

解

● 查表法 (附表 2 之 t 分配表)

(1) k=20、α=0.05 右尾查得 $t_{(0.05,\,20)}$=1.725。

(2) k=11−1=10、α=0.025 左尾 $t_{(0.025,\,10)}$=−2.228。

(3) n=11、α=0.05 雙尾 $t_{(0.025,\,10)}$⇒ 左尾 $t_{(0.025,\,10)}$=−2.228，右尾=2.228

● EXCEL 程式法：

(1) k=20、α=0.05、右尾 ⇒ 進入 EXCEL「公式」的「T.INV」，輸入 probability=0.95、
Deg_freedom=20，得 $t_{(0.05,\,20)}$=1.725。

(2) k=11−1=10、α=0.025 左尾 ⇒「 公式 」的「T.INV」，輸入 probability=0.025、
Deg_freedom=10，$t_{(0.025,\,10)}$=−2.228。

(3) n=11、α=0.05 雙尾 $t_{(0.025,\,10)}$⇒ 左尾「公式」的「T.INV」，輸入 probability=0.025、
Deg_freedom=10，$t_{(0.025,\,10)}$=−2.228；右尾，輸入 probability=0.975，Deg_freedom
=10，$t_{(0.025,\,10)}$=2.228。

6-6 F- 分布 (Fisher distribution)

1. F- 分配之機率函數

兩個互為獨立的隨機變數 X_1 與 X_2，各成期望值為 μ_1、μ_2 標準差為 σ_1、σ_2 之常態分配，各從其中抽出 n_1 和 n_2 個樣本，得到兩個樣本標準差為 S_1、S_2，英國統計學家 Fisher(R. D., 1924) 令：

$$F_{(n_1-1, n_2-1)}=F_{(k, m)}=\frac{\chi_1^2 /(n_1-1)}{\chi_2^2 /(n_2-1)}=\frac{S_1^2 /\sigma_1^2}{S_2^2 /\sigma_2^2} \tag{6.18}$$

推導出來會得到一個機率分配稱為 *Fisher* 分配，簡稱 F- 分配，其機率密度函數如下：

F- 分配：

$$\text{pdf}\Rightarrow \quad f(F)=\frac{\Gamma\left(\frac{k+m}{2}\right)\left(\frac{k}{2}\right)^2 F^{\frac{k}{2}-1}}{\Gamma\left(\frac{k}{2}\right)\Gamma\left(\frac{m}{2}\right)\left(\frac{k}{m}F+1\right)^{\frac{k+m}{2}}} \text{ , } F\geq 0 \tag{6.19}$$

$k=n_1-1=$分子自由度，$m=n_2-1=$分母自由度。

2. F- 分配之圖形

F- 分配的圖形和自由度 k, m 有關，其中兩組自由度之形狀如圖 6.10。

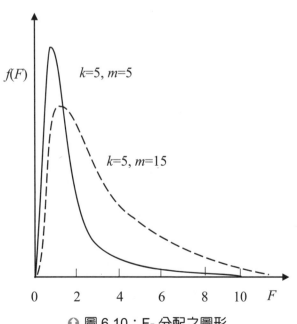

● 圖 6.10：F- 分配之圖形

3. 重要性質

$$E(F) = \frac{m}{m-2}, \quad m > 2 \tag{6.20}$$

期望值 ⇒

變異數 ⇒ $$V(F) = \frac{2m^2(k+m-2)}{k(m-2)^2(m-4)}, \quad m > 4 \tag{6.21}$$

$$F_{(\alpha,\,k,\,m)} = \frac{1}{F_{(1-\alpha,\,m,\,k)}} \tag{6.22}$$

$k=1$，$m=\infty$，$\sqrt{F} \Rightarrow z$ 分配；$m=1$，$k=\infty$，$\dfrac{1}{\sqrt{F}} \Rightarrow z$ 分布 (標準常態分配)。

F- 分配之用途用在兩常態母體之變異數比的推論以及變異數分析、迴歸分析、比例 p 的推論等處。

4. F- 分配超越機率求法

在檢定裡 F 分配用到的機會非常多，常需要用到截尾面積對應之 $F_{(\alpha,k,m)}$ 值。求法有 EXCEL 計算法和查表法兩種，兩種方法對 $F_{(\alpha,k,m)}$ 的表示方法不同，初學者容易搞錯，須加注意。查表法因為數據繁多，本書不提供，請讀者直接上網「Google」查 F 分配表，下面說明 EXCEL 計算法。

EXCEL 有 F.INV 和 F.INV.RT 兩種，RT 代表右尾和查表法相似，截尾面積在 F 座標對應的 $F_{(\alpha,k,m)}$，如圖 6.11(a) 和圖 6.11(b)。

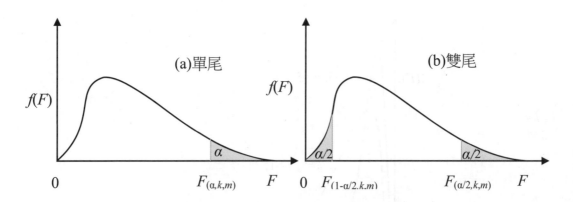

⊙ 圖 6.11：EXCEL 之 F.INV.RT 截尾機率對應之 F 值

例 6.7　求 (1) 自由度 $k=10$、$m=20$ F 分布右尾對應之 $F_{(0.05, 10, 20)}$，(2) $k=10$、$m=20$、$\alpha=0.05$ 左尾之 $F_{(0.05, 10, 20)}$，(3) $k=10$、$m=20$，$\alpha=0.025$ 雙尾之 $F_{(0.025, 10, 20)}$。

解

● 查表法：到 Google 查 F 分配表。

(1) $k=10$、$m=20$、$\alpha=0.05$ 右尾查表得 $F_{(0.05, 10, 20)}=2.3479$。

(2) $k=10$、$m=20$、$\alpha=0.05$ 左尾，由 (6.22) 式知 $F_{(0.95, 10, 20)}=1/F_{(1-0.95, 20, 10)}=1/2.774=$
    0.3605。

(3) $k=10$、$m=20$，$\alpha=0.025$ 雙尾：右尾 $F_{(0.025, 10, 20)}=2.7737$，左尾 $F_{(0.975, 10, 20)}=$
    $1/F_{(0.025, 20, 10)}=1/3.4184=0.2925$。

● EXCEL 程式法：

(1) $k=10$、$m=20$、$\alpha=0.05$、右尾 ⇒ 進入 EXCEL「公式」之「其他函數」按「統計」
    找「F.INV.RT」，輸入 probability$=\alpha=0.05$、Deg_freedom-1$=10$，Deg_freedom-2
    $=20$ 得 $F_{(0.05, 10, 20)}=2.3479$。

(2) $k=10$、$m=20$、$\alpha=0.025$ 左尾 ⇒「F.INV.RT」，輸入 probability$=\alpha=0.975$、
    Deg_freedom-1$=10$，Deg_freedom-2$=20$，$F_{(0.025, 10, 20)}=0.2925$。

(3) $k=10$、$m=20$，$\alpha=0.025$ 雙尾：右尾，輸入 probability$=\alpha=0.025$、Deg_freedom-1
    $=10$，Deg_freedom-2$=20$，$F_{(0.025, 10, 20)}=2.7737$；左尾，輸入 probability$=\alpha=0.975$、
    Deg_freedom-1$=10$，Deg_freedom-2$=20$，$F_{(0.975, 10, 20)}=0.2925$。

從以上解題過程中，如果有電腦，使用 EXCEL 統計程式最方便。

Ex.6.1 某空氣品質站 24 小時平均懸浮微粒 PM10 的濃度成常態分配，其期望值為 80μg/m³，標準差為 40μg/m³。若空氣品質 24 小時的平均濃度的標準為 125 μg/m³，年平均濃度的標準為 65μg/m³，求 (1)24 小時平均濃度超標的機率，(2) 全年的平均濃度超標的機率。

Ex.6.2 CWMS 稱為水質自動監測系統可以連續監測水質，某汙水廠放流水之連測七天之 COD 濃度為 82, 100, 104, 105, 98, 113, 86 mg/L，放流水 COD 成常態分配。(1) 若放流水標準是任何一個水樣不能超過 120mg/L，問該汙水廠 COD 超過標準之機率是多少？ (2) BOD(用 Y 表示) 濃度是用 COD(X) 濃度率定出來的，其關係 $y=0.15x + 1$，若 BOD 放流水標準是 20mg/L，問 BOD 超標之機率多少？

Ex.6.3 翡翠水庫經常其調查結果總磷濃度成期望值為 10ppb，標準差是 8ppb 之 (1) 常態分配，(2) 對數常態分配。今年從水庫隨機採 9 個採樣，問水質優養之機率為多少？優養總磷門檻平均濃度為 20ppb。

Ex.6.4 某市之 PM2.5 平均濃度成期望值為 15μg/m³ 標準差為 10μg/m³ 之常態分配，欲估計今年平均濃度容許誤差不超過 5μg/m³ 之機率為 5%，問要抽多少個樣品？

Ex.6.5 用 EXCEL 求 (1) $\chi^2_{(0.05, 5)}$、$\chi^2_{(0.01, 10)}$，(2) $t_{(0.01, 8)}$、$t_{(0.05, 15)}$，(3) $F_{(0.05, 10, 5)}$、$F_{(0.05, 8, 10)}$。

CHAPTER 7 估計

7-1 估計 (estimation)

第四章和第五章介紹各種常用的機率函數，每個函數都有特徵值 (參數或稱為母數)，如期望值 μ、變異數 σ^2 或比例 p 等，在實際環境裡這些特徵值都是未知數，沒有這些參數值，機率函數就無法使用。統計學家就用抽樣的原理，從龐大的母體抽取有限的樣本，計算統計量推估母體的參數，這種工作稱為統計推論。例如採 n 個樣本計算平均數 ($\bar{x}$)、標準差 ($\hat{S}$) 或比例 ($\hat{p}$) 等，去推論母體的 μ、σ 和 p。統計推論包括估計和檢定，如圖 7.1 所列，其原理和方法都是來自第六章的抽樣分配。本章先說明估計包括點的估計和區間估計，第八章說明假設檢定。本章除了介紹區間估計外，也介紹環境管制的容忍界限 (tolerance limit)，如工廠的排放標準等。

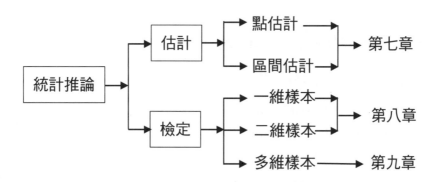

⋔ 圖 7.1：統計推論內容

7.1.1 估計的誤差

估計誤差是母體參數的真值與估計值 (統計量) 之間的差距，即

參數估計值 − 參數真值＝抽樣誤差 ＋ 抽樣設計誤差

抽樣統計分析時產生的誤差稱為抽樣誤差，具有隨機性又稱隨機誤差；設計抽樣時造成的誤差稱為抽樣設計誤差，是系統誤差的一種 (第二章 2.1 節)。

1. 抽樣誤差 (Sampling error)

　　國家教育研究院對抽樣誤差的解釋：「在抽樣時，由於樣本只是從母體中抽取出來的部分的觀察值，因此由樣本所得到的統計量自不能完整描述出代表母體性質的母數 (*parameter*)，會有某種程度的誤差的存在，這些誤差即為抽樣誤差。」一般而言，當樣本數愈大時，抽樣誤差就會愈小。

2. 抽樣設計的誤差

　　抽樣設計誤差是系統誤差的一種，是抽樣調查設計過程中因設計錯誤產生的系統性誤差，包括設計抽樣方法是否適當？設計的採樣地點和部位是否正確？樣本數大小、抽樣過程中是否具有隨機性等？

　　在環境品質調查裡，由於母體的不均質，在抽樣時容易產生抽樣設計誤差。如在規畫一個城市的採樣點，市區、工業區和郊區的空氣品質不一樣，即使在同一個工業區，在風向主流區和邊緣，或在上、下風方的空氣品質，會有極大的差異，空氣品質站的位置會產生極大的誤差，這種誤差是抽樣設計的誤差。遇到這種情形，在均質變化大的地區多設採樣站，盡量降低系統誤差。

7.1.2 參數 (母數) 的估計 (Estimation)

　　隨機變數的機率函數都擁有一些重要的參數 (常用 θ 表示)，如果不知道這些數值，統計就無法做下去，所以需要估計這些參數。設估計的參數用 $\hat{\theta}$ 表示，常用的參數有平均數 (μ)、標準差 (σ)、比例 (p)、相關係數 (ρ) 和迴歸係數等五個。本章先討論前面三個參數，後兩個留在第十章再說明。

　　如果用一個統計量代替母體的參數稱為點估計，例如用樣本的算術平均數 ($\bar{x}$)、標準差 (S) 或比例 (p) 分別去估計母體的期望值 (μ)、標準差 (σ) 或比例 (p)。但用一個點去估計參數剛好能命中的機率很低，因此常用區間估計，以增加命中的機率。

　　有很多樣本的統計量可做為母體參數的估計值，例如樣本統計量的中心值有 $\bar{x}$、中位數 (M_d) 和眾數 (M_o) 等，究竟用那一個統計量最適當？統計上最佳點估計值必須具備下面四個條件：

- 有效性：估計值 $\hat{\theta}$ 的變異數比其他統計量小，即 $Var(\hat{\theta})=\min$。例如 (3.12) 式證明以 $\bar{x}$ 為中心的標準差 S，比其他中心值的離差小，因此以 S 做為 σ 的估計值，更具有 " 有效性 "。

- 不偏性：估計值的期望值等於母體的參數，即 $E(\hat{\theta})=\theta$。例如用 $\bar{x}$ 估計 μ，因 $E(\bar{x})=\mu$；用 $\hat{S}^2$ 估計 σ^2，因 $E(\hat{\sigma}^2)=E(\hat{S}^2)=\sigma^2$，所以兩估計值都具有不偏性。

- 一致性：當 $n \to \infty$，$\hat{\theta} \to \theta$ 稱估計值與參數值有一致性。

- 充分性：如樣本統計量 $\bar{x}$，不會因為母體 μ 的變動而變大或變小，所以 $\bar{x}$ 做為 μ 的估計值，具有充分性。

　　統計專家已證明用算術平均數，以 $\bar{x}$ 做為 μ 的點估計值，比其他兩個中心值好，因具有上面四個條件；同理估計 σ 時，用樣本不偏標準差 $\hat{S}$ 比 S 好 [計算公式參看 (3.11a) 和 (3.11b) 兩式。

7-2 母體平均數 (μ) 的估計

7.2.1 一個母體平均數之估計

　　如果母體的隨機變數 X，成平均數 μ 標準差為 σ 之常態分配或近似常態分配，期望值 μ 的最佳點估計值是 $\bar{x}$。本處先將 μ 估計的區間公式列出，再說明區間估計公式的由來。

　　母體期望值 μ 區間估計的公式：

1. 當 σ^2 已知：
$$\bar{x}-z_{\frac{\alpha}{2}}\frac{\sigma}{\sqrt{n}} \le \mu \le \bar{x}+z_{\frac{\alpha}{2}}\frac{\sigma}{\sqrt{n}} \tag{7.1}$$

2. 當 σ^2 未知：

(1) 小樣本：
$$\bar{x}-t_{\frac{\alpha}{2}}\frac{\hat{S}}{\sqrt{n}} \le \mu \le \bar{x}-t_{\frac{\alpha}{2}}\frac{\hat{S}}{\sqrt{n}}，n<30， \tag{7.2}$$

(2) 大樣本：
$$\bar{x}-z_{\frac{\alpha}{2}}\frac{\hat{S}}{\sqrt{n}} \le \mu \le \bar{x}+z_{\frac{\alpha}{2}}\frac{\hat{S}}{\sqrt{n}} \tag{7.3}$$

上三式中，$n=$ 樣本數；α 稱為顯著水準，常用 0.05 或 0.01，令 $\beta = 1-\alpha$，稱為信賴度或稱信心水準；$\hat{S} = \sqrt{\dfrac{\Sigma(x_i - \bar{x})^2}{n-1}} = $ 不偏標準差。這些公式是從抽樣分配原理導出來的。第 1 種 σ^2 已知的情況比較少，通常是 σ^2 未知，從母體抽樣統計樣本標準差的情況居多，所以在 EXCEL 的區間估計演算裡只有 σ^2 未知情況的指令，沒有 σ^2 已知的指令。

1. 當 σ^2 已知

由第六章 (6.4) 式知：隨機變數 X 成期望值 $E(X)=\mu$ 變異數 $=\sigma^2$ 之常態分配，寫成 $N(\mu,\sigma^2)$，若從其母體隨機抽出 n 個樣本，算術平均數 $\bar{x}$ 會成期望值為 $E(\bar{x})=\mu$，變異數為 $\dfrac{\sigma^2}{n}$ 之常態分配，$z = \dfrac{\bar{x}-\mu}{\sigma/\sqrt{n}}$ 成標準常態分配，所以介於 $-z_{\alpha/2}$ 和 $z_{\alpha/2}$ 之機率等於 $1-\alpha$ (如圖 7.2)，寫成：

$$-z_{\frac{\alpha}{2}} \le z = \frac{\bar{x}-\mu}{\sigma/\sqrt{n}} \le z_{\alpha/2}$$

整理上式得：

$$\bar{x} - z_{\frac{\alpha}{2}} \frac{\sigma}{\sqrt{n}} \le \mu \le \bar{x} + z_{\alpha/2} \frac{\sigma}{\sqrt{n}} \tag{7.1}$$

用圖表示 (7.1) 式在圖 7.2。圖中 $\bar{x} + z_{\frac{\alpha}{2}} \dfrac{\sigma}{\sqrt{n}}$ 為估計 μ 值的信賴上限，而

$\bar{x} - z_{\frac{\alpha}{2}} \dfrac{\sigma}{\sqrt{n}}$ 稱為信賴下限，母體 μ 為未知，估計結果在信賴上下限區間的機率為 $\beta = 1-\alpha$。但 μ 也有可能落在信賴區間以外的區域其機率為 α，這也是估計的誤差。

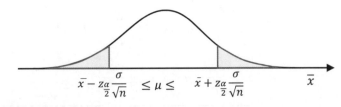

$$\bar{x} - z_{\frac{\alpha}{2}} \frac{\sigma}{\sqrt{n}} \le \mu \le \bar{x} + z_{\frac{\alpha}{2}} \frac{\sigma}{\sqrt{n}} \qquad \bar{x}$$

🎧 圖 7.2：$\bar{x}$ 分配與 μ 之區間估計

例 7.1 已知某空氣品質監測站歷年 SO_x 之濃度 (母體) 成常態分配,其期望值 μ 變異數為 σ^2,已知 $\sigma^2 = 6.4^2$,9 次的測值濃度是 20,30,25,35,28,32,24,36,40ppm,求該站 SO_x 平均濃度之 95% 信賴區間。

解

$$\bar{x} = \frac{1}{9}(20 + 30 + \cdots + 40) = 30 , z_{\alpha/2} = z_{0.025} = 1.96$$

$$30 - 1.96 \times \frac{6.4}{\sqrt{9}} \leq \mu \leq 30 + 1.96 \times \frac{6.4}{\sqrt{9}}$$

$$25.8 \leq \mu \leq 34.6$$

說明:該空氣品質站經 9 次採樣結果,估計 SO_2 平均濃度為 30ppm,落在 25.8 和 34.6ppm 的機率為 95%,估計錯誤的機率是 5%。

2. 當 σ^2 未知

從未知變異數的母體抽出 n 個樣本,要估計 μ 時,又分成小樣本和大樣本兩種情況:

(1) σ 未知小樣本:

由第六章 (6.16) 式,$t = \dfrac{\bar{x} - \mu}{\hat{S}/\sqrt{n}}$ 會成自由度 df$=n-1$ 之 t 分布,

$$\therefore -t_{\alpha/2} \leq t = \frac{\bar{x} - \mu}{\hat{S}/\sqrt{n}} \leq t_{\alpha/2}$$

整理上式得 μ 之信賴區間: $\quad \bar{x} - t_{\alpha/2} \cdot \dfrac{\hat{S}}{\sqrt{n}} \leq \mu \leq \bar{x} + t_{\alpha/2} \cdot \dfrac{\hat{S}}{\sqrt{n}}$ \hfill (7.2)

 例 7.2 在例 7.1 中,若 σ 未知,估計母體 μ 之 95% 信賴區間。

解

● 解法一：查表法

$n=9$，df$=9-1=8$。

$\hat{S}^2=((20-30)^2+(30-30)^2+\cdots\cdots+(40-30))/(9-1)=41.25$，$\hat{S}=6.4$，

$\alpha=1-$信賴度$=1-0.95=0.05$，查附表 2 得 $t_{(0.025,8)}=2.306$，由 (7.2) 式得：

$$30-2.306\times\frac{6.4}{\sqrt{9}}\leq\mu\leq30+2.306\times\frac{6.4}{\sqrt{9}}$$

$$25.1\leq\mu\leq34.9$$

● 解法二：用 EXCEL 之資料分析裡的「敘述統計」內的「平均信賴度（N）；95%」，計算結果如表 7.1。

表 7.1 說明：

平均數 $\bar{x}=30$

標準誤是 $\bar{x}$ 的標準差$=\dfrac{S}{\sqrt{n}}=\dfrac{6.423}{\sqrt{9}}=2.14$

標準差$=S=6.4$

信賴度 (95%)$=t_{\frac{\alpha}{2}}\cdot\dfrac{S}{\sqrt{n}}=2.306\times2.14=4.9$。

所以 95% 信賴區間：

$25.1=30-4.9\leq\mu\leq30+4.9=34.9$

⟳ 表 7.1：σ^2 未知平均數之區間估計

平均數	30
標準誤	2.141
中間值	30
眾數	#N/A
標準差	6.423
變異數	41.25
峰度	−0.813
偏態	−1.4274E−16
範圍	20
總和	270
個數	9
信賴度 (95%)	4.9

> 註 在實際之數據中母體的 σ 通常是未知的，EXCEL 在敘述統計求信賴區間，都是用 σ 未知的情況計算出來的結果。

(2) σ 未知且大樣本：

樣本數大於 30 時，t 分布接近 z 分布，

所以以 S 代替 σ：

$$t=\frac{\bar{x}-\mu}{\hat{S}/\sqrt{n}}\approx\frac{\bar{x}-\mu}{\sigma/\sqrt{n}}=z，$$

整理上式得：$\bar{x}-z_{\alpha/2}\dfrac{\hat{S}}{\sqrt{n}}\leq\mu\leq\bar{x}+z_{\alpha/2}\dfrac{\hat{S}}{\sqrt{n}}$ （7.3）

例 7.3　求表 2.1 工廠處理水水質 COD 平均濃度 95% 之信賴區間。

解　本題樣本數由 42 個屬於大樣本，但母體 σ 未知，所以信賴區間用 (7.3) 式。

(1) 用查表法

- 表 2.1 有 42($=n$) 筆數據屬於大樣本，算術平均 $\bar{x}=34.1$，標準差 $\hat{S}=6.9$。

- $z_{0.025}=1.96$，$z_{\alpha/2}\dfrac{\hat{S}}{\sqrt{n}}=1.96\times\dfrac{6.9}{\sqrt{42}}=2.09$

- $34.1-2.09\leq\mu\leq34.1+2.09$

- $32.0\leq\mu\leq36.2$

(2) EXCELL 計算法：用敘述統計求得結果如圖 7.3，由該圖知母體平均數 95% 信賴區間如下

$$34.1-2.16\leq\mu\leq34.1+2.16$$
$$31.9\leq\mu\leq36.2$$

註　用查表法和 EXCEL 計算法求出來之信賴區間有些不同是因查表法是用 $z_{0.025}$ 計算，而 EXCEL 法是用 $t_{0.025}$ 自由度$=n-1=41$ 計算出來，用 z 代替 t(在 $n=42$ 時) 仍有些誤差。

平均數	34.1
標準誤	1.07
中間值	34
眾數	41
標準差	6.9
變異數	48.2
總和	1433
個數	42
信賴度 (95.0%)	2.16

 圖 7.3：σ 未知大樣本 μ 估計

7.2.2 容許界限 (Tolerance Limit) 或容許區間 (Tolerance Interval)

環境品質標準的要求比較嚴格，用 μ 之信賴區間估計並不合適的。例如工廠放水重金屬銅的標準是 0.03mg/L，也就是說測值不能超過 0.03mg/L，若在 95% 信賴度下，用區間估計 $\mu > 0.03$，表示銅平均濃度大於 0.03 的機率還有 5%，超標的機率太大，不合適。環境品質或公共衛生上另用容許界限 (TL) 表示較適合 (McBride，2005)。例如規定要有 99% 的水樣，在 95% 之信賴度下不能超過 0.03 才可以，因此容許界限比區間估計適用。

　　常態分配或近似常態分配之母體，在指定的信心水準 $(\beta = 1-\alpha)$ 下，落在 μ 信賴區間內之母體個體數的機率，要有 γ (設 $\gamma = 1-\delta$)，這個機率 γ 稱為容許度 (tolerance coefficient)，落在 γ 的範圍內稱為容許區間，其估計公式如下 (2006，USEPA)：

信賴度 $\beta(=1-\alpha)$ 下，個體落在容許度 $\gamma(=1-\delta)$ 範圍內的

容許區間 (Tolerance Interval)： $\bar{x} - k_2 S \leq T \leq \bar{x} + k_2 S$，

容許上限 (Upper T. Limit)： $T_U \leq \bar{x} + k_1 S$

容許下限 (Lower T. Limit)： $T_L \geq \bar{x} - k_1 S$

$$k_2 = z_{1-\frac{\delta}{2}} \sqrt{\frac{n^2-1}{n\chi^2_{(n-1,\alpha)}}} \ , \ k_1 = \frac{z_{1-\delta} + \sqrt{z^2_{1-\delta} - ab}}{a} \ , \ a = 1 - \frac{z^2_{1-\alpha}}{2(n-1)} \ , \ b = z^2_{1-\delta} - \frac{z^2_{1-\alpha}}{n}$$

$n =$ 樣本數，當 $n \rightarrow \infty$ 時，成常態分配，$S =$ 標準差。容許區間估計就用 μ 的估計，所以容許界限變成下式 (Montgomery, 2007)：

$$\mu - z_{\alpha/2} S \leq T \leq \mu + z_{\alpha/2} S$$

▶▶▶ ────────────────────────────────●

 例 7.4　從一工廠排出的廢水隨機取 7 個水樣，分析砷的濃度 (ppm)：8.1, 7.9, 7.9, 8.2, 8.2, 8.0, 7.9. 在信賴度 95% 下，(1) 求容許度 90% 和 99% 放流水砷的容許上限濃度。(2006，USEPA)(2) 若放流水標準規定，砷的排放標準是 99.9% 水樣不得超過 10 ppm，問該廠放流水是否超過標準？。

解 七個樣本的平均值 $\bar{x} = 8.03$，標準差 $S = 0.138$。

(1) 求容許上限

● 求信賴度 $= 1 - \alpha = 95\%$，容許度 90% 砷的容許上限：$\alpha = 0.05$，$\delta = 0.1$

因為是容許上限，$z_{0.05} = 1.65$，$z_{0.1} = 1.28$，

$$a = 1 - \frac{1.65^2}{2(7-1)} = 0.7731 \ , \ b = 1.28^2 - \frac{1.65^2}{7} = 1.2495 \ ,$$

$$k_1 = \frac{1.28 + \sqrt{1.28^2 - 0.7731 \times 1.2495}}{0.7731} = 2.716 \ ,$$

容許上限 $= T_U = \bar{x} + k_1 S = 8.03 + 2.716 \times 0.138 = 8.4$。

結論：有 95% 的信心說：工廠排出廢水砷的濃度，有 90% 不超過 8.4ppm。

● 求信賴度 95%，99% 砷的容許上限：$\alpha=0.05$，$\delta=0.01$

$z_{0.05}=1.65$，$z_{0.01}=2.33$，

$a=\dfrac{1-1.65^2}{2(7-1)}=0.7731$，$b=2.33^2-\dfrac{1.65^2}{7}=5.040$，

$k_1=\dfrac{2.33+\sqrt{2.33^2-0.7731\times 5.040}}{0.7731}=4.62$

容許上限 $=T_U=\bar{x}+k_1 S=8.03+4.62\times 0.138=8.7$。

(2) 求放流水是否超標

信賴度 95%，99.9% 砷的容許上限：$\alpha=0.05$，$\delta=0.001$

$z_{0.05}=1.65$，$z_{0.001}=3.09$，

$a=1-\dfrac{1.65^2}{2(7-1)}=0.7731$，$b=3.09^2-\dfrac{1.65^2}{7}=9.159$，

$k_1=\dfrac{3.09+\sqrt{3.09^2-0.7731\times 9.159}}{0.7731}=7.188$，

容許上限 $=T_U=\bar{x}+k_1 S=8.03+7.188\times 0.138=9.0<10$，工廠有 95% 信心說：排出廢水砷的濃度有 99.9% 不超過 9.0ppm，也小於放流水標準 10ppb 的規定，所以沒有超標。

7.2.3 兩個母體平均數差之區間估計

設互相獨立的二維隨機變數 X_1 和 X_2（兩個母體），各成常態分配 $N(\mu_1,\sigma_1^2)$、$N(\mu_2,\sigma_2^2)$，若從母體 X_1 取出 n_1 個樣本，計算得算數平均數 $\bar{x}_1$ 標準差 S_1；從母體 X_2 取出 n_2 個樣本，求得算術平均數 $\bar{x}_2$ 標準差 S_2，則兩個母體 $\mu_1\pm\mu_2$ 區間估計如下：

1. σ_1、σ_2 已知：

$$(\bar{x}_1 \pm \bar{x}_2) - z_{\frac{\alpha}{2}} \sqrt{\frac{\sigma_1^2}{n_1} + \frac{\sigma_2^2}{n_2}} \leq \mu_1 \pm \mu_2 \leq (\bar{x}_1 \pm \bar{x}_2) + z_{\frac{\alpha}{2}} \sqrt{\frac{\sigma_1^2}{n_1} + \frac{\sigma_2^2}{n_2}} \tag{7.5}$$

2. σ_1、σ_2 未知：

● 大樣本：

$$(\bar{x}_1 \pm \bar{x}_2) - z_{\frac{\alpha}{2}} S_c \leq \mu_1 \pm \mu_2 \leq (\bar{x}_1 \pm \bar{x}_2) + z_{\frac{\alpha}{2}} S_c \tag{7.6}$$

$$S_c^2 = \frac{S_1^2}{n_1} + \frac{S_2^2}{n_2}$$

● 小樣本：

(1) $\sigma_1 = \sigma_2 \Rightarrow$

$$(\bar{x}_1 \pm \bar{x}_2) - t_{\frac{\alpha}{2}} S_p \sqrt{\frac{1}{n_1} + \frac{1}{n_2}} \leq \mu_1 \pm \mu_2 \leq (\bar{x}_1 \pm \bar{x}_2) + t_{\frac{\alpha}{2}} S_p \sqrt{\frac{1}{n_1} + \frac{1}{n_2}} \tag{7.7}$$

$$S_p^2 = \frac{(n_1-1)S_1^2 + (n_2-1)S_2^2}{n_1 + n_2 - 2}，t \text{ 之自由度} = n_1 + n_2 - 2 \text{。}$$

(2) $\sigma_1 \neq \sigma_2 \Rightarrow$

$$(\bar{x}_1 \pm \bar{x}_2) - t_{\frac{\alpha}{2}} S_c \leq \mu_1 \pm \mu_2 \leq (\bar{x}_1 \pm \bar{x}_2) + t_{\frac{\alpha}{2}} S_c \tag{7.8}$$

$$令 A = \frac{(S_1^2/n_1)^2}{n_1-1} + \frac{(S_2^2/n_2)^2}{n_2-1}，t \text{ 之自由度} = S_c^4 \div A \text{ 取整數。}$$

　　(7.5 ～ 7.8) 式是兩個母體均數和與差的區間估計，其證明方法與一個母體平均數估計的原理相同，本處不贅述。但要特別提醒的是：拿到觀測數據要作區間估計時，要先評估樣本大小，其次評估兩組數據標準差是否相等？再選擇上面公式。方法請看下面例 7.5 和例 7.6。

 例 7.5　已知河川及其支流的流量都成常態分配且互為獨立。今在主流測 16 次流量得平均流量為 10cms，標準差為 4cms；支流測 9 次得平均流量為 6cms，標準差為 3 cms。求主支流會合後之平均流量的 95% 信賴區間。

解 假設兩河流的流量互為獨立、各自成常態分配標準差未知且不相等，採樣是小樣本，根據質量不滅原理，兩河會流後總流量是兩流量相加，因兩流量之標準差相差較大 [(4 − 3)/4 = 0.25] 流量 95% 的信賴區間估計用 (7.8) 式計算：

$$(\bar{x}_1 + \bar{x}_2) - t_{\alpha/2}S_c \leq \mu_1 + \mu_2 \leq (\bar{x}_1 + \bar{x}_2) + t_{\alpha/2}S_c$$

$$S_c^2 = \frac{S_1^2}{n_1} + \frac{S_2^2}{n_2} = \frac{9}{9} + \frac{16}{16} = 2$$

$$A = \frac{(S_1^2/n_1)^2}{n_1 - 1} + \frac{(S_2^2/n_2)^2}{n_2 - 1} = \frac{(\frac{9}{9})^2}{8} + \frac{(\frac{16}{16})^2}{15} = \frac{1}{8} + \frac{1}{15} = 0.192$$

自由度 $= S_c^4/A = 4/0.192 = 20.9$，取最接近之整數 $= 21$

$t_{0.025} = 2.080$，$t_{0.025}S_c = 2.94$，會合後流量之 95% 信賴區間：

$$16 - 2.94 \leq \mu_1 + \mu_2 \leq 16 + 2.94$$

$$13.06 \leq \mu_1 + \mu_2 \leq 19.94$$

例 7.6 某市垃圾分別在 A、B 兩個焚化廠焚化，隨機調查 15 天燃燒的垃圾量如表 7.2，求該市平均每日焚化垃圾總量的 95% 信賴區間。假設兩個焚化爐焚化垃圾量互相獨立。

↻ 表 7.2：A、B 兩廠每日焚化之垃圾量 (噸 / 日)

A 廠	206	188	205	187	194	193	207	185	189	213	192	210	194	178	205
B 廠	177	197	206	201	180	176	185	200	197	192	198	188	189	203	192

解

● 由表 7.2 求得兩廠平均垃圾量 $\bar{x}_1 = 196.40$，$\bar{x}_2 = 192.07$，標準差 $S_1 = 10.48$，$S_2 = 9.44$。

● 求 A、B 兩廠焚化量是否成常態分配？

將表 7.2 標準常態化如下：

i	1	2	3	4	5	6	7	8	9	10	11	12	13	14	15
$(i-0.5)/15$	0.03	0.10	0.17	0.23	0.30	0.37	0.43	0.50	0.57	0.63	0.70	0.77	0.83	0.90	0.97
z	−1.83	−1.28	−0.97	−0.73	−0.52	−0.34	−0.17	0.00	0.17	0.34	0.52	0.73	0.97	1.28	1.83
A 場	178	185	187	188	189	192	193	194	194	205	205	206	207	210	213
B 場	176	177	180	185	188	189	192	192	197	197	198	200	201	203	206

將上表畫成圖 7.4，A 廠 B 廠焚化量成 "可接受" 之直線，所以成常態分配，因 A、B 兩條直線斜率接近相等，所以可以說標準差相等。因此區間估計可假設 $\sigma_1 = \sigma_2$ 公式 (7.7) 式估計。

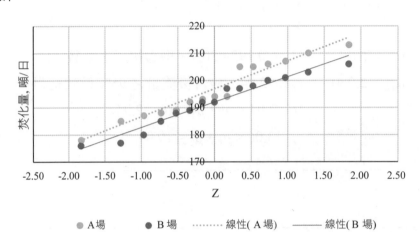

● A場　　● B場　　……… 線性(A 場)　　——— 線性(B 場)

🎧 圖 7.4：A、B 兩廠焚化量標準常態化

● 求焚化垃圾總量 95% 之信賴區間

$\sigma_1 = \sigma_2$ 公式 (7.7) 式估計：

$$S_p = \sqrt{\frac{(n_1-1)S_1^2 + (n_2-1)S_2^2}{n_1 + n_2 - 2}} = \sqrt{\frac{14(10.48^2 + 9.44^2)}{15 + 15 - 2}} = 9.97 ，$$

$$t \text{ 之自由度} = n_1 + n_2 - 2 = 28 ， t_{0.025} = 2.048 。$$

$$(\overline{x}_1 + \overline{x}_2) - t_{\frac{\alpha}{2}} S_p \sqrt{\frac{1}{n_1} + \frac{1}{n_2}} \leq \mu_1 + \mu_2 \leq (\overline{x}_1 + \overline{x}_2) + t_{\frac{\alpha}{2}} S_p \sqrt{\frac{1}{n_1} + \frac{1}{n_2}}$$

$$(196.4 + 192.07) - 2.048 \times 9.97 \sqrt{\frac{1}{15} + \frac{1}{15}} \leq \mu_1 + \mu_2 \leq 388.47 + 7.46$$

$$381.01 \leq \mu_1 + \mu_2 \leq 395.93$$

例 7.7 A、B 兩市各有 10 口井,調查井水砷 (As) 的濃度如表 7.3,求兩市井水砷平均濃度差值的 95% 信賴區間。

表 7.3:A、B 兩市 10 口井水砷之含量 (單位:ppb)

井號	1	2	3	4	5	6	7	8	9	10	$\bar{x}$=平均數	S=標準差	S^2=變異數
A 市	3	7	25	10	15	6	12	25	15	7	12.5	7.63	58.28
B 市	48	44	40	38	33	21	20	12	1	18	27.5	15.35	235.61

解 A、B 兩市的井水是互相獨立的。

● 同上例以常態機率點圖法評估砷濃度是否成常態分配,兩標準差是否相等?
演算結果如表 7.4 和圖 7.5。兩水井砷濃度成直線 (常態分配),兩直線斜率不等,故
$\sigma_1 \neq \sigma_2$。

● 求兩市井水砷平均濃度相差之 95% 信賴區間

$$A = \frac{(S_1^2 / n_1)^2}{n_1 - 1} + \frac{(S_2^2 / n_2)^2}{n_2 - 1} = \frac{1}{9}\left[\left(\frac{58.28}{10}\right)^2 + \left(\frac{235.61}{10}\right)^2\right] = 65.45$$

$$S_c^2 = \frac{S_1^2}{n_1} + \frac{S_2^2}{n_2} = \frac{58.28 + 235.61}{10} = 29.39,\quad S_c = 5.42$$

t 之自由度 $= S_c^4 \div A = \frac{29.39^2}{65.45} = 13.2$ 取整數 13,$t_{0.025} = 2.160$。

$$(\bar{x}_1 - \bar{x}_2) - t_{\alpha/2}S_c \leq \mu_1 - \mu_2 \leq (\bar{x}_1 - \bar{x}_2) + t_{\frac{\alpha}{2}}S_c,$$
$$15 - 2.16 \times 5.42 \leq \mu_1 - \mu_2 \leq 15 + 2.16 \times 5.42,$$
$$3.29 \leq \mu_B - \mu_A \leq 26.71。$$

表 7.4:兩市水井砷含量之常態分配評估演算

i	1	2	3	4	5	6	7	8	9	10
$(i-0.5)/10$	0.05	0.15	0.25	0.35	0.45	0.55	0.65	0.75	0.85	0.95
z	−1.64	−1.04	−0.67	−0.39	−0.13	0.13	0.39	0.67	1.04	1.64
A 市	3	6	7	7	10	12	15	15	25	25
B 市	1	12	18	20	21	33	38	40	44	48

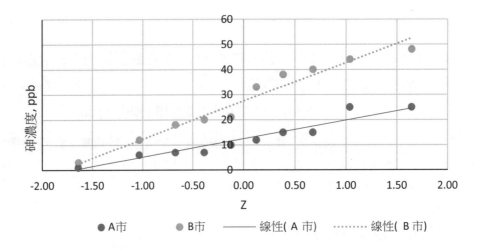

⚡ 圖 7.5：A、B 兩市水井砷含量之常態分配標準化

7-3 變異數之區間估計

　　變異數區間估計分成一個母體 (一維) 和兩個母體比，先將其區間估計公式列在下面格子內，下面再說明公式之由來。

一個母體變異數信賴區間：

$$\frac{(n-1)\hat{S}^2}{\chi^2_{\alpha/2}} \leq \sigma^2 \leq \frac{(n-1)\hat{S}^2}{\chi^2_{1-\alpha/2}}$$ (7.9a)

兩個母體變異數比信賴區間

$$\frac{S_1^2}{S_2^2}\frac{1}{F_{\frac{\alpha}{2}(v_1, v_2)}} \leq \frac{\sigma_1^2}{\sigma_2^2} \leq \frac{S_1^2}{S_2^2}\frac{1}{F_{1-\frac{\alpha}{2}(v_1, v_2)}}$$ (7.9b)

1. 一個母體變異數之區間估計

　　如果隨機變數 X 成常態分配，其平均數為 μ，標準差為 σ，母體 σ 的估計值寫成 $\hat{\sigma}$。統計專家以推導 $\hat{S}$ [參看前 7.1.2 節] 是 $\hat{\sigma}$ 最佳的點估計值。所謂最佳點估計值由第六章之 (6.13) 式

$$\chi^2 = \frac{(n-1)\hat{S}^2}{\sigma^2} \tag{6.13}$$

知 χ^2 成自由度為 $k=n-1$ 之卡方分配，所以介於 $\chi^2_{\alpha/2}$ 與 $\chi^2_{1-\alpha/2}$ 的信賴區間（參看圖 7.6）：

$$\chi^2_{1-\alpha/2} \le \frac{(n-1)\hat{S}^2}{\sigma^2} \le \chi^2_{\alpha/2}$$

整理之，得
$$\frac{(n-1)\hat{S}^2}{\chi^2_{\alpha/2}} \le \sigma^2 \le \frac{(n-1)\hat{S}^2}{\chi^2_{1-\alpha/2}} \tag{7.9a}$$

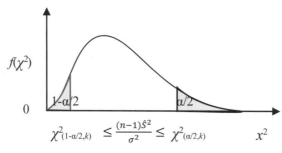

● 圖 7.6：變異數之區間估計

 例 7.8　求表 2.1 工廠處理水水質 COD 濃度之變異數的 95% 信賴區間。

解　前例 13.6 已求出不偏標準差 $\hat{S}^2=46.0$，$n=42$，χ^2 之自由度 $=41$，用 EXCEL 統計公式的「CHISQ.DIST」求得，$\chi^2_{0.025}=60.6$，$\chi^2_{0.975}=25.2$，廢水 COD 變異數 95% 之信賴區間，由 (7.9a) 式

$$\frac{(42-1) \times 46.0}{60.6} \le \sigma^2 \le \frac{(42-1) \times 46.0}{25.2}$$

$$31.1 \le \sigma^2 \le 74.8$$

2. 兩個母體變異數比之區間估計

從兩個互為獨立之隨機變數，各成 $N_1(\mu_1,\sigma_1^2)$、$N_2(\mu_2,\sigma_2^2)$ 之常態分配，從兩個母體各取出 n_1、n_2 之樣本，計算樣本平均數各為 $\overline{X}_1$、$\overline{X}_2$，標準差各為 S_1、S_2。統計量

$F = \dfrac{S_1^2 / \sigma_1^2}{S_2^2 / \sigma_2^2}$ 會成 F 分配，分子 df=v_1=n_1-1、分母 df=v_2=n_2-1，因此統計量 F 介於

$F_{1-\alpha/2}$ 和 $F_{\alpha/2}$ 間之機率=$1-\alpha$，即

$$F_{1-\frac{\alpha}{2}(v_1, v_2)} \leq F = \frac{S_1^2 / \sigma_1^2}{S_2^2 / \sigma_2^2} \leq F_{\frac{\alpha}{2}(v_1, v_2)}$$

整理之得變異數比之信賴區間為：

$$\frac{S_1^2}{S_2^2} \frac{1}{F_{1-\frac{\alpha}{2}(v_1, v_2)}} \geq \frac{\sigma_1^2}{\sigma_2^2} \geq \frac{S_1^2}{S_2^2} \frac{1}{F_{\frac{\alpha}{2}(v_1, v_2)}} \tag{7.9b}$$

 例 7.9 在例 7.7 中 A、B 兩市各有 10 口井，調查井水砷 (As) 的濃度如表 7.3，求兩市井水砷濃度變異數比的 95% 信賴區間。

解 計算兩口井 10 各樣本之樣本變異數 (表 7.3) 分別為 $S_1^2 = 58.28$，$S_2^2 = 235.61$。F 分配之自由度 v_1=9、v_2=9。由式，兩口井母體砷濃度變異數比為

$$\frac{58.28}{235.61} \frac{1}{F_{0.975(9,9)}} \geq \frac{\sigma_1^2}{\sigma_2^2} \geq \frac{58.28}{235.61} \frac{1}{F_{0.025(9,9)}}$$

由 EXCEL 計算 $F_{0.025(9,9)}$=4.026，$F_{0.975(9,9)}$=0.248，

$$0.061 \leq \frac{\sigma_1^2}{\sigma_2^2} \leq 0.997$$

因為樣本很小，所以要達到信賴水準 95% 時，需要很大之估計範圍。

7-4 母體比例 p 區間估計

在二項分配中有一重要參數 p 常需要估計，估計之原理是依據二項分配之特性推導出來，本節先歸納一個母體比例和兩個母體比例差之區間估計，之後再分成兩小節說明原理。

一個母體比例區間估計：

(1) 大樣本： $\qquad \hat{p} - z_{\frac{\alpha}{2}}\sqrt{\dfrac{\hat{p}\hat{q}}{n}} \le p \le \hat{p} + z_{\alpha/2}\sqrt{\dfrac{\hat{p}\hat{q}}{n}}$ (7.10)

式中 $\hat{p} = \dfrac{x}{n}$

(2) 小樣本： $\qquad \dfrac{v_2}{v_2 + v_1 F_{\alpha/2}} \le p \le \dfrac{v_1' F_{\alpha/2}'}{v_2' + v_1' F_{\alpha/2}'}$ (7.11)

$F_{\alpha/2}$ 自由度，分子 $= v_1 = 2(n - x + 1)$，分母 $= v_2 = 2x$

$F_{\alpha/2}'$ 自由度，分子 $= v_1' = 2(x + 1)$，分母 $v_2' = 2(n - x)$

兩個母體比例差之區間估計－大樣本 $(n \ge 30)$：

$$(\hat{p}_1 - \hat{p}_2) - z_{\frac{\alpha}{2}}\sqrt{\dfrac{\hat{p}_1\hat{q}_1}{n_1} + \dfrac{\hat{p}_2\hat{q}_2}{n_2}} \le p_1 - p_2 \le (\hat{p}_1 - \hat{p}_2) + z_{\frac{\alpha}{2}}\sqrt{\dfrac{\hat{p}_1\hat{q}_1}{n_1} + \dfrac{\hat{p}_2\hat{q}_2}{n_2}} \qquad (7.12)$$

7.4.1 一個母體比例 p 區間估計

在第五章介紹過柏努利試驗 (Bernoulli process) 成功的機率 p，若在 n 次的實驗有 x 次成功，其最佳點估計值為

$$\hat{p} = \frac{x}{n}$$

實驗 n 次 x 次成功的機率函數是為二項分配

$$f(x) = C_x^n\, p^x q^{n-x} \, , \; x = 0,1,2,\cdots,n \qquad (5.3a)$$

由第五章 (5.4) 式知二項分配的期望值 $\mu = E(X) = np$，變異數 $\sigma^2 = V(X) = npq$，母體比例 p 的區間估計，分成大、小樣本個別估計。

1.大樣本 n $\ge$ 30

當 n 值超過 30 以上時，二項分配 X 會接近常態分配，所以 $\hat{p} = \dfrac{x}{n}$ 亦成常態分配，其期望值和變異數分別為

$$E(\hat{p}) = E(\frac{x}{n}) = \frac{1}{n}E(x) = \frac{np}{n} = p \, , \; V(\hat{p}) = V(\frac{x}{n}) = \frac{1}{n^2}npq = \frac{pq}{n}$$

令 $z = \dfrac{\hat{p}-p}{\sqrt{\dfrac{pq}{n}}}$，$z$ 為標準常態分配，介於 $-z_{\alpha/2}$ 與 $z_{\alpha/2}$ 之機率等於 $1-\alpha$，即

$$-z_{\frac{\alpha}{2}} \le \frac{\dfrac{x}{n}}{\sqrt{\dfrac{pq}{n}}} = \frac{\hat{p}-p}{\sqrt{\dfrac{pq}{n}}} \le z_{\alpha/2}$$

上式分母的 p、q 未知，n 很大時採用最佳點估計值 $\hat{p}$、$\hat{q}$ 代替

$$-z_{\frac{\alpha}{2}} \le \frac{\hat{p}-p}{\sqrt{\dfrac{\hat{p}\hat{q}}{n}}} \le z_{\alpha/2}$$

整理上式可證明 (7.10) 式成立： $\hat{p} - z_{\frac{\alpha}{2}} \sqrt{\dfrac{\hat{p}\hat{q}}{n}} \le p \le \hat{p} + z_{\alpha/2} \sqrt{\dfrac{\hat{p}\hat{q}}{n}}$

例 7.10 調查台南市長候選人的支持率，隨機調查 900 人，其中支持候選人 A 者有 360 人，支持候選人 B 者有 270 人，剩下 300 人不表態。問各人之支持率 95% 的信賴區間。

解 本題屬於大樣本比例估計，$\alpha = 0.05$，查表知 $z_{0.025} = 1.96$。

● 設支持 A 者之比例為 p_A，由題意知 $\hat{p}_A = \dfrac{360}{900} = 0.4$，$\hat{q}_A = 1 - 0.4 = 0.6$。

由 (7.10) 式知 $0.4 - 1.96\sqrt{\dfrac{0.4 \times 0.6}{900}} \le p \le 0.4 + 1.96\sqrt{\dfrac{0.4 \times 0.6}{900}}$

$$0.37 \le p_A \le 0.43$$

● 同理可求支持 B 者知比例 p_B

$$0.27 \le p_B \le 0.33$$

2. 小樣本

當 n 小於 30 時二項分配和常態分配差距比較大，不能用 (7.10) 式估計，統計學家推導出來之 p 區間估計如下：

$$p_L \leq p \leq p_U \tag{7.13}$$

上式之 p_L 為 p 值估計下限，p_U 為估計上限，都跟 F 分配有關。

- 區間下限 ⇒

$$p_L = \frac{v_2}{v_2 + v_1 F_{\alpha/2}} \tag{7.14}$$

$F_{\alpha/2}$ 的自由度，分子 $= v_1 = 2(n-x+1)$，分母 $v_2 = 2x$。

- 區間上限 ⇒

$$p_U = \frac{v_1' F_{\alpha/2}'}{v_2' + v_1' F_{\alpha/2}'} \tag{7.15}$$

$F_{\alpha/2}'$ 的自由度，分子 $= v_1' = (2x+1)$，分母 $v_2' = 2(n-x)$。

 例 7.11 某縣環保局查 20 家養豬場放流水，結果有 10 家不合格，問該縣養豬場放流水不合格率 95% 的信賴區間？

解 是屬於小樣本不合格的區間估計。

- 估計下限：

  $F_{\alpha/2}$ 的自由度，分子 $= v_1 = 2(20-10+1) = 22$，分母 $v_2 = 2 \times 10 = 20$。用 EXCEL「公式」「$f(x)$」「統計類別」之「F.INV」，鍵入 Probability $= 1-0.025 = 0.975$，第一個分子自由度 $= 22$，第二個分母自由度 $= 20$，得 $F_{0.025} = 2.433$，區間下限為

  $$p_L = \frac{20}{20 + 22 \times 2.433} = 0.27 \text{。}$$

- 估計上限：

  $F_{\alpha/2}'$ 的自由度，分子 $= v_1' = 2(10+1) = 22$，分母 $v_2' = 2(20-10) = 20$。用 EXCEL 之「F.INV」求得 $F_{0.025}' = 2.433$，上限 $p_U = \frac{22 \times 2.433}{20 + 22 \times 2.433} = 0.73$。

- 養豬場放流水不合格率 95% 信賴區間為：$0.27 \leq p \leq 0.73$。

7.4.2 兩個母體 p 比例區間估計 - 大樣本

n_1、n_2 分別是從第一、第二個母體抽出之大樣本數，成功的次數分別為 x_1 和 x_2，

若 x_1 和 x_2 互為獨立，設 $\hat{p}_1 = \dfrac{x_1}{n_1}$ 和 $\hat{p}_2 = \dfrac{x_2}{n_2}$，由前節知 $\dfrac{x_1}{n_1}$ 和 $\dfrac{x_2}{n_2}$ 各成常態分配，其期望值和變異數分別為：

$$E(\hat{p}_1) = E(\frac{x_1}{n_1}) = \frac{1}{n_1}E(x_1) = \frac{n_1 p_1}{n_1} = p_1 \text{，} V(\hat{p}_1) = V(\frac{x_1}{n_1}) = \frac{1}{n_1^2}n_1 p_1 q_1 = \frac{p_1 q_1}{n_1}\text{，}$$

$$E(\hat{p}_2) = E(\frac{x_2}{n_2}) = p_2 \text{，} V(\hat{p}_2) = V(\frac{x_2}{n_2}) = \frac{p_2 q_2}{n_2} \text{。}$$

又由常態分配之加法性 $p_1 - p_2$ 亦成常態分配，其期望值和變異數為：

$$E(\hat{p}_1 - \hat{p}_2) = p_1 - p_2 \text{，} V(\hat{p}_1 - \hat{p}_2) = \frac{p_1 q_1}{n_1} + \frac{p_2 q_2}{n_2} \text{，}$$

標準化 $\Rightarrow z = \dfrac{(\hat{p}_1 - \hat{p}_2) - (p_1 - p_2)}{\sqrt{\dfrac{\hat{p}_1 \hat{q}_1}{n_1} + \dfrac{\hat{p}_2 \hat{q}_2}{n_2}}}$，成標準常態分配，因此

$$-z_{\alpha/2} \le z = \frac{(\hat{p}_1 - \hat{p}_2) - (p_1 - p_2)}{\sqrt{\dfrac{\hat{p}_1 \hat{q}_1}{n_1} + \dfrac{\hat{p}_2 \hat{q}_2}{n_2}}} \le z_{\alpha/2} \text{，}$$

同上面一個母體相似，z 之分母的 p、q 未知，n_1 和 n_2 很大時採用最佳點估計值分別用 $\hat{p}$、$\hat{q}$ 代替，並整理之，證明上面 (7-12) 式成立：

$$(\hat{p}_1 - \hat{p}_2) - z_{\alpha/2}\sqrt{\frac{\hat{p}_1 \hat{q}_1}{n_1} + \frac{\hat{p}_2 \hat{q}_2}{n_2}} \le p_1 - p_2 \le (\hat{p}_1 - \hat{p}_2) + z_{\alpha/2}\sqrt{\frac{\hat{p}_1 \hat{q}_1}{n_1} + \frac{\hat{p}_2 \hat{q}_2}{n_2}} \tag{7.12}$$

▶▶▶ ──●

例 7.12　有 A、B 兩河川，五年來各採 100 次樣本，A 河水質不合格樣本有 10 次，B 河水質不合格樣本有 5 次，求兩河水質不合格率差距之 95% 的信賴區間。

解　由題意知 A 河不合格率 $= \hat{p}_A = \dfrac{10}{100} = 0.1$，$\hat{q}_A = 1 - 0.1 = 0.9$；B 河不合格率

$= \hat{p}_B = \dfrac{5}{100} = 0.05$，$\hat{q}_B = 1 - 0.05 = 0.95$。因為 A、B 都是大樣本，所以 $\hat{p}_a - \hat{p}_b$ 成常態

分配，期望值 $= 0.05$，標準差 $= \sqrt{\dfrac{0.1 \times 0.9}{100} + \dfrac{0.05 \times 0.95}{100}} = 0.0371$，$z_{0.025} = 1.96$，所

以用 (7.12) 估計兩河水質不合格率之差：

$$(0.1-0.05)-1.96 \times 0.0371 = -0.023 \leq p_A-p_B \leq (0.1-0.05) + 1.96 \times 0.0371，$$

$$-0.023 \leq p_A-p_B \leq 0.123$$

信賴下限是負的並沒有計算錯，統計的意義是 p_A-p_B 成常態分配，期望值=0.05，標準差=0.0371，畫圖如圖 7.7；對水質的意義是 B 河不合格率比例有可能比 A 河大，其機率是 0.064(用 EXCEL 求 $x=p_A-p_B=-0.023 \sim 0$ 之累積機率)。

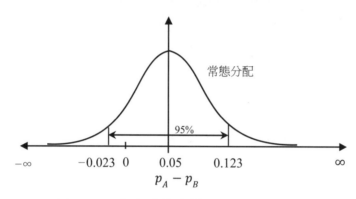

常態分配

95%

$-\infty$　　　-0.023　0　　0.05　　0.123　　　　　∞

$p_A - p_B$

🎧 圖 7.7：兩河不合格率差之 95% 之信賴區間

7-5 抽樣樣本數 n 之推定

隨機抽樣時樣本數 n 要多大，樣本統計量才有比較好的代表性？這是抽樣碰到的難題，一般會考慮到抽樣成本、採樣設備和經費等。通常 n 越大越具代表性，但成本會增加。在統計上設定一個容許誤差，使統計參數與母體參數之差，超過容許誤差的機率不大於 α，用此倒算 n 值。

7.5.1 平均數 μ 推估所需之採樣數

前面介紹過樣本平均數是母體平均數的最佳估計值，如果要使估計值完全等於母體平均數，抽的樣本數要接近無窮大，這是沒辦法做到的，但我們可以在可接受的誤差下，縮小抽樣數。設指定的誤差 e，

$$e=|\bar{x}-\mu|$$

由 (7.1) 式知

$$-z_{\frac{\alpha}{2}} \frac{\sigma}{\sqrt{n}} \leq \bar{x} - \mu \leq z_{\frac{\alpha}{2}} \frac{\sigma}{\sqrt{n}}$$

$$e \leq \left| z_{\frac{\alpha}{2}} \frac{\sigma}{\sqrt{n}} \right|$$

$$n \leq (z_{\frac{\alpha}{2}} \frac{\sigma}{e})^2 \tag{7.16}$$

σ 未知又是小樣本，由前面用 t 分布的 $t_{\alpha/2}$ 代替 (7.16) 的 $z_{\alpha/2}$，$df = n-1$ 得樣本數

$$n \leq (t_{\frac{\alpha}{2}} \frac{S}{e})^2 \tag{7.17}$$

抽樣時 n 取最大整數值。

 例 7.13 有一污水處理廠放流水之 BOD 成 $\sigma = 6.8 \text{mg/L}$ 之常態分配，若採樣分析平均濃度與真值的誤差要求不超過 5mg/L，問需採幾個水樣？但 $\sigma = 5\%$，$Z_{0\cdot 025} = 1.96$.

解 已知 $e = 5\text{mg/L}$，$\sigma = 6.8\text{mg/L}$，由 (7.16) 式得

$$n \leq (1.96 \frac{6.8}{5})^2 \leq 7.1$$

因為只超過 7 一點點，所以取整數 7，需抽 7 個樣本，統計出來的平均值，超過 5mg/L 的機率不超過 5%。

 例 7.14 例 7.13 若該放流水 BOD 分配母體的標準差未知，只知道樣本標準差約 $S = 6.8 \text{mg/L}$，求所需之樣本數。

解 因為是小樣本，所以用 (7.17) 式計算抽樣數，但須用到 t 分布，查 $t_{\alpha/2}$ 需要用到自由度 $= n-1$，但 n 未知，所以需要用試誤法 (try and error method) 求 n：

● 第一次嘗試：$n = 7$，自由度 $= df = 7-1 = 6$，$t_{0\cdot 025} = 2.447$，由 (7.17) 式

$n = (\dfrac{6.8}{5} \times 2.447)^2 = 11.1$，因為 11.1 比 7 差很多，繼續第 2 次嘗試。

● 第 2 次嘗試：$n = 10$，df = 9，$t_{0.025} = 2.262$，由 (7.17) 式

$n \leq (\dfrac{6.8}{5} \times 2.262)^2 = 9.5$，取 $n = 10$。樣本數採用 10 個，比例題 7.13 多採 3 個樣本。

● 當母體標準差未知時，需要多估計一個未知數 σ，若要得到相同的信賴度 (本題指定式 95%)，必須採較多的樣本。

7.5.2 比例 p 所需之樣本

在日常生活上常到民意調查，對某候選人、某議題支持的比例，需要抽樣調查。因為在柏努利實驗的過程中，這種比例是屬於二項分配，所以比例樣本數的決定要用二項分配比例的區間估計。在 7.4 節的比例區間估計，樣本數可分為大樣本和小樣本，因小樣本估計較複雜，所以本書只說明大樣本數的決定方法。

令 p 估計之誤差為 e = $|\hat{p} - p|$，即由 (7.10) 式得大樣本的比例區間估計得

$$e = |\hat{p} - p| \leq z_{\alpha/2} \sqrt{\dfrac{\hat{p}\hat{q}}{n}} \tag{7.18}$$

整理上式得：

$$n = z_{\alpha/2}^2 \dfrac{\hat{p}\hat{q}}{e^2} \tag{7.19}$$

當 $\hat{p} = \hat{q} = \dfrac{1}{2}$ 時，(7.19) 式的 n 最大，

$$n = \left(\dfrac{z_{\alpha/2}}{2e}\right)^2 \tag{7.20}$$

 例 7.15 候選人支持比例民調，若誤差不得超過 3%，需調查多少選民？信賴度 95%。

解 $z_{0.025}=1.96$，$e=0.03=|\hat{p}-p|$，所以樣本數 n：

$$n \leq \left(\frac{z_{\alpha/2}}{2e}\right)^2 = \left(\frac{1.96}{2 \times 0.03}\right)^2 = 1067$$

如果採樣數 1067 個以上，所得的結論是：有 95% 的信心說調查結果的誤差不大於 3%。

第七章 習題

Ex.7.1 有一工廠放流水採一天內隨機採 7 次水樣分析砷的濃度，結果如下：8.1, 7.9, 7.9, 8.2, 8.2, 8.0, 7.9mg/L，(1) 若已知放流水砷濃度成常態分配，其標準差為 $\sigma=0.138$mg/L，求該放流水砷平均濃度 95% 之信賴上限濃度。(2) 若 σ 未知，95% 信賴上限是多少？

Ex.7.2 在構築防坡堤之沉箱時，使用某廠之預拌混凝土，在構築期間取了 25 個混凝土試體做抗壓強度試驗，試驗結果如下表所示 (單位：千磅 / 平方吋)。

| 6.4 | 5.5 | 5.9 | 4.0 | 4.4 | 5.6 | 5.3 | 5.7 | 5.5 | 6.0 | 5.6 | 7.1 | 4.7 |
| 5.8 | 6.7 | 5.4 | 5.0 | 5.8 | 6.2 | 5.6 | 5.7 | 5.9 | 5.4 | 5.1 | 5.7 | – |

求下列各問題 (95% 信賴度)：

(1) 防坡堤抗壓強度及標準差的點估計值及區間之估計值。

(2) 若沉箱混凝土的強度要求不得小於 5.8 千磅 / 平方吋，使用該廠預拌混凝土是否合格。

(3) 若推定出來混凝土之平均強度與真正強度不得相差 0.3 千磅 / 平方吋以上，問至少應採幾個樣體。

Ex.7.3 有一汙水廠放流水 10 個隨機水樣的總磷平均濃度 $\bar{x}=1.0$mg/L，標準差 $S=0.5$mg/L，如果放流水標準規定 99.9 % 水樣的濃度不得超過 2mg/L。在信心水準 95 % 下，該廠放流水是否超過標準？

Ex.7.4 有一工廠有 A、B 兩股廢水排出，經長期測定，A、B 兩股每日排出的汙染量成常態分配，其標準差都是 20kg/d。A 股廢水經過 15 次、B 股廢水經過 8 次的隨機採樣，各股排出的汙染量如 Table 7.2，求 (1) 該廠 AB 兩股廢水每日各排出汙染量的 95%信賴區間，(2) 該廠總共排出污染量的 95% 信賴區間。

⬧Table 7.2：工廠排出 A、B 兩股廢水之汙染量 (單位：kg/d)

| A | 724 | 718 | 776 | 760 | 745 | 759 | 795 | 756 | 742 | 740 | 761 | 749 | 739 | 747 | 742 |
| B | 735 | 775 | 729 | 755 | 783 | 760 | 738 | 780 | | | | | | | |

Ex.7.5 從一河水一年內隨機採樣 40 次測其 BOD 濃度，以檢定其濃度是否合乎水質標準，其中有 5 次不合格，求下列各問題

(1) 推定 BOD 濃度達到水質標準之比例的 95% 信賴區間。

(2) 該河水 BOD 達到水質標準的比率是否在 0.9 以上，但顯著水準為 5%。

(3) 若推定之合格率的誤差，不得大於 0.05，問至少要抽多少樣本？

Ex.7.6 在 Ex.7.4 工廠 A、B 兩股廢水排出廢水汙染量如 Table 7.2，估計兩股廢水母體變異數比之 95% 信賴區間。

Ex.7.7 在 Ex.7.4 若一年內隨機採樣該廠總合廢水 12 次有 2 次不合水質標準，求下列各問題

(1) 推定 BOD 濃度合乎水質標準之比例的 95% 信賴區間。

(2) 該廠放流水 BOD 合格率是否在 0.9 以上，但顯著水準為 5%。

Ex.7.8 在 Ex7.5 若一年內隨機採樣 12 次有 2 次不合水質標準，求下列各問題

(1) 推定 BOD 濃度合乎水質標準之比例的 95％信賴區間。

(2) 該廠放流水 BOD 合格率是否在 0.9 以上，但顯著水準為 5%。

Ex.7.9 台灣南北 A、B 兩市 5 年來空氣中 PM2.5 濃度各測了 50 次，A 是超標 15 次，B 市超標 5 次，問兩市 PM2.5 平均濃度差 95% 之信賴區間。

假設檢定

8-1 假設檢定

在環境領域裡，母體的參數通常是未知，所以第七章是介紹參數的區間估計，本章則是假設參數等於某一個值，再用區間估計之原理，假設值是否落在信賴區間內，如果是則接受假設值。假設檢定更可擴展到不同環境因子或不同處理效果差異的檢定，例如用不同的混凝劑硫酸鋁和氯化鐵處理工業廢水，要比較兩種混凝劑的處理效果，就需要用到假設檢定。將硫酸鋁處理出來的數據看成一個母體，另一種氯化鐵處理的數據視為第二個母體，然後比較兩種母體平均數是否有差異，有差異表示有不同之效果。評估有沒有差異是根據樣本計算的檢定統計量，是否落在信賴區間內，如果是，表示兩種處理效果沒有明顯的差異，如果落在信賴區間之外，表示有差異。所以假設檢定與區間估計是息息相關，原理都來自抽樣分配。

本章先介紹一維和二維母體平均數、變異數和比例的假設檢定，這些母體都要成常態分配或近似常態分配；如果母體不成常態分配或不知道是不是常態分配時，要用到的無母數檢定，放在本章最後說明；至於相關係數、迴歸係數的檢定，留在第十章再介紹。

8.1.1 假設檢定的基本原理

以一個常態分配母體平均數的假設檢定為例，設母體平均數的真值為 μ，但真值無法知道，假設 $\mu = \mu_0$。如果假設的 μ_0 落在圖 7.2 的信賴區間內，認為假設值 μ_0 與真值 μ 相差有限，接受假設值 H_0；如果假設值 μ_0 落在信賴區間外，認為與真值相差太大，不能接受假設值。將上面說明寫成下面步驟，並用圖 8.1 表示：

$H_0 : \mu = \mu_0$ Null Hypothesis(虛無假設)

$H_1 : \mu \neq \mu_0$ Alternative Hypothesis(對立假設)

(1) 若假設值 μ_0 落在信賴區間內，表示假設值 μ_0 與真值 μ 相差不顯著，則接受 H_0 如圖 8.1。α 稱為顯著水準 (significant level)。

(2) 若假設值 μ_0 落在信賴區間之外，表示假設值 μ_0 與真值 μ 相差很顯著，不能接受 H_0 要接受 H_1。

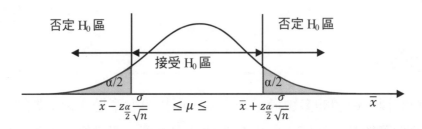

否定 H_0 區　　　　　　　　　　　　否定 H_0 區

接受 H_0 區

$\alpha/2$　　　　　　　　　　　　　$\alpha/2$

$$\bar{x} - z_{\frac{\alpha}{2}}\frac{\sigma}{\sqrt{n}} \leq \mu \leq \bar{x} + z_{\frac{\alpha}{2}}\frac{\sigma}{\sqrt{n}} \qquad \bar{x}$$

🔊 圖 8.1：假設檢定接受 H_0 區（雙尾）

8.1.2 假設檢定的誤差 - Type I 和 Type II 誤差

假設隨機變數的參數為 θ(平均數用 μ 表示，標準差用 σ 表示，比例用 p 表示，…等)。今以平均數 μ 為代表，因為參數不知其大小，初步假設為 μ_0 和對立假設為 μ_1，寫成：

　　H_0：$\mu = \mu_0$

　　H_1：$\mu = \mu_1 \neq \mu_0$

能不能接受 H_0 是根據區間估計原理，所以可能會發生兩種情況：

(1) 如果假設 μ_0 是對的 (即等於真值 μ)，假設值落在 $\mu_0 \pm z_{\alpha/2}$ 之外的機率仍有 α，但依據圖 8.1 我們否定 (不接受)H_0 而接受 H_1，這是錯誤的，這個錯誤稱為第 I 形錯誤 (Type I Error)，如圖 8.1 或圖 8.2 的 α 截尾面積。

(2) 如果假設值 μ_0 是不對的 (與真值 μ 相差很大)，假設值落在 $\mu_0 \pm z_{\alpha/2}$ 之外的機率有 β，如圖 8.2，我們否定了 H_1 接受 H_0，這是不對的，這個錯誤稱為第 II 形錯誤 (Type II Error)。

另外在假設檢定方法中，常用檢定力評量檢定效果大小，檢定力的定義：

$$檢定力 = 1 - \beta$$

檢定力越大越好。在圖 8.2 中 AB 垂直線是隨著信賴區間而變動，可以左右移動。如果向右移，α(第 I 型誤差) 變小，但 β(第 II 型誤差) 變大；反之向左移，α 變

大 β 變小。究竟 AB 垂直線放在什麼位置最適當呢？統計學家認為固定 α (常用 0.05 或 0.01)，然後畫 AB 垂直線使 μ_1 分佈的截尾面積最小，也就是說犯第 II 型的錯誤 β 最小。要使 β 最小有三種畫法，可以畫在 μ_0 分布的右邊、左邊或左右兩邊，分別稱為右尾、左尾或雙尾的檢定，參看下面 8.1.3 節說明。圖 8.2 之 A 點的座標為 $\mu_0 + z_{\frac{\alpha}{2}} \dfrac{\sigma}{\sqrt{n}}$ 或 $\mu_1 - z_{\frac{\alpha}{2}} \dfrac{\sigma}{\sqrt{n}}$。

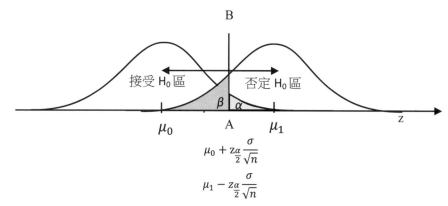

◉ 圖 8.2：假設檢定之誤差

8.1.3 單尾檢定與雙尾檢定

在假設檢定裡的虛無假設和對立假設可分為下列三種情況：

(1) 雙尾檢定：母體之參數與假設值相等

虛無假設是參數等於假設值，對立假設是參數不等於假設值，寫成

$H_0 : \mu = \mu_0$

$H_1 : \mu \neq \mu_0$ 設 $\mu = \mu_1 \neq \mu_0$

把母體之參數用通式 θ 表示，θ 可為 μ、σ 或 p⋯等參數，寫成

$H_0 : \theta = \theta_0$

$H_1 : \theta \neq \theta_0$ 設 $\theta = \theta_1 \neq \theta_0$

因為對立假設 $\mu \neq \mu_0$，設 $\mu = \mu_1$，μ_1 可能大於 μ_0 如圖 8.3，或小於 μ_0。這種情況下把 α 分成兩等分，即 A-B 垂直線分別放在參數 μ_0 分配的兩邊，可使第 II 型誤差 β 最小。

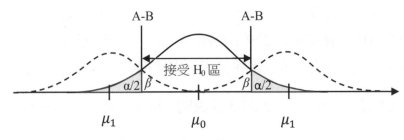

⋒ 圖 8.3：雙尾檢定

(2) 右尾檢定：參數值大小於假設值，寫成，

$H_0 : \theta = \theta_0$ 或 $\theta \le \theta_0$

$H_1 : \theta > \theta_0$，設 $\theta = \theta_1 \neq \theta_0$

以參數 μ 為為例，因為對立假設 $\mu(=\mu_1) > \mu_0$，把 α 誤差集中在右邊，虛線是 μ_1 的分布，A-B 垂直線左邊面積是第 II 型誤差 β。如果把 α 全部集中在 μ 分布的右尾，可以得到 β 最小 (如圖 8.4(a))；如果分散在兩尾，各尾分 $\alpha/2$，此時 β 會比集中在右尾大，如圖 8.4(b)。所以參數值大於假設值時，α 要集中在右尾，可以使 β 最小。

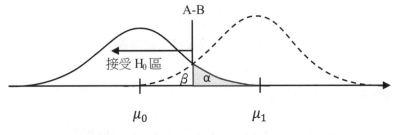

(a) 集中在右邊 β 最小

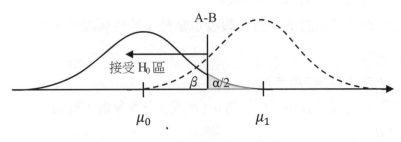

(b) 分散在雙尾 β 較大

⋒ 圖 8.4：右尾檢定之接受 H_0 區

(3) 左尾檢定：參數小於假設值，寫成

$H_0 : \theta = \theta_0$ 或 $\theta \ge \theta_0$

$H_1 : \theta < \theta_0$，設 $\theta = \theta_1 < \theta_0$

參數值小於假設值，對立假設 $\theta < \theta_0$ (或 $\mu < \mu_0$)，把 α 全部集中在 μ 分布的右尾，可以得到 β 最小 [如圖 8.5(a)]；如果分散在兩尾，每尾各 $\alpha/2$，β 會比較大，如圖 8.5(b)。

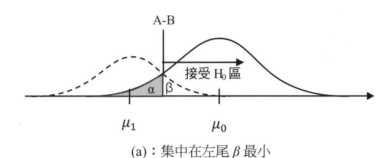

(a)：集中在左尾 β 最小

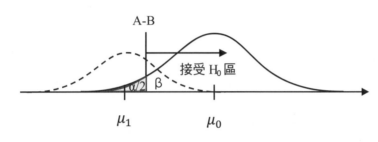

(b)：分散在兩尾 β 較大

🎧 圖 8.5：左尾檢定接受 H_0 區

8.1.4 假設檢定之步驟

1. 步驟

假設要檢定的參數是 μ，綜合前面第 8.1.1 ～ 8.1.3 節原理，假設檢定可以寫成下面幾個步驟：

(1) 依據題意設定虛無假設和對立假設，並決定單尾或雙尾，例如雙尾寫成

$$H0：\mu = \mu_0$$

$$H_1：\mu \neq \mu_1$$

(2) 依據題意要求的顯著水準 α，求臨界值：雙尾 $z_{\alpha/2}$，單尾 z_α。

(3) 計算檢定統計量 (或稱檢定值)：檢定值寫成 $z = \dfrac{\bar{x} - \mu_0}{\dfrac{\sigma}{\sqrt{n}}}$。

(4) 結論：比較臨界值 ($z_{\alpha/2}$) 和檢定值 (z)，如果得到下面結果要接受 H_0：雙尾檢定 $|z| \leq z_{\alpha/2}$，右尾 $z \leq z_\alpha$，左尾 $z \geq -z_\alpha$；否則否定 H_0 (或接受 H_1)。

2. 判定左右尾檢定的方法

　　一般初學者不容易判定左尾或右尾檢定，依筆者經驗，以參數假設值 θ_0 和樣本的參數值 $\bar{\theta}$ 比較，如果 $\bar{\theta} - \theta_0 > 0$，因為計算出來之檢定值是正的，所以用右尾檢定；反之用左尾檢定。例如母體平均數 μ 之檢定：樣本參數平均值是 $\bar{x}$，如果 $\bar{x} - \mu_0 > 0$，因為檢定值 $z = \dfrac{\bar{x} - \mu_0}{\dfrac{\sigma}{\sqrt{n}}} > 0$，所以用右尾檢定，和正的臨界值 z_α 比較；如果 $\bar{x} - \mu_0 <$

0，因為檢定值 $z = \dfrac{\bar{x} - \mu_0}{\dfrac{\sigma}{\sqrt{n}}} < 0$，所以用左尾檢定，和負的臨界值比較。其他的參數，

也可以比照辦理。

8-2 平均值 μ 之假設檢定

8.2.1 一個母體平均值 μ 之假設檢定

　　假設檢定原理是依據區間估計來的，在第七章 7.2 節 μ 的區間估計，分成標準差已知和未知，所以假設檢定也是如此。將 μ 的估計和檢定整理成表 8.1，雙尾和左右尾的接受和否定範圍如圖 8.6 所示：

⊕ 表 8.1：一個母體平均數 μ 之區間估計與假設檢定公式比較

σ	區間估計	H_0	H_1	檢定值	自由度	接受 H_0 區域
已知	$\bar{x} - z_{\alpha/2} \dfrac{\sigma}{\sqrt{n}} \leq \mu \leq \bar{x} + z_{\alpha/2} \dfrac{\sigma}{\sqrt{n}}$	$\mu = \mu_0$	$\mu \neq \mu_0$	$z = \dfrac{\bar{x} - \mu_0}{\dfrac{\sigma}{\sqrt{n}}}$	—	$-z_{\alpha/2} \leq z \leq z_{\alpha/2}$
		$\mu = \mu_0$	$\mu > \mu_0$			$z \leq z_\alpha$ (右尾)
		$\mu = \mu_0$	$\mu < \mu_0$			$z \geq -z_\alpha$ (左尾)
未知	$\bar{x} - t_{\alpha/2} \dfrac{S}{\sqrt{n}} \leq \mu \leq \bar{x} + t_{\alpha/2} \dfrac{S}{\sqrt{n}}$	$\mu = \mu_0$	$\mu \neq \mu_0$	$\dfrac{\bar{x} - \mu_0}{\dfrac{S}{\sqrt{n}}}$	$n-1$	$-t_{\alpha/2} \leq t \leq t_{\alpha/2}$
		$\mu \leq \mu_0$	$\mu > \mu_0$			$t \leq t_\alpha$ (右尾)
		$\mu \geq \mu_0$	$\mu < \mu_0$			$t \geq -t_\alpha$ (左尾)

註 如果 σ 未知，無論大樣本或小樣本，EXCEL 都可以計算臨界值 t_α 或 $t_{\alpha/2}$，所以檢定值一律用 t。

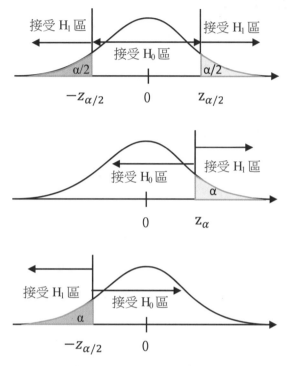

○ 圖 8.6：μ 之雙尾 (上)、右尾 (中) 及左尾 (下) 檢定

下面舉例說明表 8.1 假設檢定之使用法。

1. σ 已知時

 例 8.1 已知某空氣品質監測站歷年來 SO_x 之濃度 (母體) 成常態分配，已知 $\sigma=6.4$ppb。 今 隨 機 取 9 次 樣，得 到 20，30，25，35，28，32，24，36，40ppb，在 5% 的顯著水準下，問測站的 SO_x 平均濃度 (1) 是否等於 30ppb？ (2) 是否大於 20ppb？ (3) 是否小於 40ppb？

解 計算 $\bar{x}=30$。

(1) SO_x 平均濃度是否等於 30

● $H_0：\mu=30=\mu_0$

　$H_1：\mu \neq 30$

- 求臨界值：由對立假設知是雙尾檢定，已知 $\alpha=5\%$，因為 σ 已知，所以臨界值 $z_{\alpha/2}=z_{0.025}=1.960$。

- 求檢定值 z。由表 8.1 檢定值公式

$$z=\frac{\bar{x}-\mu_0}{\frac{\sigma}{\sqrt{n}}}=\frac{30-30}{\frac{6.4}{\sqrt{9}}}=0$$

- 結論：由表 8.1 因為檢定值 z 落 $-1.960<z<1.960$，所以接受 H_0，即 SO_x 之平均濃度 $=30ppb$ 可以接受。(註 在統計學上較嚴懂的說法沒有證據說 SO_x 平均濃度不為 30ppb)。

(2) SO_x 平均濃度是否大於 20

- $H_0：\mu \leq 20=\mu_0$

  $H_1：\mu > 20$

- 求臨界值：因為假設值小於參數估計值，即 $\mu_0=20<\bar{x}=30$，所以用右尾檢定，已知 $\alpha=5\%$，因為 σ 已知，所以臨界值 $z_\alpha=z_{0.05}=1.650$

- 求檢定值 z。由表 8.1 檢定值公式

$$z=\frac{\bar{x}-\mu_0}{\frac{\sigma}{\sqrt{n}}}=\frac{30-20}{\frac{6.4}{\sqrt{9}}}=4.689$$

- 結論：由表 8.1 因為檢定值 $z > 1.650$，所以否定 H_0 接受 H_1，即在顯著水準 5% 下，SOx 之平均濃度大於 20ppb。

(3) SO_x 平均濃度是否小於 40

- $H_0：\mu \geq 40=\mu_0$

  $H_1：\mu < 40$

- 求臨界值：因為 $\mu_0=40 > \bar{x}$，所以用左尾檢定，已知 $\alpha=5\%$，因為 σ 已知，所以臨界值 $-z_\alpha=-z_{0.05}=-1.650$

- 求檢定值 z。由表 8.1 檢定值公式

$$z=\frac{\bar{x}-\mu_0}{\frac{\sigma}{\sqrt{n}}}=\frac{30-40}{\frac{6.4}{\sqrt{9}}}=-4.689$$

- 結論：由表 8.1 因為檢定值 $z < -1.650$，所以否定 H_0 接受 H_1，即在顯著水準 5% 下，SO_x 之平均濃度小於 40mg/L。

2. σ 未知時

以前，在 σ 未知下，檢定母體參數平均數分成大樣本和小樣本，是因為大樣本的臨界值 $t_{\alpha/2}$ 或 t_α，在 t 檢定表沒辦法查到。現在，因為電腦的計算功能很強，都能計算自由度超過 30 以上的臨界值，已不分成大樣本或小樣本，一律用 t 檢定。檢定值如下：

$$t = \frac{\bar{x} - \mu_0}{\dfrac{S}{\sqrt{n}}} \tag{8.1}$$

表 8.1 σ 未知的 t 檢定方法，舉例說明如下。

▶▶▶

例 8.2 小樣本。

例 8.1 中 ($n=9$)，在 5% 顯著水準下，測站 SO_x 之平均濃度 (1) 是否等於 30？ (2) 是否大於 20？ (3) 是否小於 40？

解 計算 9 個樣本的算術平均數 $\bar{x}=30$，標準差 $S=6.4$。

(1) SO_x 平均濃度是否等於 30

- $H_0 : \mu = 30 = \mu_0$

  $H_1 : \mu \neq 30$

- 求臨界值：由對立假設知是雙尾檢定，已知 $\alpha=5\%$，因為 σ 未知，用 t 檢定，自由度 $=n-1=9-1=8$，所以臨界值 $t_{\alpha/2}=t_{0.025}=2.306$。

- 求檢定值 t。由表 8.1 或公式 (8.1) 式知

$$t = \frac{\bar{x} - \mu_0}{\dfrac{S}{\sqrt{n}}} = \frac{30-30}{\dfrac{6.4}{\sqrt{9}}} = 0$$

- 結論：由表 8.1 因為檢定值 t 落 $-2.306 < t < 2.306$，所以接受 H_0，即 SOx 之平均濃度 $=30$ppb 可以接受，或說沒有證據說 SO_x 平均濃度不為 30ppb。

(2) SO_x 平均濃度是否大於 20 ？

- $H_0 : \mu \le 20 = \mu_0$

  $H_1 : \mu > 20$

- 求臨界值：由對立假設知是右尾檢定，已知 $\alpha = 5\%$ 自由度＝8，所以臨界值 $t_x = t_{0.05} = 1.86$

- 求檢定值 t。由表 8.1 檢定值公式

$$t = \frac{\bar{x} - \mu_0}{\frac{S}{\sqrt{n}}} = \frac{30 - 20}{\frac{6.4}{\sqrt{9}}} = 4.689$$

- 結論：由表 8.1 因為檢定值 $t = 4.689 > 1.86$ 之間，所以否定 H_0 接受 H_1，即在顯著水準 5% 下 SOx 之平均濃度大於 20ppb。

(3) SOx 平均濃度是否小於 40 ？

- $H_0 : \mu \ge 40 = \mu_0$

  $H_1 : \mu < \mu_0 = 40$

- 求臨界值：由對立假設知是左尾檢定，已知 $\alpha = 5\%$，σ 未知，用 t 檢定，自由度＝$n-1=8$ 之臨界值 $t_\alpha = t_{0.05} = -1.860$。

- 求檢定值 t。由表 8.1 檢定值公式

$$t = \frac{\bar{x} - \mu_0}{\frac{S}{\sqrt{n}}} = \frac{30 - 40}{\frac{6.4}{\sqrt{9}}} = -4.689$$

- 結論：由表 8.1 因為檢定值 $t < -1.860$，所以否定 H_0 接受 H_1，即在顯著水準 5% 下 SOx 之平均濃度小於 40ppb。

例 8.3 大樣本之檢定。

表 2.1 工廠處理水的水質以 COD 濃度 mg/L 表示，其算術平均 $\bar{x} = 34.1$mg/L，標準差 $S = 6.9$mg/L，不偏標準差 $\hat{S} = 6.895$mg/L。在顯著水準 5%，(1) 平均濃度＝38mg/L 是否？(2) 平均濃度等於 36mg/L ？ (3) 平均濃度小於 30mg/L ？

解 本題樣本數有 42 個屬於大樣本且以證明為常態分配，但母體 σ 未知，用 EXCEL 計算做 t 檢定。

(1) 平均濃度＝38mg/L 是否可接受？

- H_0：μ＝38

  H_1：$\mu \neq 38$

- 雙尾檢定，$\alpha/2$＝0.025，自由度＝42-1＝41，用 EXCEL「公式」的「其他函數」中「統計」的「T.INV」，打 probability＝0.025，Deg-freedom＝41，得到 $t_{0.025}$＝2.0195。

- 計算檢定值。$t = \dfrac{\bar{x} - \mu_0}{\dfrac{S}{\sqrt{n}}} = \dfrac{34.1 - 38}{\dfrac{6.9}{\sqrt{42}}} = -3.663$。

- 結論：t＝-3.663 落在 -2.0195 和 2.0195 之外，否定 H_0 之假設，不能接受平均濃度＝38mg/L。

(2) 平均濃度是否等於 36mg/L？

- H_0：μ＝36

  H_1：$\mu \neq 36$

- 雙尾檢定，df＝41 得到 $t_{0.025}$＝2.0195。

- 計算檢定值。$t = \dfrac{\bar{x} - \mu_0}{\dfrac{S}{\sqrt{n}}} = \dfrac{34.1 - 36}{\dfrac{6.9}{\sqrt{42}}} = -1.7855$。

- 結論：t＝-1.7855 落在 -2.0195 和 2.0195 之間，接受 H_0 平均濃度＝36mg/L 之假設。

(3) 平均濃度是否小於 30mg/L？

- H_0：$\mu \leq 30$

  H_1：$\mu > 30$

- 因為 μ_0＝30＜$\bar{x}$，所以用右尾檢定，df＝41，$t = \dfrac{\bar{x} - \mu_0}{\dfrac{S}{\sqrt{n}}} = \dfrac{34.1 - 30}{\dfrac{6.9}{\sqrt{42}}}$

  ＝3.945＞$t_{0.05}$＝1.6829。

- 結論：否定 H_0 接受 H_1，平均濃度大於 30mg/L。

8.2.2 兩個母體平均值之假設檢定

和一個母體一樣，兩個母體平均數的比較也是和區間估計相對應，今把兩個母體平均數的檢定列在表 8.2。

↻ 表 8.2：兩個母體平均數和或差 $(\mu_1 \pm \mu_2)$ 之檢定的檢定

條件	H_0	H_1	檢定值	自由度	接受 H_0 範圍
σ_1, σ_2 已知	$\mu_1 \pm \mu_2 = \mu_0$	$\mu_1 \pm \mu_2 \neq \mu_0$	$z = \dfrac{(\bar{x}_1 \pm \bar{x}_2) - \mu_0}{\sqrt{\dfrac{\sigma_1^2}{n_1} + \dfrac{\sigma_2^2}{n_2}}}$	—	$-z_{\alpha/2} \leq z \leq z_{\alpha/2}$
	$\mu_1 \pm \mu_2 \leq \mu_0$	$\mu_1 \pm \mu_2 > \mu_0$			$z \leq z_\alpha$（右尾）
	$\mu_1 \pm \mu_2 \geq \mu_0$	$\mu_1 \pm \mu_2 < \mu_0$			$z \geq -z_\alpha$（左尾）
σ_1, σ_2 未知 $(n_1, n_2 \geq 30)$	$\mu_1 \pm \mu_2 = \mu_0$	$\mu_1 \pm \mu_2 \neq \mu_0$	$z = \dfrac{(\bar{x}_1 \pm \bar{x}_2) - \mu_0}{\sqrt{\dfrac{S_1^2}{n_1} + \dfrac{S_2^2}{n_2}}}$	—	$-z_{\alpha/2} \leq z \leq z_{\alpha/2}$
	$\mu_1 \pm \mu_2 \leq \mu_0$	$\mu_1 \pm \mu_2 > \mu_0$			$z \leq z_\alpha$（右尾）
	$\mu_1 \pm \mu_2 \geq \mu_0$	$\mu_1 \pm \mu_2 < \mu_0$			$z \geq -z_\alpha$（左尾）
σ_1, σ_2 未知且 $\sigma_1 = \sigma_2$ $(n_1, n_2 \leq 30)$	$\mu_1 \pm \mu_2 = \mu_0$	$\mu_1 \pm \mu_2 \neq \mu_0$	$t = \dfrac{(\bar{x}_1 \pm \bar{x}_2) - \mu_0}{S_p \sqrt{\dfrac{1}{n_1} + \dfrac{1}{n_2}}}$	$n_1 + n_2 - 2$	$-t_{\alpha/2} \leq t \leq t_{\alpha/2}$
	$\mu_1 \pm \mu_2 \leq \mu_0$	$\mu_1 \pm \mu_2 > \mu_0$			$t \leq t_\alpha$（右尾）
	$\mu_1 \pm \mu_2 \geq \mu_0$	$\mu_1 \pm \mu_2 < \mu_0$			$t \geq -t_\alpha$（左尾）
σ_1, σ_2 未知且 $\sigma_1 \neq \sigma_2$ $(n_1, n_2 \leq 30)$	$\mu_1 \pm \mu_2 = \mu_0$	$\mu_1 \pm \mu_2 \neq \mu_0$	$t = \dfrac{(\bar{x}_1 \pm \bar{x}_2) - \mu_0}{S_C}$	$S_c^4 \left/ \left(\dfrac{(S_1^2/n_1)^2}{n_1 - 1} + \dfrac{(S_2^2/n_2)^2}{n_2 - 1} \right) \right.$	$-t_{\alpha/2} \leq t \leq t_{\alpha/2}$
	$\mu_1 \pm \mu_2 \leq \mu_0$	$\mu_1 \pm \mu_2 > \mu_0$			$t \leq t_\alpha$（右尾）
	$\mu_1 \pm \mu_2 \geq \mu_0$	$\mu_1 \pm \mu_2 < \mu_0$			$t \geq -t_\alpha$（左尾）

表中：z_α、t_α 為臨界值，$S_p^2 = \dfrac{(n_1-1)S_1^2 + (n_2-1)S_2^2}{n_1 + n_2 - 2}$，$S_c^2 = \dfrac{S_1^2}{n_1} + \dfrac{S_2^2}{n_2}$，自由度取整數值。

因為我們得到的常態機率函數，都是不知道變異數，所以下面不舉 σ_1、σ_2 已知的例子。又因兩母體平均數的和與差檢定，計算都很繁瑣，現在都用電腦的統計套裝程式計算，本書都用 EXCEL 計算。而 EXCEL 檢定母體平均值的差異都是以 σ_1、σ_2 未知，用 t 檢定，下面舉例說明。

例 8.4 (大樣本)：表 8.3 是曾文水庫和翡翠水庫的水質葉綠素 -a 最近三年的濃度，在顯著水準 5% 下問：(1) 兩個水庫的葉綠素 -a 的平均濃度是否相等？(2) 翡翠水庫的水質是否優於曾文水庫？

↻ 表 8.3： 翡翠水庫與曾文水庫最近三年葉綠素 -α 濃度測值

翡翠水庫			曾文水庫		
1.2	2.6	3	0.4	1.4	2.3
2.2	4.1	2.7	3.1	2	5
4.8	3.1	4.9	6.3	6.3	8.9
2.6	3.5	4.2	3.1	4.8	9
1.8	2.6	2	4.3	3.1	5.8
1.1	2.2	2.6	5.6	3	8.7
1.2	2.1	3.9	4.6	4.3	3.2
1.1	1.4	3.4	1.5	4.6	4.6
1.2	1.4	0.3	3.1	6.9	3.6
1.2	1.3	0.8	2.3	4.7	3.4
2.5	1.1	1.5	4.7	1.9	2.7
4.9	1.4	—	1.8	1.4	1

解

(1) 兩水庫平均葉綠素 -a 濃度是否相等？

因為假設檢定是假設兩母體成常態分配或近似常態分配，要先證明兩水庫葉綠素 -a 濃度是否成常態分配。用 EXCEL 演算結果如圖 8.7。因兩直線 R^2 都超過 0.9，可接受成常態分配，但因直線之斜率相差很大，所以認定 $\sigma_1 \neq \sigma_2$。

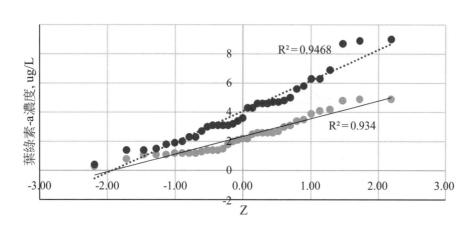

↻ 圖 8.7：兩水庫水質常態分配標準化

設翡翠水庫葉綠素 -a 之平均濃度為 μ_1，曾為水庫為 μ_2，依據題意：

● H_0：$\mu_1 - \mu_2 = 0$

H_1：$\mu_1 - \mu_2 \neq 0$

● 雙尾檢定，用 EXCEL"資料分析"中之 t 檢定：兩個母體平均數差的檢定，兩變異數不相等，分別將翡翠水庫和曾文水庫葉綠素 $-a$ 資料，輸入變數 1 和變數 2，均差為 0，α 輸入 0.05，按確定，得到表 8.4 之結果：

(i) 兩個變異數相差很大，所以用變異數不相等檢定是合理的；

(ii) 表 8.4 之 t 統計 $=t$ 檢定值，由表 8.2 的 σ_1，σ_2 未知且不相等之檢定值公式

$$t=\frac{(\bar{x}_1-\bar{x}_2)-\mu_0}{S_c}=\frac{2.340-3.983-0}{\sqrt{\dfrac{1.569}{35}+\dfrac{4.789}{36}}}=\frac{-1.643}{0.4218}=-3.8952\approx-3.8967(\text{計算誤差})$$

(iii) 因為是雙尾檢定所以臨界值 $t_{0.025}$，其自由度由表 8.2 之公式：

$$df=\frac{S_c^4}{\left[\dfrac{(S_1^2/n_1)^2}{n_1-1}+\dfrac{(S_2^2/n_2)^2}{n_2-1}\right]}=\frac{0.4218^4}{\sqrt{\dfrac{0.0448^2}{34}+\dfrac{0.1330^2}{35}}}=\frac{0.03165}{0.000564}=56.1 ,$$

取整數 56，$t_{0.025}=2.0032$(由表 8.4 知)。

(iv) t 檢定值 $=-3.897$ 落在 -2.003 和 2.003 之外，否定 H_0 接受 H_1，參看下圖；也可以用表 8.4 的雙尾的累積機率 $P(T<=t)=0.0003$ 判斷要接受 H_1，因為 t 從 $-\infty$ 到檢定值 -3.897 的累積機率 $P=0.0003<0.025$，所以要接收 H_1。

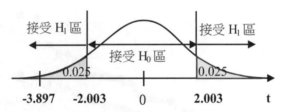

(v) 結論：即兩水庫葉綠素 $-a$ 的平均濃度不相等。

(2) 翡翠水庫的平均濃度是否低於曾文水庫(即翡翠水庫水質優於曾文水庫)？

● H_0：$\mu_1-\mu_2=0$

　H_1：$\mu_1-\mu_2<0$

● 左尾檢定，$\alpha=0.05$，由表 8.4 知臨界值要取負值 $-t_{0.05}=-1.6725$。

● 檢定值 $=-3.8967$，小於臨界值 $-t_{0.05}$，否定 H_0 接受 H_1。

● 結論：翡翠水庫葉綠素 $-a$ 平均濃度低(優)於曾文水庫。

表 8.4：兩水庫平均葉綠素是否相等檢定輸出結果

	翡翠水庫 (x_1)	曾文水庫 (x_2)
平均數	2.340	3.983
變異數	1.569	4.789
觀察值個數	35	36
假設的均數差	0	
自由度	56	
t 統計	−3.897	
$P(T<=t)$ 單尾	0.0001	
臨界值：單尾	1.6725	
$P(T<=t)$ 雙尾	0.0003	
臨界值：雙尾	2.0032	

 例 8.5 (小樣本成對)：水體溶氧 (DO) 測定有 Azide modification 與 DO Meter 兩種方法，今從河川取出一個水樣分成兩瓶，共取 9 次，同時用兩種方法測定水中 DO，結果如表 8.5。問兩種方法測出 DO 之平均數是否相等？但 $\alpha=5\%$。

表 8.5：溶氧兩種測定方法結果

i	1	2	3	4	5	6	7	8	9	平均值	標準差
Azide 法	5.8	6.5	6.0	5.1	3.8	2.1	4.6	1.2	4.8	4.36	1.78
DO meter	5.6	6.7	6.0	4.9	4.0	1.8	4.6	1.3	5.0	4.5	1.82

解 因為是成對小樣本檢測，相當於 9 對差值 t 檢定，檢定差值是否等於 0，因此 $n=9$，$df=n-1=8$。用 EXCEL 成對檢定檢定 μ 是否相等

● H_0：$\mu_1-\mu_2=0$

H_1：$\mu_1-\mu_2 \neq 0$

● 雙尾檢定，用 EXCEL 「資料分析」中之 t 檢定：成對母體平均數差異檢定。輸入資料結果得到表 8.6。

● 表 8.6 之 t 統計即 t 檢定值 $=1.911 \times 10^{-15}$，是由表 8.6 臨界值 (雙尾) $=t_{0.025}$ $=2.3060($ 自由度 $=8)$，$-2.3060 < t < 2.3060$。

● 結論：接受 H_0，兩種檢測方法沒有顯著差異。

↓ 表 8.6：兩樣本成對小樣本平均數檢定

	Meter	滴定法
平均數	4.433	4.433
變異數	3.3075	3.1875
觀察值個數	9	9
皮爾森相關係數	0.994	
假設的均數差	0	
自由度	8	
t 統計	1.911E-15	
$P(T<=t)$ 單尾	0.5	
臨界值：單尾	1.8595	
$P(T<=t)$ 雙尾	1	
臨界值：雙尾	2.3060	

例 8.6　(小樣本不成對)：用混凝劑硫酸鋁和氯化鐵處理紙漿廢水，研究廢水中之 COD 的去除率，實驗結果如表 8.7，問那一種混凝劑驅除效果比較好？

↓ 表 8.7：混凝劑對 COD 去除效果

i	1	2	3	4	5	6	7	8	9	10	11	12	13	14	15	平均數
硫酸鋁	88	91	95	86	81	87	92	78	95	89	83	79	84	80	—	86.3
氯化鐵	92	79	89	94	92	88	86	85	54	78	91	87	78	80	85	83.9

解　設硫酸鋁母體的平均數為 μ_1 氯化鐵為 μ_2。

H_0：$\mu_1 - \mu_2 = 0$

H_1：$\mu_1 - \mu_2 \neq 0$

- 雙尾檢定，用 EXCEL 資料分析中之 t 檢定：兩個母體平均數差的檢定，假設變異數不相等。檢定結果如表 8.8。

- 結論：檢定值 $t=0.8186$，臨界值 (雙尾，df=23) $t_{0.025}=2.0687$，t 介於 -2.0687 和 2.0687 之間，所以接受 H_0，即兩種混凝劑對廢水 COD 的去除率沒有顯著差別。

◑ 表 8.8：兩個母體平均數差的 t 檢定，假設變異數不相等

	硫酸鋁	氯化鐵
平均數	86.3	83.9
變異數	32.5	96.1
觀察值個數	14	15
假設的均數差	0	
自由度	23	
t 統計	0.8186	
$P(T<=t)$ 單尾	0.2107	
臨界值：單尾	1.7139	
$P(T<=t)$ 雙尾	0.4214	
臨界值：雙尾	2.0687	

註 本題從實驗方法看起來是成對的平均數檢定，但因最後一次實驗，第一組少了一次實驗，所以沒有用成對檢定方法檢定。自由度 $df=n_1+n_2-2=23$。如果最後一次實驗硫酸鋁有結果的話，就用成對檢定，自由度 $=15-1=14$。

8-3 變異數假設檢定

變異數的檢定與區間估計原理相同，將檢定所需要之公式列在表 8.9。表中分成一個母體變異數檢定 (用 χ^2 檢定)，和兩母體變異數比的檢定 (用 F 檢定)。每個檢定又分成雙尾和單尾檢定。下列舉例說明。

表 8.9：一個母體和兩個母體變異數之檢定

參數	H_0	H_1	檢定值	自由度	接受 H_0 區域
σ^2	$\sigma^2=\sigma_0^2$	$\sigma^2\neq\sigma_0^2$	$\chi^2=\dfrac{(n-1)S^2}{\sigma_0^2}$	$n-1$	$\chi_{1-\alpha/2}^2\leq\chi^2\leq\chi_{\alpha/2}^2$
	$\sigma^2\leq\sigma_0^2$	$\sigma^2>\sigma_0^2$			$\chi^2\leq\chi_\alpha^2$（右尾）
	$\sigma^2\geq\sigma_0^2$	$\sigma^2<\sigma_0^2$			$\chi^2\geq\chi_{1-\alpha}^2$（左尾）
$\dfrac{\sigma_1^2}{\sigma_2^2}$	$\sigma_1^2=\sigma_2^2$	$\sigma_1^2\neq\sigma_2^2$	$F=\dfrac{S_1^2}{S_2^2}$	分子：$v_1=n_1-1$ 分母：$v_2=n_2-1$	$F_{1-\alpha/2}\leq F\leq F_{\alpha/2}$
	$\sigma_1^2\leq\sigma_2^2$	$\sigma_1^2>\sigma_2^2$			$F\leq F_\alpha$（右尾）
	$\sigma_1^2\geq\sigma_2^2$	$\sigma_1^2<\sigma_2^2$			$F\geq F_{1-\alpha}^{'}$（左尾）

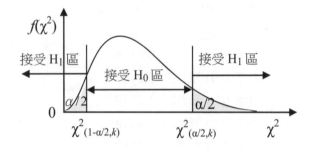

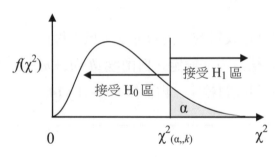

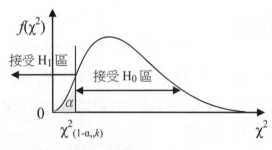

圖 8.8：X^2 檢定，雙尾（上）右尾（中）左尾（下）

例 8.7 檢定 (1) 表 8.3 翡翠水庫和曾文水庫葉綠素 -a 的變異數是否相等，(2) 翡翠水庫葉綠素 -a 濃度的變異數是否小於曾文水庫？但 $\alpha = 5\%$。

解

(1) 表 8.3 翡翠水庫和曾文水庫葉綠素 -a 的變異數

設翡翠水庫葉綠素 -a 的變異數為 σ_1^2，曾文水庫為 σ_2^2。

- $H_0：\sigma_1^2/\sigma_2^2 = 1$，或 $\sigma_1^2 = \sigma_2^2$

  $H_1：\sigma_1^2/\sigma_2^2 \neq 1$，或 $\sigma_1^2 \neq \sigma_2^2$

- 雙尾檢定，用 EXCEL" 公式 "" 統計 ""F.INV"，求得臨界值：左尾 $F_{(0.025, 34, 35)} = 0.5065$，右尾 $F_{0.975(34, 35)} = 1.6407$。

- 檢定值：由表 8.9 知 $F = \dfrac{S_1^2}{S_2^2} = \dfrac{32.53}{96.12} = 0.3276 < F_{(0.025, 34, 35)}$。

- 結論：檢定值 F 落在否定 H_0 接受 H_1 區域，所以兩個變異數不相等。

(2) 翡翠水庫葉綠素 -a 濃度的變異數是否小於曾文水庫？

- $H_0：\sigma_1^2/\sigma_2^2 = 1$，或 $\sigma_1^2 = \sigma_2^2$

  $H_1：\dfrac{\sigma_1^2}{\sigma_2^2} < 1$ 或 $\sigma_1^2 < \sigma_2^2$

- 左尾檢定，用 EXCEL 之統計公式內的 F 檢定 - 兩個常態母體變異數的檢定，得表 8.10。

- 結論：檢定值 $F = 0.3276 <$ 臨界值 $= 0.5659$，否定 H_0 接受 H_1，翡翠水庫葉綠素 -a 濃度的變異數小於曾文水庫。

表 8.10：F 檢定－兩個常態母體變異數的檢定

	翡翠水庫	曾文水庫
平均數	2.34	3.98
變異數	1.5689	4.7889
觀察值個數	35	36
自由度	34	35
F 統計量	0.3276	
$P(F<=f)$ 單尾	0.00078	
臨界值：單尾	0.5659	

▶▶▶

例 8.8　在例 8.6 的表 8.7 中，問兩種混凝劑對 COD 去除率的變異數是否相同？但 $\alpha = 5\%$。

解 設硫酸鋁混凝結果的變異數為 σ_1^2，氯化鐵結果的變異數為 σ_2^2。由表 8.8 知 $S_1^2 = 32.5$，$S_2^2 = 96.1$。

● H_0：$\sigma_1^2 / \sigma_2^2 = 1$，或 $\sigma_1^2 = \sigma_2^2$

　H_1：$\sigma_1^2 / \sigma_2^2 \neq 1$，或 $\sigma_1^2 \neq \sigma_2^2$

● 雙尾檢定，用 EXCEL" 公式 " " 統計 " "F.INV"，求得臨界值：左尾 $F_{0.025(13, 14)} = 0.3245$，右尾 $F_{0.975(13, 14)} = 3.0119$。

● 由表 8.9 之檢定值公式 $F = \dfrac{S_1^2}{S_2^2} = 32.5/96.1 = 0.3384$

● 結論：因為 $F_{0.025(13, 14)} = 0.3245 < F = 0.3384 > 3.0119$，接受 H_0。

◀◀◀

8-4　比例假設檢定

　　比例的檢定分成一個母體和兩個母體。設一個母體成功的比例 p，如果做了 n 次的柏努利實驗有 x 次成功，得到的機率函數是二項分配。p 的最佳估計值是 $\hat{p} = \dfrac{x}{n}$。當 n 很大時，根據中央極限定理，二項分配變成常態分配，所以 p 檢定用標準常態分配即可，但當 p 或 q 很小，np 或 nq 有一小於 5 時，中央極限定理不能用，p 的檢定比較麻煩需用二項分配，方法歸納在表 8.11。此外，兩個母體的比例檢定的公式列在表 8.12。建議讀者做比例檢定前先複習第五章的其他機率分配。

1. 一個母體之比例檢定

● 大樣本 ($n > 30$、$np_0 > 5$ 或 $nq_0 > 5$)

　　由 (7.10) 式知，當 n 很大時二項分配會接近常態分配，標準化後比例 p 的區間估計是用 z 表示，所以假設檢定也是根據這個特性賴的，因此檢定統計量為 $z = \dfrac{\hat{p} - p_o}{\sqrt{\dfrac{p_0 q_0}{n}}}$，

臨界值用 $z_{\frac{\alpha}{2}}$ (雙尾) 或 z_α (單尾)。將假設檢定步驟列表如表 8.11。單、雙尾接受 H_0 區，請參看圖 8.6。

● 小樣本 ($n \le 30$、$np_0 \le 5$、$nq_0 \le 5$)

　　檢定法是用二項分配的機率當做檢定統計量，用 α 或 $\alpha/2$ 為臨界值，檢定方法亦列在表 8.11。接受 H_0 區之單雙尾檢定，請看圖 8.9。

○ 表 8.11：一個母體比例檢定之公式

參數 , p		H_0	H_1	檢定值	接受 H_0 區域
大樣本 $n > 30$	—	$p = p_0$	$p \ne p_0$	$z = \dfrac{\hat{p} - p_o}{\sqrt{\dfrac{p_0 q_0}{n}}}$	$-z_{\alpha/2} \le z \le z_{\alpha/2}$
	$x/n \le p_0$	$p \ge p_0$	$p < p_0$		$z \ge z_{-\alpha}$ (左尾)
	$x/n > p_0$	$p \le p_0$	$p > p_0$		$z \le z_\alpha$ (右尾)
小樣本 二項分配法	—	$p = p_0$	$p \ne p_0$	$P = \displaystyle\sum_{k=0}^{x} C_k^x \, p_0^k \, q_0^{n-k}$	$\alpha/2 \le P \le 1 - \alpha/2$
	$x/n \le p_0$	$p \ge p_0$	$p < p_0$		$P \ge \alpha$ (左尾)
	$x/n > p_0$	$p \le p_0$	$p > p_0$		$P < \alpha$ (右尾)

註 抽出 n 個樣本有 x 次成功，成功的機率 $= \hat{p} = \dfrac{x}{n}$。小樣本 $n \le 30$，$np_0 \le 5$，$nq_0 \le 5$。

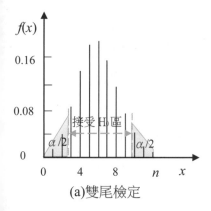

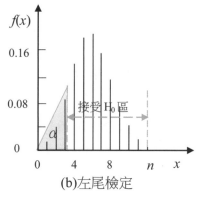

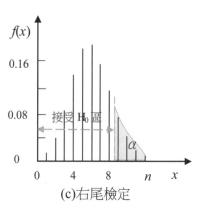

(a)雙尾檢定　　　　(b)左尾檢定　　　　(c)右尾檢定

○ 圖 8.9：小樣本二項分配接受 H_0 範圍

▶▶▶━━━━━━━━━━━━━━━━━━━━━━━━━━━━━━━━━●

例 8.9 有一水庫水質之總磷 (TP)，去年採樣 40 次，有 10 次超過優養的門檻 20 ppb，可否說該水庫水質優養的比例小於 0.2 ？但 $\alpha = 0.05$。

$n>30$，$np=40\times0.2=8>5$，$nq=40\times0.8=32>5$，所以可用大樣本檢定。

$\hat{p}=\dfrac{10}{40}=0.25>p_0=0.2$，用右尾檢定。

$H_0：p=0.2$，$H_1：p>0.2$。

臨界值：$z_{0.05}=1.65$

檢定統計量：$z=\dfrac{\hat{p}-p_o}{\sqrt{p_o q_o/n}}=\dfrac{0.25-0.2}{\sqrt{0.2\times0.8/40}}=0.79<z_{0.05}$。

結論：接受 H_0 之假設。

例 8.10　一個母體比例檢定－小樣本

某一工廠根據以前抽驗的紀錄，其放流水的 COD 濃度超過放流水標準的比例是 0.02。最近環保局隨機採樣 15 次，共有一次超過標準，請問該工廠放流水 COD 濃度超標的比例是否小於 0.02？但顯著水準設為 0.05。

解

採一次樣只有超標和沒超標兩種結果，所以是柏努力試驗，隨機抽了 15 次，等於做 15 次之柏努利實驗，所得的機率分配是二項分配，檢定超標比例是否小於 0.02。

- $H_0：p\leq0.02=p_0$，$H_1：p\geq0.02$，因為 $x/n=0.064>p_0=0.02$，用右尾檢定。
- 由公式，$n=15$，$x=1$。因為 $np_0=15\times0.02=3<5$，所以用小樣本檢定。
- 檢定統計量

$$P=F(X\leq1)=\sum_{k=0}^{n}C_k^n\,p^k q^{n-k}=C_0^{15}\,0.02^0 0.98^{15}+C_1^{15}\,0.02^1 0.98^{14}$$
$$=0.739+0.226=0.965$$

- 臨界值：右尾檢定所以臨界值 $=0.95$
- 結論：因為是右尾檢定，$P>0.95$ 否定 H_0，放流水超標之比例超過 0.02。

2. 兩個母體之比例檢定

兩母體比例 p_1、p_2 的檢定公式較複雜，尤其小樣本，本書只列大樣本檢定公式如表 8.12。n_1、n_2 分別是從第一、第二個母體抽出之樣本數，x_1、x_2 分別是第一個、第二個樣本成功的次數，並設 $\hat{p}_1=\dfrac{x_1}{n_1}$、$\hat{p}_2=\dfrac{x_2}{n_2}$，由 7.4.2 節之原理知，$p_1-p_2$ 之檢定如表 8.12 所列，表中 $\hat{p}$ 稱為綜合比例 (pooled proportion)。

↻ 表 8.12：兩個母體大樣本比例檢定

參數，p	H_0	H_1	檢定值	接受 H_0 區域
$\hat{p}_1$、$\hat{p}_2$ 已知 大樣本	$p_1-p_2=p_{10}-p_{20}$	$p_1-p_2 \neq p_{10}-p_{20}$	$z=\dfrac{(\hat{p}_1-\hat{p}_2)-(p_{10}-p_{20})}{\sqrt{\hat{p}\hat{q}\left(\dfrac{1}{n_1}+\dfrac{1}{n_2}\right)}}$	$-z_{\alpha/2} \leq z \leq z_{\alpha/2}$
	$p_1-p_2=p_{10}-p_{20}$	$p_1-p_2 > p_{10}-p_{20}$	$\hat{p}=\dfrac{x_1+x_2}{n_1+n_2}$	$z \leq z_{\alpha}$（右尾）
	$p_1-p_2=p_{10}-p_{20}$	$p_1-p_2 < p_{10}-p_{20}$		$z \geq -z_{\alpha}$（左尾）

例 8.11 兩母體大樣本

調查台南市長候選人的支持率，隨機調查 900 人，其中支持候選人 A 者有 360 人，支持候選人 B 者有 270 人，問候選人 A 的支持率與 B 的支持率是否相等？但 $\alpha=5\%$。

解 已知 $\hat{p}_a=\dfrac{360}{900}=0.4$，$\hat{p}_b=\dfrac{270}{900}=0.3$，綜合比例 $\hat{p}=\dfrac{x_a+x_b}{n_a+n_b}=\dfrac{360+270}{900+900}=0.35$。

● $H_0:p_a-p_b=p_{a0}-p_{b0}=0$ 或寫成 $p_a=p_b$

$H_1:p_a-p_b \neq 0$

● 大樣本之雙尾檢定，臨界值 $z_{0.025}=1.96$。

計算檢定值：$z=\dfrac{(\hat{p}_a-\hat{p}_b)-(p_{a0}-p_{b0})}{\sqrt{\hat{p}\hat{q}\left(\dfrac{1}{n_a}+\dfrac{1}{n_b}\right)}}=\dfrac{0.4-0.3}{\sqrt{0.35\times0.65\left(\dfrac{1}{900}+\dfrac{1}{900}\right)}}=0.966<1.65$，落在

接受 H_0 範圍。

● 結論：沒有證據說兩人支持率不相等。

8-5 無母數檢定 (non-parameter test) 概說

Parameter 統計學家稱為母數，工程師稱為參數，本節用母數這名稱。本章前面介紹的 Z 檢定、t 檢定、χ^2 檢定及第九章 ANOVA 的 F 檢定，都稱為有母數檢定，適用於常態分配或近似常態分配母體的母數檢定。若母體不是常態分配或不知道是不是常態分配時，改用「無母數檢定」比較適合。無母數檢定方法有下面優缺點：

● 優點：母體分配未知或不是常態分配或是小樣本，均可以進行統計推論；母體不是常態分配時，無母數檢定之檢定力較有母數檢定力高；樣本數不多時，計算過程相當簡單。

● 缺點：母體是常態分配時有母數檢定的效益和檢定力較無母數檢定高；無母數檢定不易找到檢定機率表，例如常態機率分配表到處可查得到等。

應用在無母數檢定的方法總共有十幾種，較常用的有卡方檢定、符號檢定、魏克生符號等級檢定 (Wilcoxon signed rank test)、魏克生等級和檢定 (Wilcoxon rank sum test)、K-S 檢定 (Kolomogorove-Smirnov test)、連檢定等。本書不一一介紹，只按照本書前面提過一些假設，如變數的隨機性、獨立性、各種機率函數之密合度以及中位數等之假設的檢定等。

* 8-6 機率分配密合度檢定 (goodness fit test)

環境工程師常用將觀測數據假設成某種分配，然後應用該分配之機率，預測某一再現期發生的變量。例如第五章 5.3.2，水文專家將河川流量站觀測到的數據 (流量)，假設成某種機率分配，應用機率分配之原理，推測再現期 100 年發生一次之洪水量，然後做防洪工程。如果數據真的成該種分配，預測結果會較準確，如果不成，預測結果會產生很大的偏差。所以觀測之數據是否成某一機率分配，要經過檢定才可以使用。檢定數據成某一機率函數的方法稱為密合度檢定，有卡方 (x^2) 檢定法和 K-S 檢定法。前法適合數據分組或數據較多可以分組，後法適合於數據不分組或較少的情況。

* 8.6.1 卡方密合度檢定 (χ^2-test for goodness fit test)

卡方檢定可用在有母數和無母數的檢定，第七章的 σ^2 檢定是有母數的卡方檢定；

無母數檢定可用在密合度檢定、獨立性檢定和齊一性檢定 (homogeneity test)。本節先介紹密合度檢定，8.7 節再介紹獨立性檢定。密合度檢定是假設發生各事件互為獨立，各事件發生的期望次數不得少於 5 次。其定理如下：

定理：設某一實驗，發生 A_1、$A_2\cdots$、A_k k 個獨立事件，每個事件發生的次數依序分別為 n_1、$n_2\cdots$、n_k，期望值分別為 E_1、$E_2\cdots$、E_k，則統計量

$$\chi^2 = \sum_{i=1}^{k} \frac{(n_i - E_i)^2}{E_i} \tag{8.2}$$

會成自由度 $df = (k-1) - m$ 之 χ^2 分配，m 是求期望值 E_i 時用掉之條件，

n 為總次數，$n = n_1 + n_2 + \cdots + n_k$，各組發生次數要 $n_i \geq 5$。

上面定理直接應用本處沒有證明。

χ^2 密合度檢定的步驟：

● H_0：隨機變數 x 成某一機率分配

　　H_1：x 不成某一機率分配

● (8.2) 式 χ^2 為檢定統計量，恆為正值。因為 χ^2 值越小表示觀測值與期望值越密合，所以只有右尾檢定。

● 臨界值為 χ^2_α。

● 結論：$\chi^2 \leq \chi^2_\alpha$ 接受 H_0，即觀測數據成該機率分配。

▶▶▶ ───●

 例 8.12　工廠放流水之 COD 濃度經 42 次之調查結果列在表 2.1，問該廠放流水之 COD 濃度是否成常態分配？但 $\alpha = 0.05$。

解

● 該廠放流水 COD 42 次調查值用 Sturge 分組法如表 8.13a，共七組 (事件)，$k = 7$，各組發生的次數 n_i 列於表 8.13a 第 4 欄。樣本平均數 $\bar{x} = 34.12$，標準差 $S = 6.94$。

● 假設 COD 成常態分配，該分配有 μ 和 σ 兩個未知參數，若要求機率或期望值，需先求出這兩個參數的最佳估計值 $\hat{\mu} = \bar{x} = \frac{1}{n} \sum_{i=1}^{n} x_i$ 和標準差 $\hat{\sigma} = S = [\frac{1}{n} \sum_{i=1}^{n} (x_i - \bar{x})^2]^{0.5}$。

將表 2.1 數據代入這兩個方程式得 $\bar{x}=34.12\approx\mu$，$\hat{\sigma}=6.94\approx\sigma$。因用了兩個條件 (方程式)，所以 $m=2$。

- 求各組發生的理論機率 (表 8.13a 第 5 欄)：以常態分配

$$P(k)=\frac{1}{\sigma\sqrt{2\pi}}\int_{x_d}^{x_u}e^{-\frac{(x-\mu)^2}{2\sigma^2}}\,dx=F(x_u)-F(x_d)，x_d=組的下限值，x_u=組的上限值。F(x) 為$$

常態分配累積函數。以第一組機率：$P(1)=F(27)-F(-\infty)=0.05$，因為常態分配之隨機變數定義範圍是 $-\infty$ 到 ∞，所以第一組的下限應擴大到 $-\infty$，最後一組之上限擴大至 ∞。

- 求各組之期望值 E_i：$E_i=n\times P(i)$。第一組：$E_1=42\times0.05=2.0$，如表 8.13a 第 (6) 欄。

- 用 χ^2 檢定密合度各組次數最好 ≥5，所以檢核各組期望次數 ≥5：表 8.13a 的 (6) 欄之第 1、2、7 組少於 5 次，不合要求，1、2 組和 6、7 組合各併成一組，重新計算上面步驟，結果如表 8.13b。

- 求各組發生的理論機率：計算結果列於表 8.13b 第 (5) 欄。

- 求各組之期望值 E_i，列於表 8.13b 第 (6) 欄。

- 求檢定統計量 χ^2：表 8.13b 第 (7) 欄之總和即為檢定值 $=\chi^2=\sum_{i=1}^{k}\frac{(n_i-E_i)^2}{e_i}=1.310$。

- 臨界值：自由度 $df=(k-1)-m$，求期望值 E_i 時，用常態分配計算，估計 μ 和 σ 兩個條件，$m=2$，右尾，所以 χ^2 的 $df=5-1-2=2$。$\chi^2_{(0.05,\,2)}=5.991$(用 EXCEL 之 " 公式 " "CHISQ.INV.RT 計算)。

- 結論：檢定值 1.310 小於臨界值 5.991，接受 H_0，即觀測值 COD 成常態分配。

⤵ 表 8.13a：例 8.10 第一次計算

(1) 組別 ,k	(2) x_d	(3) x_u	(4) 次數 ,n_i	(5) 各組發生機率 $P(k)$	(6) 期望值 E_i	(7) $\frac{(n_i-E_i)^2}{E_i}$
1	18	22.5	3	0.05	2.0	0.532
2	22.5	27	4	0.11	4.4	0.041
3	27	31.5	6	0.20	8.4	0.695
4	31.5	36	12	0.25	10.6	0.168
5	36	40.5	8	0.21	9.0	0.111
6	40.5	45	7	0.12	5.1	0.743
7	45	49.5	2	0.06	2.5	0.085
合計			42		42	2.374

⬇ 表 8.13b：例 8.10 第二次計算

(1) 組別 ,k	(2) x_d	(3) x_u	(4) 次數 ,n_i	(5) 各組發生機率 $P(k)$	(6) 期望值 E_i	(7) $\dfrac{(n_i - E_i)^2}{E_i}$
1	18	27	7	0.15	6.3	0.078
2	27	31.5	6	0.20	8.4	0.695
3	31.5	36	12	0.25	10.7	0.168
4	36	40.5	8	0.21	9.0	0.111
5	40.5	49.5	9	0.19	7.6	0.258
合計			42	1	42	1.310

8.6.2 Kolmogorov-Smirnov 密合度檢定

簡稱 K-S 檢定，用在數據不多不好分組，也可以檢定兩獨立樣本的累積觀察次數的分配是否密合，本書只介紹一個樣本密合度檢定。檢定原理如下：

檢定原理：從一母體隨機抽出 n 個樣本，依大小次序排列，最小和最大數據分別標示為 x_1 和 x_n，樣本累積機率

$$S_{n(x)} = \frac{k}{n} \ , \ x_1 \leq x \leq x_n \tag{8.3}$$

$S_{n(x)}$ 是觀測值排序後的累績機率，設 $D = |S_{n(x)} - F_{(x)}|$，$F_{(x)} =$ 選定之累積機率分配 (如圖 8.10 曲線圖)。如果 D 值很小，表示觀測值與選定機率分配值很接近 (很密合)，總共有 n 個 D 值，如果挑選最大的，令

$$D_n = Max \, |S_{n(x)} - F_{(x)}| \tag{8.4}$$

D_n 為檢定統計量，當 D_n 小於臨界值 $D_{\alpha/2}$ (如附表 4)，表示觀測值的分布與選定的機率函數密合。

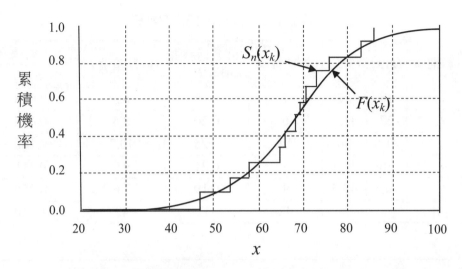

🎧 圖 8.10：樣本觀測機率 $(Sn(x))$ 與理論分配函數 $(F(x))$ 圖

K-S 密合度檢定檢定的步驟如下：

> K-S 密合度檢定之步驟：
> ● H_0：隨機變數 x 成某一機率分配
>
> H_1：x 不成某一機率分配
> ● 依據虛無假設和對立假設是雙尾檢定，但 D_n 恆為正值，D_n 值越小表示觀測值與機率函數值越密合，所以要取右尾 $D_{\alpha/2}$ 做為臨界值。
> ● 統計檢定量 (8.4) 式。
> ● 結論：$D_n \leq D_{\alpha/2}$ 接受 H_0，即觀測數據成該機率分配。

　　本節介紹的兩種密合度檢定方法，K-S 檢定的檢定力比卡方檢定力強，而且樣本數少時也可以檢定，而卡方檢驗常需要 50 個以上的樣本。

 例8.13　在例 4.15 阿里山雨量站 1973 ～ 2008 每年之最大日降雨量紀錄如表 4.6，問該雨量站之最大日降雨量是否成 (1) 常態分配？ (2) 成對數常態分配？$\alpha = 0.05$。

解

(1) 是否成常態分配檢定

- H_0：降雨量 x 成常態機率分配

  H_1：x 不成常態機率分配

- 將表 4.6 的降雨量按照次序從小排到大，並列於表 8.14 第二列。

- 計算 $S_{n(x)}$，表 8.14 第 3 列：(8.3) 式 $S_{n(x_k)} = \dfrac{k}{n} = \dfrac{k}{36}$，$k=1,2\cdots,36$。

- 計算 $F_{(x)}$（第 4 列）：常態分配有 μ 和 σ 兩個參數，最佳估計值分別為 $\hat{u}=\bar{x}$ 和 $\hat{\sigma}=s$，用敘述統計求得 $\bar{x}=459.75$、$s=206.27$。再用 EXCEL 公式求常態分配之累積機率得 $F(x_k)$。

- 求 D 值（第 5 列）：第 3 列減第 4 列得 $D=S_n(x_{k-1})-F(x_k)$，表示觀測值與常態分配理論值之差，有正或負，取最大絕對值 $D_n=0.082$。

- 同理求另一個 D_n 值（第 6 列）：因為樣本觀測值是不連續，分配函數 F_n 為階梯函數（如上圖 8.10），同一個 x_k 值對應的累積機率有 $S_n(x_{k-1})$ 和 $S_n(x_k)$ 兩個，所以求另一組 $D=S_n(x_{k-1})-F(x_k)$，得第 6 列，取絕對值最大的 $D_n=0.067$。

- 臨界值：查附錄表 4，用內插法求得 $n=36$，$D_{0.025}=0.228$。

- 結論：檢定值 $D_n < D_{0.025}$（D_n 有兩個值，取比較大的 0.082），接受 H_0：x 成常態機率分配。

↻ 表 8.14：常態分配 K-S 密合度檢定演算表

k	1	2	3	4	5	6	7	8	9	10	11	12
雨量, x_k	129	189.5	207.5	221	224	224.9	229	273.7	287.5	323.2	336.6	343.5
$S_n(x_k)$	0.028	0.056	0.083	0.111	0.139	0.167	0.194	0.222	0.250	0.278	0.306	0.333
$F(x_k)$	0.054	0.095	0.111	0.124	0.127	0.127	0.132	0.184	0.202	0.254	0.275	0.287
$S_n(x_k)-F(x_k)$	−0.027	−0.040	−0.027	−0.012	0.012	0.039	0.063	0.039	0.048	0.024	0.030	0.047
$S_n(x_{k-1})-F(x_k)$	−0.027	**−0.067**	−0.055	−0.040	−0.015	0.011	0.035	0.011	0.020	−0.004	0.003	0.019
k	13	14	15	16	17	18	19	20	21	22	23	24
雨量, x_k	357	379.5	382.7	387	433.3	457.3	461.7	470.3	485.1	493.7	518	520
$S_n(x_k)$	0.361	0.389	0.417	0.444	0.472	0.500	0.528	0.556	0.583	0.611	0.639	0.667
$F(x_k)$	0.309	0.349	0.354	0.362	0.449	0.495	0.504	0.520	0.549	0.565	0.611	0.615
$S_n(x_k)-F(x_k)$	0.052	0.040	0.062	**0.082**	0.023	0.005	0.024	0.035	0.034	0.046	0.028	0.052
$S_n(x_{k-1})-F(x_k)$	0.024	0.012	0.035	0.055	−0.005	−0.023	−0.004	0.007	0.007	0.018	0.000	0.024

表 8.14：常態分配 K-S 密合度檢定演算表 (續)

k	25	26	27	28	29	30	31	32	33	34	35	36
雨量 ,x_k	536	547.3	558	590	616	617.1	663	714.5	730	738	811.5	1094.5
$Sn(x_k)$	0.694	0.722	0.750	0.778	0.806	0.833	0.861	0.889	0.917	0.944	0.972	1.000
$F(x_k)$	0.644	0.664	0.683	0.736	0.776	0.777	0.838	0.892	0.905	0.911	0.956	0.999
$Sn(x_k)-F(x_k)$	0.050	0.058	**0.067**	0.042	0.030	0.056	0.023	-0.003	0.012	0.033	0.016	0.001
$Sn(x_{k-1})-F(x_k)$	0.022	0.030	0.039	0.014	0.002	0.028	-0.004	-0.030	-0.016	0.005	-0.011	-0.027

(2) 是否成對數常態分配檢定

將隨機變數取對數後會變成常態分配。所以將表 8.14 歷年最大日降雨量 x，取對數 (設 $y=ln\ x$)，並從最小值排到最大值，如表 8.15 第 (2) 列。演算時只要檢定 y 成常態分配即可，先將資料依大小排序如表 8.15 第 (2) 列。

● H_0：隨機變數 $y=ln\ x$ 成常態機率分配

   H_1：y 不成常態機率分配

● 計算 $S_{n(y)}$，表 8.15 第 3 列：(8.3) 式 $S_{n(y_k)}=\dfrac{k}{n}=\dfrac{k}{36}$，$k=1,2\cdots,36$。

● 計算 $F(y_k)$(第 4 列)：常態分配有 μ 和 σ 兩個參數，最佳估計值分別為 $\hat{u}=\bar{y}$ 和 $\hat{\sigma}=S$，用敘述統計求得 $\bar{y}=6.028$、$S=0.474$。再用 EXCEL 公式求常態分配之累積機率得 $F(y_k)$。

● 求 D 值 (第 5 列)：表 8.15 第 3 列減第 4 列得第 5 列 D，表示觀測值與常態分配理論值之差，有正或負，取絕對值並得最大值 $D_n=0.089$。

● 同理求另一個 D_n 值 (第 6 列)：因為樣本觀測值是不連續，分配函數 F_n 為階梯函數 (如上圖 8.10)，同一個 x_k 值對應的累積機率有 $Sn(x_{k-1})$ 和 $Sn(x_k)$ 兩個，所以求另一組 $D=Sn(y_{k-1})-F(y_k)$，得第 6 列，取絕對值最大的 $D_n=0.109$。

● 臨界值：查附表 4，$n=36$，$D_{0.025}=0.228$。

● 結論：檢定值 D_n 取大值 $0.109 < D_{0.025}$，接受 H_0：y 成常態機率分配，即 x 成對數常態分配。

⬤ 表 8.15：對數常態分配 K-S 密合度檢定演算表

(1)k	1	2	3	4	5	6	7	8	9	10	11	12
(2)$y_k = \ln x_k$	4.860	5.244	5.335	5.398	5.412	5.416	5.434	5.612	5.661	5.778	5.819	5.839
(3)$Sn(y_k)$	0.028	0.056	0.083	0.111	0.139	0.167	0.194	0.222	0.250	0.278	0.306	0.333
(4)$F(y_k)$	0.007	0.049	0.072	0.092	0.097	0.098	0.105	0.190	0.220	0.299	0.330	0.345
(5)$Sn(y_k) - F(y_k)$	0.021	0.006	0.011	0.019	0.042	0.068	**0.089**	0.032	0.030	−0.021	−0.024	−0.012
(6)$Sn(y_{k-1}) - F(y_k)$	−0.007	−0.021	−0.016	−0.009	0.014	0.040	0.061	0.004	0.003	−0.049	−0.052	−0.040
k	13	14	15	16	17	18	19	20	21	22	23	24
$y_k = \ln x_k$	5.878	5.939	5.947	5.958	6.071	6.125	6.135	6.153	6.184	6.202	6.250	6.254
$Sn(y_k)$	0.361	0.389	0.417	0.444	0.472	0.500	0.528	0.556	0.583	0.611	0.639	0.667
$F(y_k)$	0.376	0.426	0.432	0.441	0.536	0.581	0.589	0.604	0.629	0.643	0.680	0.683
$S(y_k) - F(y_k)$	−0.015	−0.037	−0.016	0.003	−0.064	−0.081	−0.061	−0.048	−0.046	−0.032	−0.041	−0.016
$S(y_{k-1}) - F(y_k)$	−0.043	−0.064	−0.043	−0.025	−0.092	**−0.109**	−0.089	−0.076	−0.073	−0.060	−0.069	−0.044
k	25	26	27	28	29	30	31	32	33	34	35	36
$y_k = \ln x_k$	6.284	6.305	6.324	6.380	6.423	6.425	6.497	6.572	6.593	6.604	6.699	6.998
$Sn(y_k)$	0.694	0.722	0.750	0.778	0.806	0.833	0.861	0.889	0.917	0.944	0.972	1.000
$F(y_k)$	0.705	0.720	0.734	0.771	0.798	0.799	0.839	0.874	0.883	0.888	0.921	0.980
$S(y_k) - F(y_k)$	−0.011	0.002	0.016	0.007	0.008	0.035	0.022	0.015	0.033	0.057	0.051	0.020
$S(y_{k-1}) - F(y_k)$	−0.039	−0.026	−0.011	−0.021	−0.020	0.007	−0.005	−0.013	0.006	0.029	0.023	−0.007

註 從水文學上知道最大洪水常成對數常態分配或極大值分配，極大值分配方程式較麻煩，所以首先選對數常態分配做密合度檢定，若不通過再選極大值分配。

8-7 卡方獨立性檢定與關聯性檢定

在第四章談到二維或多維的隨機變數如果互為獨立，導出很多機率函數。假設有 X 與 Y 兩個隨機變數，如果有相關，用相關係數來衡量相關的程度 (參看第十章 10.2 節)；如果 X 和 Y 互為獨立，兩者相關性為 0，但相關性為 0 的兩個變數，並不一定互為獨立，所以相關係數為 0 是互為獨立的是充分條件不是必要條件。因此檢定隨機變數是否互為獨立，不能只檢定相關係數是否為 0。檢定兩個變數的獨立性，小樣本 (通常小於 20) 用費雪精確檢定 (Fisher's exact test)，大樣本用卡方檢定。但小樣本的檢定力較弱，通常環境資料的樣本比較多，所以本處只介紹大樣本的獨立性檢定，也稱列聯表之檢定。

假設有 m 個變數，每個變數有 n 個特性，O_{ij} 代表第 i 變數第 j 個特性的觀測次數。所以有 m 個變數 n 種特性的觀測次數列成表稱為列聯表，寫成 $m \times n$ 列連表如表 8.16 所示。R_i 代表第 i 個變數各種特性發生的次數和，C_j 代表第 j 種特性各變數發生的次數和。

$R_i = \sum_{j=1}^{n} O_{ij} =$ 第 i 列和，$C_j = \sum_{i=1}^{m} O_{ij} =$ 第 j 欄和，

$T = \sum_{i=1}^{m} R_i = \sum_{j=1}^{n} C_j = \sum_{j=1}^{n} \sum_{i=1}^{m} O_{ij} =$ 總和。

◐ 表 8.16：觀測值列聯表

| | | $Y(j)$ | | | | | | |
		1	**2**	⋯	**j**	⋯	**n**	*Total*
$X(i)$	**1**	O_{11}	O_{12}	⋯	⋯	⋯	O_{1n}	R_1
	2	O_{21}	O_{22}	⋯	⋯	⋯	O_{2n}	R_2
	⋮	⋮	⋮	⋮	⋮	⋮	⋮	⋮
	i	O_{i1}	O_{i2}	⋯	O_{ij}	⋯	O_{in}	R_1
	⋮	⋮	⋮	⋮	⋮	⋮	⋮	⋮
	m	O_{m1}	O_{m2}	⋯	⋯	⋯	O_{mn}	R_m
	Total	C_1	C_2	⋯	C_j	⋯	C_n	T

第 i 個變數第 j 個特性發生的期望值為 (8.5) 式，計算各變數發生之特性的期望值列連表列於表 8.17。

$$E_{ij} = \frac{C_j R_i}{T} O_{ij} \tag{8.5}$$

◐ 表 8.17：期望值列連表

| | | Y 欄 (j) | | | |
		1	**2**	⋯	**n**
X 列 (i)	**1**	E_{11}	E_{12}	⋯	E_{1c}
	2	E_{21}	E_{12}	⋯	E_{1c}
	⋮	⋮	⋮	⋮	⋮
	m	E_{r1}	E_{r2}	⋯	E_{rc}

則

$$\chi^2 = \frac{\sum_{i=1}^{m} \sum_{j=1}^{n} (O_{ij} - E_{ij})^2}{E_{ij}} \tag{8.6}$$

成自由度 df=$(m-1)(n-1)$ 之 χ^2 分布。利用這原理檢定兩個變數的獨立性或列連表的一致性 (contingency)，檢定統計量是 (8.6) 式，舉例說明檢定方法。

 例 8.14　評估河水汙染程度分為無、輕度、中度和嚴重四種等級 (特性)，有一年大甲溪和大安溪水質各種汙染程度發生的次數如表 8.18，問兩溪水質汙染程度是否互為獨立 (有沒有一致性)？但 $\alpha=5\%$。

表 8.18：大甲溪和大安溪水質汙染程度調查結果

O 觀測值	無汙染	輕微汙染	中度汙染	嚴重汙染	合計
大甲溪	16	11	8	1	36
大安溪	9	15	7	3	34
合計	25	26	15	4	70

解　由表 8.18 知 $m=2$，$n=4$，$R_1=36$，$C_1=25$，餘者類推。用 (8.5) 式計算期望值，結果如表 8.19。再用 (8.6) 式計算 χ^2 如表 8.20。

● H_0：大甲溪與大安溪汙染程度的分布互為獨立

　H_1：大甲溪與大安溪汙染程度的分布有關聯

● 臨界值：因為 χ^2 越大要否定 H_0，所以是右尾檢定。

　自由度 df=$(m-1)(n-1)=(2-1)(4-1)=3$，$\chi^2_{0.05}=7.815$。

● 檢定值：用 (8.6) 式計算檢定統計量=$\chi^2=3.588$。

● 結論：$\chi^2=3.588<\chi^2_{0.05}=7.815$，接受 H_0，即兩溪汙染程度分布互為獨立或不一致。

表 8.19：例 8.13 期望值計算表

E 期望值	無汙染	輕微汙染	中度汙染	嚴重汙染	合計
大甲溪	12.86	13.37	7.71	2.06	36.00
大安溪	12.14	12.63	7.29	1.94	34.00
合計	25.00	26.00	15.00	4.00	70.00

表 8.20：例 8.13 χ^2 計算表

$(O-E)^2/E$	無汙染	輕微汙染	中度汙染	嚴重汙染	合計
大甲溪	0.768	0.421	0.011	0.543	1.743
大安溪	0.813	0.445	0.011	0.575	1.845
合計	1.582	0.866	0.022	1.118	3.588

8-8 符號數檢定 (sign test)

　　主要用來檢定一個母體中位數或兩個母體的中位數差的大小，也可檢定一個母體中位數與閾值 (如水質標準) 的差。中位數檢定和有母數 μ 的 t 檢定相當。檢定的方法很多，下面先說符號檢定之原理，再說明中位數檢定之方法。

8.8.1 符號檢定之原理與方法

　　主要用來檢定兩個相依樣本的差異性也可檢定一個樣本與閾值的差，方法是將觀測值分為三類：若 $X < Y$ (或閾值) 則歸入「＋」類，若 $X > Y$ 則歸入「－」類，若 $X = Y$ 則歸入同分「tie」類，此類不計，分類後再進行檢定。

　　符號檢定是無母數統計中最常用、最基本的檢定方法。可以用於檢定：

● 母體中位數：未知母體是常態分配或樣本數太少，無法進行有母數檢定時的才用符號檢定中位數；

● 成對母體分配是否相同：特別適合於母體分配未知，且樣本數太少的檢定。

　　符號檢定的原理是將一些數據變成正、負或正、反兩種符號。例如做 n 次柏努利試驗，有 n_1 次出現「正」和 n_2 次出現「負」的機率函數是為二項分配，所以符號檢定是應用二項分配原理，檢定的時候分為大、小樣本，在無母數檢定裡 $n > 20$ 就稱為大樣本，可應用中央極限定理做檢定。

1. 小樣本符號檢定

　　令 $k=0$ 到 n 之正整數，$n_{max} = max(n_1, n_2) = n_1$、$n_2$ 中取大值。

(1) 右尾檢定

假設檢定：H_0：$P(+) \geq P(-)$，H_1：$P(+) < P(-)$

若正號出現的次數超過一半 ($n_1 \geq \dfrac{n}{2}$) 時的超越機率為：

$$P = Pro(k \geq n_1) = \sum_{k=n_1}^{n} C_k^n \, p^k q^{n-k} \tag{8.7a}$$

此時機率為右尾，設臨界值為 α，若 $P < \alpha$ 時表示正號很多，所以否定 H_0。

(2) 左尾檢定

假設檢定：H_0：$P(+) \leq P(-)$，H_1：$P(+) > P(-)$

若正號出現的次數小於一半 ($n_1 < \dfrac{n}{2}$) 時的機率為：

$$P = Pro(k \leq n_1) = \sum_{k=0}^{n_1} C_k^n \, p^k q^{n-k} \tag{8.7b}$$

此時機率為左尾，設臨界值為 α，若 $P < \alpha$ 時表示負號很多，所以否定 H_0。

(3) 雙尾檢定

假設檢定：H_0：$P(+) = P(-)$，H_1：$P(+) \neq P(-)$

若正號出現的次數可能超過一半 ($n_1 \geq \dfrac{n}{2}$) 或小於一半 ($n_1 < \dfrac{n}{2}$)，因此機率為 2 倍。

在 n_1, n_2 取大值，令 $\max(n_1, n_2) = n_{max}$：

$$P = 2 \times Pro(k \geq n_{max}) = 2 \times \sum_{k=n_{max}}^{n} C_k^n \, p^k q^{n-k} \tag{8.7c}$$

設臨界值為 α，若 $P < \alpha$ 時表示正號很多或負號很多，所以否定 H_0。

 例 8.15　在例 8.5 的兩種溶氧測定法，表 8.5 是成對的測定值，是小樣本而且未知是否個成常態分配？今用無母數符號檢定，兩種方法測定結果是否相同？但 $\alpha = 0.05$。

解 兩法視為兩個母體，每組樣本測定值相減得正負結果如表 8.21：

⤓ 表 8.21：溶氧兩種測定方法結果（單位：mg/L）

i	1	2	3	4	5	6	7	8	9
Azide 法	5.8	6.5	6.0	5.1	3.8	2.1	4.6	1.2	4.8
DO meter	5.6	6.7	6.0	4.9	4.0	1.8	4.6	1.3	5.0
上減下	+	−	0	+	−	+	0	−	−

不計 0 的共有 7 次 ($n=7$)，出現正負之機率各為 0.5，出現「＋」的次數 $n_1=3$，出現「－」次數 $n_2=4$，$n_{max}=\max(3,4)=4$，小樣本之檢定：

● H_0：$P(+)=P(-)$，兩種溶氧測的母體是相同

  H_1：$P(+) \neq P(-)$，兩種溶氧測的母體不相同

  本檢定是雙尾檢定。

● 檢定值：由 (8.7) 式雙尾檢定，檢定值$=P=2 \times Pro(k \geq n_{max})=2 \times Pro(k \geq 4)=2 \times (C_7^4$ $0.5^4 0.5^3 + C_5^7 0.5^5 0.5^2 + C_6^7 0.5^6 0.5^1 + C_7^7 0.5^7 0.5^0)=2 \times 0.5^7(C_4^7 + C_5^7 + C_6^7 + C_7^7)=1.0$。

  檢定值 (機率) 可以用 EXCEL 計算 (參看例 5.2)。

  ● 臨界值：$\alpha=0.05$，是雙尾檢定 P$>\alpha$

  ● 結論：因為 $P=1.0 > 0.05$，接受 H_0，否定 H_1，沒有證據說兩種檢測法測得的溶氧不相同。

2. 大樣本符號檢定

在二項分配裏，當 n 很大時 $n>20$ 會接近常態分配，其期望值 $E(X)=np$，變異數 $V(X)=npq$，標準化

$$z=\frac{x-np}{\sqrt{npq}} \tag{8.8}$$

(8.8) 式是檢定統計量，所以檢定步驟如下：

● H_0：$P(+)=P(-)$，正的機率和負的機率相等。

  H_1：$P(+) \neq P(-)$，正的機率和負的機率不相等。雙尾檢定

● 檢定值：(8.8) 式

● 臨界值：雙尾 $z_{\alpha/2}$，右尾 z_α，左尾 $-z_\alpha$。

● 結論：雙尾 $-z_{\alpha/2} \leq z \leq z_{\alpha/2}$；右尾 $z \leq z_\alpha$，左尾 $z \geq -z_\alpha$。接受 H_0。

 例 8.16　假設紙漿廢水放流水標準的 COD 規定不得大於 90 mg/L(放流水 COD＝90 者視為不合格)，今有某廠放流水測 20 次 COD 如下表，有 4 次不合格。問該廠放流水 COD 不合格比例 p 是否等於 0.25，用下面兩種方法檢定其

結果。(1) 假設放流水 COD 母體成常態分配，(2) 假設母體不成或不知道是否成常態分配。但 $\alpha=0.05$。

| 83 | 79 | 84 | 80 | 92 | 79 | 89 | 94 | 88 | 86 | 85 | 54 | 78 | 91 | 87 | 78 | 80 | 85 | 90 | 77 |

解

(1) 假設母體成常態分配 (有母數檢定)

從常態分配的母體抽出 n 個樣本不合格樣本數或二項分配，用前面 8.4 節有母數比例檢定，$n=20$ 屬於小樣本，檢定步驟如下：

● H_0：$P=0.25$，

H_1：$P \neq 0.25$

● 臨界值：二項分配之檢定，臨界值在 0.025 和 0.975。

● 檢定統計量由表 8.11 知。$P=\sum_{x=0}^{4} C_{20}^{x} p^{x} q^{20-x}=\sum_{x=0}^{4} C_{20}^{x} 0.25^{x} 0.75^{20-x}$，查 EXCEL BINOM.DIST 得 $P=0.415$。

● 結論：因為統計量 P 介於 0.025 和 0.975 之間，屬於接受 H_0，沒有證據說合格比例不等於 0.25。

(2) 假設母體不成常態分配 (無母數檢定)

因為不知道母數是否成常態分配，用無母數符號檢定。COD ≥ 90，視為不合格。上表數據減 90，小於 90 寫○，大於等於 90 不合格寫 ×：

| 83 | 79 | 84 | 80 | 92 | 79 | 89 | 94 | 88 | 86 | 84 | 54 | 78 | 92 | 87 | 78 | 80 | 85 | 90 | 77 |
| ○ | ○ | ○ | ○ | × | ○ | ○ | × | ○ | ○ | ○ | ○ | ○ | × | ○ | ○ | ○ | ○ | × | ○ |

因為放流水檢測結果不是合格就是不合格兩種情況，出現○、× 之機率各為 0.5，所以是屬於伯努利試驗。$n=20$，出現「○」的次數 $n_1=16$，出現「×」次數 $n_2=4$，不合格比率 $\hat{p}=x/n=4/20=0.20$，但要檢定是否等於 0.25 屬於大樣本之檢定：

● H_0：$P(○)=P(×)$，$p=0.25$。

● H_1：$P(○) \neq P(×)$，$p \neq 0.25$。

● 臨界值：大樣本雙尾檢定，$z_{0.025}=1.96$ 和 $-z_{0.025}=-1.96$。

● 檢定統計量：由 (8.8) 式 $z=\dfrac{x-np}{\sqrt{npq}}=\dfrac{4-20\times0.25}{\sqrt{20\times0.75\times0.25}}=-0.516$

● 結論：檢定統計量介於 1.96 和 -1.96 間，接受 H_0，即不合格率$=0.25$ 可以接受。

8.8.2 中位數符號檢定

環境品質的數據大部分不成常態分佈，在選用中心值 (central value) 時，以選用中位數 (median) M_d 為較適當。當母體分配未知時，一般檢定其中位數比檢定平均數保守。故母體分配未知時，應用符號檢定以了解母體的中心值趨勢。設從一母體隨機抽出 n 個樣本，$x_1, x_2, x_3, \cdots, x_n$，要應用符號檢定中位數 m_d 時，設 $D_k = x_k - m_d$，$k = 1 \sim n$，當 $D_k > 0$，取正號 (+)；$D_k < 0$ 取負號 (−)；當 $D_k = 0$，忽略不計。統計 n 個觀測值獲得的正號數為 n_1 和負號數為 n_2，如果出現正號的機率和出現負號的機率相等或非常接近時，就可以說母體中位數等於樣本的中位數 m_d。

中位數符號檢定步驟：

● H_0：$P(+) = P(-) = 0.5$

　H_1：$P(+) \neq P(-)$，雙尾檢定

● 檢定值：確定大樣本或小樣本，大樣本用 (8.8) 式計算檢定值 z；小樣本用 $P = 2 \times Pro(k \geq n_{max})$ 計算檢定值。

● 臨界值：大樣本臨界值 $z_{\alpha/2}$，小樣本用機率 α。

● 結論：接受 H_0 範圍 = > 大樣本 $-z_{\alpha/2} \leq z \leq z_{\alpha/2}$；小樣本 $P \geq \alpha$。

▶▶▶

例 8.17　從某一工廠放流水，隨機採樣 10 次，測銅的濃度，結果如下表第 2 列，求銅濃度的中位數是否為 0.05mg/L ？但 $\alpha = 0.05$。

解

● 求 $D_k = x_k - m_d = x_k - 0.05$，計算如下表：

k	1	2	3	4	5	6	7	8	9	10
x_k	0.045	0.062	0.05	0.035	0.065	0.038	0.048	0.07	0.025	0.015
$D_k = x_k - m_0$	−0.005	0.012	0	−0.015	0.015	−0.012	−0.002	0.02	−0.025	−0.035
	負	正	−	負	正	負	負	正	負	負

等於 0 者不計次數。正號個數 = n_1 = 3，負號個數 = n_2 = 6，n = 9 屬於小樣本。

- H_0：$P(+)=P(-)$，銅濃度高於 0.05mg/L 的機率＝低於 0.05mg/L 的機率。

  H_1：$P(+)\neq P(-)$，雙尾檢定

- 檢定值：$P=2\times Pro(k\geq n_{max})$，$n_{max}=max(n_1 , n_2)=max(3 , 6)=6$。用 EXCEL「公式」「統計」中之「BINOM.DIS」，輸入「Numbers＝5」、「Trials ＝9」，「Probability＝0.5」，「Cumulative＝True」得

  $P=2\times Pro(k\geq 6)=2\times[1-Pro(k<6)]=2\times 0.254=0.508$

- 臨界值：雙尾，$\alpha=0.05$。

結論： $0.05<P=0.508$，接受 H_0，即放流水銅濃度出現大於 0.05mg/L 和小於 0.05mg/L 的機率相同，在顯著水準 5% 下，中位數是 0.05mg/L 是可以接受的。

- 註：上表銅的算數平均濃度為 0.045，中位數為 0.047mg/L。

例 8.18　檢定下表曾文水庫葉綠素濃度的中位數是否等於 (1)3.5μg/L ？ (2)5.0μg/L，但 $\alpha=5\%$。

　設 M_d＝母體之中位數，m_0＝假設值，樣本觀測值 (葉綠素) 大於 m_0 為 "O"，小於 0 這為 "X"，等於 0 者不計。

(1) 檢定中位數是否等於 $m_0=3.5$μg/L ？

從下表 8.3 計算比 3.5 大 (O) 和小 (X) 的個數，計算結果如下表，得 "O" 有 18 個，$n_1=18$，得 "X" 也有 18 個，$n_2=18$，$n=36$，因為葉綠素 a 濃度不是高於 3.5 就是低於 3.5，合乎伯努利試驗，機會都是 0.5，所以 $p=0.5=q$。

y, 葉綠素	0.4	3.1	6.3	3.1	4.3	5.6	4.6	1.5	3.1	2.3	4.7	1.8	1.4	2	6.3	4.8	3.1	3
$y-3.5$	-3.1	-0.4	2.8	-0.4	0.8	2.1	1.1	-2	-0.4	-1.2	1.2	-1.7	-2.1	-1.5	2.8	1.3	-0.4	-0.5
符號	X	X	○	X	○	○	○	X	X	X	○	X	X	X	○	○	X	X
y, 葉綠素	4.3	4.6	6.9	4.7	1.9	1.4	2.3	5	8.9	9	5.8	8.7	3.2	4.6	3.6	3.4	2.7	1
$y-3.5$	0.8	1.1	3.4	1.2	-1.6	-2.1	-1.2	1.5	5.4	5.5	2.3	5.2	-0.3	1.1	0.1	-0.1	-0.8	-2.5
符號	○	○	○	○	X	X	X	○	○	○	○	○	X	○	○	X	X	X

P(O) 代表正值出現之機率，P(X) 代表負值出現之機率，假設檢定計算如下：

- $H_0 : P(O) = P(X)$，或 $\hat{M}_d = m_0 = 3.5$

  $H_1 : P(O) \neq P(X)$，$\hat{M}_d \neq m_0 = 3.5$

- 檢定值：大樣本由 (8.8) 式，$z = \dfrac{18 - np}{\sqrt{npq}} = \dfrac{18 - 36 \times 0.5}{\sqrt{36 \times 0.5 \times 0.5}} = 0$

- 臨界值：雙尾 $z_{\alpha/2} = z_{0.025} = 1.96$

結論：雙尾 $-1.96 < z = 0 < 1.96$，接受 H_0 之假設，即中位數 $= 3.5$ 可以接受。

(2) 檢定中位數是否等於 $m_0 = 5.0 \mu g/L$ ？

先計從上表計算比 5.0 大和小的個數，本處沒有列計算表，得「O」有 8 個，$n_1 = 8$，得「X」有 27 個，$n_2 = 27$，一個為 0，不計，所以 $n = 35$，$p = 0.5 = q$。P(O) 代表正值出現之機率，P(X) 代表負值出現之機率，假設檢定計算如下：

- $H_0 : P(O) = P(X)$，或 $\hat{M}_d = m_0 = 5.0$

  $H_1 : P(O) \neq P(X)$，$\hat{M}_d \neq m_0 = 5.0$

- 檢定值：大樣本由 (8.8) 式，$z = \dfrac{8 - np}{\sqrt{npq}} = \dfrac{8 - 35 \times 0.5}{\sqrt{35 \times 0.5 \times 0.5}} = -3.21$

- 臨界值：雙尾檢定 $-z_{\alpha/2} = -z_{0.025} = -1.96$

結論：雙尾 $-3.21 < -1.96$，否定 H_0 接受 H_1，即中位數不為 5.0。

註 本例用敘述統計計算結果算術平均濃度為 4.0mg/L，中位數為 3.5mg/L。

8.8.3 魏克生符號等級檢定法

魏克生符號等級檢定 (Wilcoxon signed-rank test) 是一母體或二個成對母體的中位數檢定。前面 8.8.2 節的符號檢定的檢定統計量，只考慮觀測值與中位數差異的正、負號，沒有表示與中位數的關係，魏克生修正這個缺失，把差異值的大小列入檢定統計量內，因此檢定力比符號檢定強。

將一個母體抽樣出來之數據 $x_1, x_2, \cdots, x_k$，分別減去一個任何值 (m_0) 可得正負兩組的差：$D_i = x_i - m_0$，正號 (+) 為一組，負號 (−) 為另一組，$D_i = 0$ 不計，m_0 可以是平均數、中位數或閾值 (threshold value)。設 n 為去掉 $D_i = 0$ 的樣本數，將 n 個有正負號的 D_i 取絕對值 $|D_i|$，按照大小排序。令正號一組的序位和為 R^+，負號一組的序位和

為序 R^-，若母體兩組的分布型態相同，R^+ 與 R^- 應相等或非常相近，若相差太大，表示母體兩組的分布型態不相同。魏克森檢定時分大小樣本，檢定步驟分別說明下面表 8.22。

⬇ 表 8.22：魏克森符號等級檢定歸納表

	小樣本單一母體或成對兩母體，$n < 20$			大樣本單一母體或成對兩母體，$n \geq 20$		
	雙尾	左尾	右尾	雙尾	左尾	右尾
H_0	$M_d = m_0$	$M_d = m_0$	$M_d = m_0$	$M_d = m_0$	$M_d = m_0$	$M_d = m_0$
H_0	$M_d \neq m_0$	$M_d > m_0$	$M_d < m_0$	$M_d \neq m_0$	$M_d > m_0$	$M_d < m_0$
檢定值	$T = \min(R^+, R^-)$	R^+	R^-	$z = \dfrac{T - \mu_T}{\sigma_T}$	$z = \dfrac{R^+ - \mu_T}{\sigma_T}$	$z = \dfrac{R^- - \mu_T}{\sigma_T}$
臨界值	$T_{\alpha/2}$	T_α	T_α	$z_{\alpha/2}$	z_α	z_α
接受 H_0	$T \geq T_{\alpha/2}$	$R^+ \geq T_\alpha$	$R^- \geq T_\alpha$	$-z_{\alpha/2} \leq z \leq z_{\alpha/2}$	$z \geq -z_\alpha$	$z \leq z_\alpha$

表 8.22 說明：

● 左尾右尾之判斷法：如果樣本資料的中位數小於假設值 m_o，$D_i = x_i - m_0$ 負號比較多，$T = \min(R^+, R^-) = R^+$，用左尾檢定；如果中位數大於 m_o，$D_i = x_i - m_0$ 正號比較多，$T = \min(R^+, R^-) = R^-$，用右尾檢定。

● 大樣本 $n \geq 20$ 時魏克森符號等級檢定原理說明：

$$T = \min(R^+, R^-)$$

$R^+ =$ 正號等級之總和，$R^- =$ 負號等級之總和。當 n 很大時隨機變數 T 會近似常態分配，其期望值與變異數如下：

期望值： $\mu_T = E(T) = \dfrac{n(n+1)}{4}$ （8.9a）

變異數： $\sigma_T^2 = V(T) = \dfrac{n(n+1)(2n+1)}{24}$ （8.9b）

標準化後得： $z = \dfrac{T - \mu_T}{\sigma_T}$ （8.10）

(8.10) 式是大樣本的檢定統計量 (檢定值)。

● 接受 H_0 之法則 (魏克森法則)：**(1) 小樣本：**

因為 $R^+ + R^- = 1+2+\cdots+n = \dfrac{n(n+1)}{2} = \dfrac{n(n+1)}{4}$ 定值，當 m_o 等於樣本中位數時，R^+ 與 R^- 接近相等，此時 $T=min(R^+, R^-)$ 最大；如果 m_0 越小 $T=min(R^+, R^-)$ 會變小；反之 m_0 越大 $T=min(R^+, R^-)$ 也會變小，所以統計量大於臨界值時要接受 H_0。這個法則與一般檢定假設不同的道理。

● 接受 H_0 之法則 (魏克森法則)：**(2) 大樣本：**

因為**魏克森符號檢定**是由符號檢定發展出來的，所以在大樣本的條件下，雙尾和單尾的檢定接收虛無假設 H_0 的臨界值是相似的。從另外一個角度看，檢定統計量是經過 (8.10) 式標準化，T 值越大 z 值越小，所以雙尾檢定接受 H_0 的範圍在 $-z_{\alpha/2} \leq z \leq z_{\alpha/2}$ ($|z| \leq z_{\alpha/2}$)；同理左右尾接受 H_0 也是 $|z| \leq z_\alpha$。

▶▶▶ ────────────────────────────────●

例 8.19　分析某工廠放流水中重金屬鉛之濃度為 974, 1044, 1093, 897, 879, 1161, 839, 824, 796, ND(單位＝ppb)，問在顯著水準 $\alpha=0.05$ 下鉛濃度中位數是否等於 1000ppb，(1) 中位數小等於 1000ppb ？ (2) 在 $\alpha=0.05$ 下中位數小於 1000ppb。但鉛的偵測極限 DL＝750 ppb。(EPA，2006)

解　ND＝DL/2＝750/2＝375，並求 $D_i = x_i - 1000$，取絕對值 $|D_i|$，按大小排序位，D_i 為正的放在 R^+ 負的放在 R^-，如下表，表中第 6 大和第 7 大都是 161，序位各取 (6+7)÷2＝6.5。表中若有三個序位相等，取三個 $|D_i|$ 序位的平均值，依此類推。

x_i	974	1044	1093	897	879	1161	839	824	796	375	和
D_i	−26	44	93	−103	−121	161	−161	−176	−204	−625	−
$|D_i|$	26	44	93	103	121	161	161	176	204	625	−
R^+		2	3			6.5					11.5
R^-	−1			−4	−5		−6.5	−8	−9	−10	43.5

(1) 鉛濃度中位數是否等於 1000ppb，但 $\alpha=0.05$

● $H_0：M_d=1000$，$H_1：M_d \neq 1000$

● 檢定統計量：雙尾檢定，$R^+=11.5$，$R^-=43.5$，

$T=min(R^+, R^-)=min(11.5, 43.5)=11.5$。

● 臨界值：查附表 6，$n=10$，$\alpha/2=0.025$，$T_{\alpha/2}=8$

● 結論：$T > T_{\alpha/2}$，接受 H_0，否定 H_1。

(2) 中位數是否小於 1000ppb。

- ● H_0：$M_d = 1000$，H_1：$M_d > 1000$，左尾檢定。
- ● 檢定統計量：由表 8.22 知，檢定統計量 $R^+ = 11.5$。
- ● 臨界值：$T_\alpha = T_{0.05} = 10$
- ● 結論：$R^+ = 11.5 > 10$，接受 H_0，即 M_d 小於等於 1000；不大於 1000，即否定 H_1。

 例 8.20 　檢定成對群體之中位數的差異－小樣本。在例 8.15 一個水體取樣後用 Azide modefication 與 DO Meter 兩種方法測定 DO，結果如表 8.5，在顯著水準 0.05 下，用魏克森符號等級檢定兩種方法測定結果的是否相同？

解

● 兩種方法測值相減得 D_i，再依 $|D_i|$ 大小排列，並求序位。其中有 5 個 0.2 序位排在 2,3,4,5,6，取其平均序位 4，正的放在 R^+，負的放在 R^-。

i	1	2	3	4	5	6	7	8	9	和
D_A, Azide 法	5.8	6.5	6.0	5.1	3.8	2.1	4.6	1.2	4.8	
D_B, DO meter	5.6	6.7	6.0	4.9	4.0	1.8	4.6	1.3	5.0	
D_i	0.2	−0.2	0	0.2	−0.2	0.3	0	−0.1	−0.2	
R^+	4		−	4		7	−			15
R^-		−4	−		−4		−	−1	−4	−13

● H_0：$D_A - D_B = 0$，兩種檢定方法所得 DO 濃度相同。

　H_1：$D_A - D_B \neq 0$，兩種檢定方法所得 DO 濃度不相同。

　屬於小樣本雙尾檢定，$n = 7$，有兩組 $=0$ 不計。

● 臨界值：查附表 6 得 $T_{0.025} = 2$。

● 檢定統計量：$R^+ = 15$，$R^- = 13$，$T = min(R^+, R^-) = 13$，

● 結論：$T = 13 > T_{0.025} = 2$，接受 H_0。檢定結果與例 8.15 之符號檢定結果相同。

例 8.21 有一垃圾焚化廠隨機抽 24 日次的燃燒量 (單位：噸 / 日) 如下表，在顯著水準 5% 下，問燃燒垃圾量的中位數是否等於 80.5 噸 / 日？

次序	1	2	3	4	5	6	7	8	9	10	11	12
噸 / 日	80	85	70	30	75	67	60	85	70	85	70	81
次序	13	14	15	16	17	18	19	20	21	22	23	24
噸 / 日	60	113	100	45	99	86	85	87	50	90	62	103

解

計算中位數：把 24 次之燃燒量按照大小次序排列，$n=24$ 屬於大樣本，中位數在 12(80 噸 / 日) 和 13(81 噸 / 日)，中位數 $=80.5$ 噸 / 日。設母體中位數為 M_d。

● 計算每日燃燒量與中位數的差及排序，如下表：

i	1	2	3	4	5	6	7	8	9	10	11	12
C	80	85	70	30	75	67	60	85	70	85	70	81
$C-80.5$	−0.5	4.5	−10.5	−50.5	−5.5	−13.5	−20.5	4.5	−10.5	4.5	−10.5	0.5
R^+		4.5						4.5		4.5		1.5
R^-	1.5		12	24	7.5	14	18.5		12		12	
i	13	14	15	16	17	18	19	20	21	22	23	24
	60	113	100	45	99	86	85	87	50	90	62	103
$C-80.5$	−20.5	32.5	19.5	−35.5	18.5	5.5	4.5	6.5	−30.5	9.5	−18.5	22.5
R^+		22	17		15.5	7.5	4.5	9		10		20
R^-	18.5			23					21		15.5	

● $H_0：M_d=80.5$

$H_1：M_d \neq 80.5$，雙尾檢定。

● 計算 $C-80.5=D_i$，按 $|D_i|$ 大小排序，同前例計算 R^+ 和 R^- 序位和得 $R^+=120.5$，$R^-=-179.5$。

$T=min(R^+，|-179.5|)=min(120.5，179.5)=120.5$

因為是大樣本，所以 T 近似常態分配，其 $E(T)=n(n+1)/4=24(24+1)/4=150$，

$V(T)=n(n+1)(2n+1)/24=24 \times 25 \times 49/24=1225$

● 臨界值：$z_{0.025}=1.96$

● 檢定統計量：$z = \dfrac{120.5 - 150}{\sqrt{1225}} = -0.84 > -1.96$

● 結論：統計量落在臨界值之間，接受 H_0 燃燒量的中位數 80.5 可以接受。

*▌8.8.4 魏克生等級和檢定法

　　魏克生等級和檢定 (Wilcoxon rank sum test) 是檢定兩個獨立母體中位數，兩個母體不是常態分配，但形狀及變異數相同。可分為大樣本和小樣本的檢定，如果一個母體的最少樣本數 > 10，兩個母體的樣本數加起來一定超過 20，就算為大樣本。因此遇到小樣本的機會很少，故本處只討論大樣本的檢定。其原理是兩母體一致時，兩組樣本觀測值之等級 (Rank) 和應極為接近，樣本數較少一組的等級和 w_1 會成近似常態分配，等級要求：

● 兩母體互為獨立，

● 樣本數較小的一組樣本數為 n_1，其等級和為 w_1，w_1 為檢定統計量。第二組樣本數為 n_2，兩組總樣本數為 n。

　　大樣本時 w_1 成常態分配，期望值和變異數分別如下：

期望值：$\qquad\qquad\qquad E(w_1) = \mu_w = \dfrac{n_1(n+1)}{2}$ ， $\qquad\qquad$ (8.11a)

變異數：$\qquad\qquad\qquad V(w_1) = \sigma_w^2 = \dfrac{n_1 n_2(n+1)}{12}$ $\qquad\qquad$ (8.11b)

標準化後得 $\qquad\qquad\qquad z = \dfrac{w_1 - \mu_w}{\sigma_w}$ $\qquad\qquad$ (8.12)

魏克生等級和大樣本檢定步驟：

● H_0：兩母體分布相同

　 H_1：兩母體分布不相同

● 檢定統計量： $\qquad\qquad\qquad z = \dfrac{w_1 - \mu_w}{\sigma_w}$ ，

● 臨界值：雙尾 $\Rightarrow$ $\qquad\qquad\qquad z_{\alpha/2}$

● 結論：雙尾 $\Rightarrow$ 接受 H_0 否定 H_1，$-z_{\alpha/2} \le z \le z_{\alpha/2}$

例 8.22　在例 8.6 中硫酸鋁和氯化鐵兩種混凝劑對 COD 去除率的數據中，因為不知道是否會成常態分配，用魏克生等級和檢定兩種混凝劑對 COD 的去除率是否相等？ $\alpha=0.05$。

解 選硫酸鋁為第一組，$n_1=14$，$n_2=15$

● 將兩組去除率按大小排列，合併排列如下表：

硫酸鋁	78	79	80	81	83	84	86	87	88	89	91	92	95	95	–	Rank sum
Rank	3	5.5	7.5	9	10	11	14.5	16.5	18.5	20.5	22.5	25	28.5	28.5	–	$w_1=220.5$
氯化鐵	54	78	78	79	80	85	85	86	87	88	89	91	92	92	94	
Rank	1	3	3	5.5	7.5	12.5	12.5	14.5	16.5	18.5	20.5	22.5	25	25	27	

Rank(等級) 排法是將兩組樣本合併共 29 個，再將 29 個從小排到最大，並標上等級。例如上表最小的 54 排第 1 等級；第二小的 78 有三個，本來要排 2、3、4，因為 78 是同值，等級取平均 3[=(2+3+4)/3]；再上去的 79 有兩個，本來要排 5、6 等級，取平均 5.5[=(5+6)/2]，餘者類推。

● $H_0：M_{d1}=M_{d2}$ ，$H_1：M_{d1} \neq M_{d2}$ ，是雙尾檢定。

● w_1 近似常態分配，其 $E(w_1)=\dfrac{n_1(n+1)}{2}=\dfrac{14(29+1)}{2}=210$ ，

$$V(w_1)=\dfrac{n_1 n_2(n+1)}{12}=\dfrac{14 \times 15 \times 30}{12}=525$$ ，

● 臨界值：$z_{0.025}=1.96$ ，

● 檢定統計量：$z=\dfrac{220.5-210}{\sqrt{525}}=0.458$ ，

● 結論：因為 $-1.96 < z=0.458 < 1.96$，接受 H_0 之假設，兩種混凝劑對 COD 的去除效果沒有顯著差異。檢定結果與例 8.6 平均數檢結果相同。

8-9 隨機性檢定－連檢定法

前面幾章數據做統計分析時都假設數據具有隨機性，也常假設隨機變數之間彼此互為獨立。在沒有學過假設檢定時，我們都把這些數據視為具有隨機性和獨立性，學過檢定後必須先檢定資料是否具備這兩種性質。本節先說明隨機性檢定，常用連 (串) 檢定方法 (*run test*，國立編譯館譯成連串檢定)，其原理如下。

什麼叫連串？一個或多個的相同類型或屬性的符號成為一個連串。例如連續擲銅板 11 次，可能會出現「正正反反反正正正正反正」，前兩個同符號「正」稱為第 1 連，接著三個「反反反」為第 2 連，接著四個「正」為第 3 連，接著一個「反」為第 4 連，最後只有一個「正」號，是為第 5 連。故本數列共有共 5 個連 ($r=5$)，其中共有 7 個正號設為 $n_1(=7)$，4 個反號 ($n_2=4$)；如果是數據，連串計算方法是將數據依中心值 (平均數或中位數) 切成兩半，小於中心值的數據標示為「負」符號；大於中心值的標示為「正」；等於中心值為「0」不計，觀測數據就可以變成「正正負負」的連串。透過連串數的多寡即可衡量資料的隨機性，過多或過少的連數，可能資料存有不隨機性的性質，故隨機性檢定屬於雙尾檢定。檢定時分成小樣本和大樣本，當 $n_1 \leq 10$ 和 $n_2 \leq 10$ 屬於小樣本，超過 10 為大樣本。下面依據大小樣本說明隨機性檢定之原理。

1. 小樣本隨機性連檢定程序

● H_0：樣本觀測值屬於隨機分布。

　H_1：樣本觀測值不屬於隨機分布。

● 屬於雙尾檢定：設定顯著水準 α 為臨界值。

● 計算檢定統計量：等於連數 r。

　查連檢定累計機率表可得 $Pro(R \leq r)$ 機率，其中 r 為連數。

　計算檢定值 P 如下：

　若連數 $r \geq \dfrac{2n_1n_2}{n_1 + n_2} + 1$，則機率 $P = 2 \times Pro(R \geq r)$

　若連數 $r < \dfrac{2n_1n_2}{n_1 + n_2} + 1$，則機率 $P = 2 \times Pro(R < r)$

● 結論：

　(i) 若連數 $r \geq \dfrac{2n_1n_2}{n_1 + n_2} + 1$，$P \geq$ 顯著水準 α，則接受 H_0。

　(ii) 若連數 $r < \dfrac{2n_1n_2}{n_1 + n_2} + 1$，$P \geq$ 顯著水準 α，則接受 H_0。

2. 大量樣本數隨機性連檢定

　　統計學者證明：在大樣本下，檢定統計值 R 會趨近於常態分配，其期望值和變異數分別如下：

$$E(R) = \mu_r = \frac{2n_1n_2}{n_1 + n_2} + 1 \tag{8.13}$$

$$V(R) = \sigma_r^2 = \frac{2n_1n_2(2n_1n_2 - n_1 - n_2)}{(n_1 + n_2)^2(n_1 + n_2 - 1)} \tag{8.14}$$

式中，n_2、n_1 分別是正、負號之連數。把 R 標準化，

$$z = \frac{R - \mu_r}{\sigma_r} \tag{8.15}$$

(8.15) 式為檢定統計量，所以大樣本隨機性連檢定步驟如下：

大樣本隨機性連檢定步驟

● H_0：樣本觀測值屬於隨機分布。

　H_1：樣本觀測值不屬於隨機分布。

● 雙尾檢定：設定顯著水準 α，計算臨界值 $z_{\alpha/2}$。

● 計算檢定值 (檢定統計量)：計算檢定值 $= z = (R - \mu_r)/\sigma_r$。

● 結論：若 $z \le z_{\alpha/2}$ 接受 H_0，否定 H_1。

 例 8.23　(小樣本)：在例 8.17 之工廠資料中，檢定銅濃度是否具有隨機性，但 $\alpha = 5\%$。

解　先計算中位數 0.0465 可 $x_i - 0.0465$ 得下表：

i	1	2	3	4	5	6	7	8	9	10
x_i	0.045	0.062	0.05	0.035	0.065	0.038	0.048	0.07	0.025	0.015
$x_i - 0.0465$	_0.002	0.016	0.004	_0.012	0.019	_0.009	0.002	0.024	_0.022	_0.032
	負	正	正	負	正	負	正	正	負	負

由上表知：共有連數 $r = 7$，正號數 $= n_1 = 5$，負號數 $= n_2 = 5$。

● H_0：樣本觀測值屬於隨機分布。

　H_1：樣本觀測值不屬於隨機分布。

● 屬於雙尾檢定：顯著水準 $\alpha = 0.05$，臨界值 0.025 和 0.975。

● 計算檢定統計值 P：連數 $r = 7 > \dfrac{2n_1 n_2}{n_1 + n_2} + 1 = 6$，$P = 2 \times Pro(R \ge 7) = 2[1 - Pro(R < 7)]$。

EXCEL" 公式 " 之 " 統計 " 中按 "BINOM.DIST"，輸入 "Number = 6"、"Trial = 10"、"Probability = 0.5"、"Cumulative = true"，　得 $Pro(R < 7) = 0.828$。$P = 2 \times Pro(R \ge 7) = 2[1 - 0.828] = 0.344$。

● 結論：因為 $0.025 < P = 0.344 < 0.975$，所以接受 H_0，即放流水銅濃度具有隨機性。

例 8.24 (大樣本)：檢定阿里山雨量站 36 年的每年最大雨量 (表 4.6) 是否具有隨機性？但 $\alpha=0.05$。

解

● 用敘述統計先求出中位數，再每年最大雨量減去中位數，並列出正負號於表 8.23，統計列於正副連數，得 $r=20$，正的數目有 $n_1=18$，$n_2=18$。

● H_0：每年最大降雨量觀測值屬於隨機分布。

  H_1：每年最大降雨量觀測值不屬於隨機分布。

● 屬於雙尾檢定：設定顯著水準，計算臨界值。$z_{0.025}=1.96$

● 計算檢定統計值－連數 r：由 (8.13) 式 $\mu_r=\dfrac{2n_1n_2}{n_1+n_2}+1=\dfrac{2(18\times18)}{36}+1=19$，由 (8.14) 式

$$\sigma_r^2=\frac{2n_1n_2(2n_1n_2-n_1-n_2)}{(n_1+n_2)^2(n_1+n_2-1)}=\frac{648(648-18-18)}{1296\times35}=8.743 \text{，} \sigma_r=2.957\text{。}$$

$$z=\frac{r-\mu_r}{\sigma_r}=\frac{20-19}{2.957}=0.338$$

● 結論：因為檢定值$-1.96<z=0.338<1.96$，所以接受 H_0，即年最大降雨量具有隨機性。

表 8.23 連檢定計算表

雨量	323.2	518	273.7	520	379.5	617.1	457.3	461.7	493.7	336.6	382.7	224.9
減中位數	-136.3	58.5	-185.8	60.5	-80	157.6	-2.2	2.2	34.2	-122.9	-76.8	-234.6
正負值	負	正	負	正	負	正	負	正	正	負	負	負
雨量	547.3	470.3	485.1	536	730	590	387	433.3	221	558	207.5	1094.5
減中位數	87.8	10.8	25.6	76.5	270.5	130.5	-72.5	-26.2	-238.5	98.5	-252	635
正負值	正	正	正	正	正	正	負	負	負	正	負	正
雨量	224	343.5	189.5	229	714.5	129	287.5	616	663	811.5	357	738
減中位數	-235.5	-116	-270	-230.5	255	-330.5	-172	156.5	203.5	352	-102.5	278.5
正負值	負	負	負	負	正	負	負	正	正	正	負	正

第八章　習題

Ex.8.1　某空氣品質站去年隨機採樣 9 日，分析 24 小時 (日) 平均懸浮微粒 *PM*10 的濃度得 82, 103, 104, 70, 98, 65, 86, 91, 108μg/m³，假設該站 PM10 之 24 小時平均濃度是成常態分配，$\sigma = 15.2$μg/m³，求 24 小時平均濃度是否 (1) 等於 90 μg/m³，(2) 不超過 95μg/m³，但 $\alpha = 5\%$。

Ex.8.2　在 Ex.8.1 中如果 σ 未知，求 24 小時平均濃度是否 (1) 等於 90μg/m³，(2) 超過 95μg/m³，(3) 等於 105μg/m³，但 $\alpha = 5\%$。

Ex.8.3　有一焚化爐每日接收 A、B 兩鄉鎮之垃圾，已知 A、B 兩鄉鎮的垃圾量如 Table 8.1，問 (1) 兩鎮平均垃圾量是否相等？(2) 兩地每日焚化垃圾量的標準差是否相等？但 $\alpha = 5\%$ 之信賴區間。

🔿Table 8.1：A、B 兩鄉鎮每日焚化之垃圾量 (噸 / 日)

A	206	188	205	187	194	193	207	185	189	213	192	210	194	178	205
B	177	197	206	201	180	176	185	200	197	192	198	188	189	203	192

Ex.8.4　檢定第七章習題 Ex.7.4，問 (1) 兩股廢水汙染量的標準差是否相等？(2) $\sigma_a < \sigma_b$，(3) 平均汙染量是否相等？但 $\alpha = 5\%$。

Ex.8.5　某市去年全年空氣品質超標有 25 日，問該市空氣品質不良的比例是否超過 0.1 ？但 $\alpha = 0.05$。

Ex.8.6　某縣環保局查 20 家養豬場放流水，結果有 10 家不合格，問該縣養豬場放流水不合格率是否 (1) 等於 0.55 ？(2) 大於 0.45 ？但 $\alpha = 5\%$

Ex.8.7　A、B 兩市，在 2 年內各取 100 次空氣測 PM2.5，結果 A 市有 19 次超標，B 市有 27 次超標，問 A 市空氣有比 B 市好嗎？$\alpha = 5\%$。

Ex.8.8　用 (1) 卡方檢定法 (2)K-S 檢定法分別檢定：課本例 8.4 曾文水庫葉綠素 a 的濃度是否成常態分配，但 $\alpha = 0.05$。

Ex.8.9　某地在一年內隨機測 10 次 PM2.5，結果如下：

5	1.2	1	1.3	1.3	6	1.5	1.4	10	9

用 K-S 檢定 PM2.5 是否成常態分配？$\alpha=0.05$。

Ex.8.10 為了統計養豬廢水總氮 (*TN*) 濃度值，抽查 12 家養豬廢水，測定結果如下：

⏰Table 8.2：12 家養豬廢水 TN 濃度調查值

編號,k	1	2	3	4	5	6	7	8	9	10	11	12
TN,mg/L	510	450	230	650	780	350	425	620	710	345	645	533

問 (1) 採樣是否具有隨機性？(2) 養豬廢水 TN 濃度之中位數是否等於 500mg/L？但顯著水準 $\alpha=0.05$。

Ex.8.11 調查 22 家養豬廢水 BOD 濃度如 Table 8.3，問 BOD 中位數是否等於 2000 ppm？$\alpha=0.05$。

⏰Table 8.3：22 家養豬場廢水 BOD 濃度調查結果 (單位：ppm)

BOD	2159	1678	2316	2061	2208	1708	1784	2575	2358	2257
BOD	2165	2400	1780	2337	1765	2054	2414	2200	2654	1754

Ex.8.12 為了建立焚化爐，調查鄰近兩村村民評估對環境的影響，A 村調查 340 人，B 村 160 人，影響程度分成 1、2、3 級，調查解果如 Table 8.4，問兩村民評論等級是否一致？$\alpha=0.05$。

⏰Table 8.4：村民評估結果列連表

等級	1	2	3	總計
A 村	160	140	40	340
B 村	40	60	60	160
合計	200	200	100	500

* Ex.8.13 如果 Table 8.1 A 鎮 15 天的焚化垃圾量不知是否成常態分配，試用 (1) 符號檢定 (2) 魏克森符號等級檢定，檢定每日焚化之垃圾量的中位數是否等於 200 噸？但 $\alpha=0.05$。

* Ex.8.14 如果 Table 8.1 A、B 兩鎮 15 天的焚化垃圾量不知是否成常態分配，試用 (1) 符號檢定 (2) 魏克森符號等級檢定，檢定每日焚化之垃圾量的分布是否等？但 $\alpha=0.05$。

Ex.8.15 用連檢定 Table 8.2 之 12 家養豬場測得之數據是否具有隨機性？但 $\alpha=0.05$。

變異數分析

9-1 變異數分析和實驗設計

　　變異數分析 (ANalysis Of VAriance，簡寫成 ANOVA) 是第八章假設檢定之延伸，第八章是兩個母體參數間之檢定，變異數分析是檢定三個 (含) 以上。例如檢定台南、高雄、屏東 (南高屏) 三個縣市 PM2.5 平均濃度的差異時，如果用兩兩縣市檢定假設檢定結果是南高相等、高屏也相等，然後推論南高屏三個縣市相等。這是不對的，因為分別檢定南高和高屏平均濃度時，各含有第 I 或 II 型的誤差在內，再推論三縣市時又有誤差，結果誤差會累積。如果用變異數分析就沒有這種現象。所以三個 (含) 以上母體平均數的檢定，需要用變異數分析。

　　變異數分析的基本運算，是處理因子的數量可分為單因子、雙因子以及多因子三大類，其處理效應有固定效應 (fixed-effect) 和隨機效應 (random-effect)，二 (含二) 因子以上還有混合效應 (mixed-effect)。以混凝沉澱處理廢水汙染物的效果為例，如果只用不同混凝劑處理是為一因子處理，如果再用不同沉澱時間 (第二因子) 研究效果，是為雙因子處理，以此類推到多因子變異數分析。

　　變異數分析的原理，是根據下列假設推導出來的，所以在做變異數分析時最好先檢討分析數據是否滿足下面條件：

● 所有母體的觀測變數分布皆為常態分布。

● 所有母體的觀測變數之變異數 σ^2 皆相等、同質性或齊一性 (homogeneity)。

● 各母體的隨機抽樣皆是相互獨立。

　　有時分析的數據是靠實驗得到的，如果要做檢定，為了滿足上面的假設，所以在實驗前需要先設計方法、選擇實驗因子、安排取樣地點和取樣方法等，稱為實驗設計，這是統計講的實驗設計，包刮：

● 完全隨機設計 (Completely Randomized Design, CRD)：一因子隨機設計：只有一個或

數個變因 (或稱因子)，分成數組實驗，每一個因子和每一組實驗，都採完全隨機分派的方式實驗，而不受實驗人員主觀傾向的影響，稱為完全隨機設計。

● 因子實驗設計 (factorial experimental design)：在完全隨機設計僅能評量一個實驗變數對實驗結果的影響。若要同時評量兩個或兩個以上實驗變數對實驗結果的影響，即需要使用因子設計。因子設計的因子數可分為二個因子和多個因子的隨機設計。二因子設計 (two factorial design) 即是兩個實驗變數，又稱為二因子 (two-way) 的實驗設計。

　　例如研究自來水濁度的去除，只用三種混凝劑處理河水，混凝劑就是一個影響自來水水質的因子，沒有其他因子，所以是一因子 (one way) 設計；如果每一種混凝劑再分成四種濃度處理，有混凝劑和濃度兩種變因，所以是二因子的設計，以此類推為三因子…。所以實驗設計有單因子 (one way)、二因子和多因子完全隨機設計。三因子以上 (含) 變異數分析很複雜，將之簡化的有拉丁方格設計 (Latin square design) 等。

● 隨機集區設計 (Randomized Block Design, RBD)：與二因子的隨機設計相似，將其中一個因子分為數個集區 (Blocks)，Block 中文用詞也有用 "區集" 或 "區組" 表示。集區下分成數個組 (group)，或稱為處理 (treatment)。每個集區再進行隨機抽樣。例如研究肥料種類對牧草產量之影響，分別施肥料 A(對照組) 和沼液，首先考慮土質肥沃度可能不同 (就是一個變數或因子)，為了消除土質對牧草產量的影響，將土地分成三個集區，每塊集區下分為兩組 (兩塊地)，各施以肥料 A 和沼液是為處理，一個月後比較產量。

　　隨機集區設計的主要目的是降低集區變數所引起的誤差項，能更精確的比較出各集區是否有顯著差異。典型的隨機集區設計是只能控制一個外變數，若有一個以上的外在變數需要控制時，則必須使用拉丁方格設計或三個因子設計 (factorial design)。

● 拉丁方格設計計 (Latin Square Design, LSD)：是一種不完全三因子實驗設計，每因子必須具有相同的水準數。第一個因子的各水準行程方格的行，第二個因子的各水準行程方格的列，第三個因子的各水準則置於方格內，而且每個水準在各個行與列中僅能出現一次。

　　以上之統計實驗設計本處只是簡單介紹，不在本書討論範圍之內，請讀者另修實驗設計這門課。

9-2 一因子 (one way) 變異數分析

一因子產生 k 個效應，或稱水平 (level) 或稱處理 (treatment) 或稱分組 (group)，本書使用「組」或「分組」這個名稱。一因子變異分析是檢定處理效應是否相等，其檢定步驟如下：

1. 觀測數據表

若有 k 組，設 $i=1,2,\cdots,k$，第 i 組有 n_i 個隨機觀測值，不同組的 n_i 不一定要相等。設總樣本數為 N，$N=n_1+n_2+\cdots+n_k$。將各組觀測值寫成通表，如表 9.1。

⬤ 表 9.1：k 組數完全隨機之觀測數據

	1	**2**	$\cdots$	***i***	$\cdots$	***k***
1	x_{11}	x_{21}	$\cdots$	x_{i1}	$\cdots$	x_{k1}
2	x_{12}	x_{22}	$\cdots$	x_{i2}	$\cdots$	x_{k2}
$\vdots$	$\vdots$	$\vdots$	$\vdots$	$\vdots$	$\vdots$	$\vdots$
j	x_{1j}	x_{2j}	$\cdots$	x_{ij}	$\cdots$	x_{kj}
$\vdots$	$\vdots$	$\vdots$	$\vdots$	$\vdots$	$\vdots$	$\vdots$
n_i	x_{1n}	x_{2n}	$\cdots$	x_{in}	$\cdots$	x_{kn}
和 T_i	T_1	T_2	$\cdots$	T_i	$\cdots$	T_k
平均 $\bar{x}_i$	$\bar{x}_1$	$\bar{x}_2$	$\cdots$	$\bar{x}_i$	$\cdots$	$\bar{x}_k$
標準差 s_i	s_1	s_2	$\cdots$	s_i	$\cdots$	s_k

第 i 組的樣本平均數 $=\bar{x}_i=\dfrac{1}{n_i}\sum_{j=1}^{n_i}x_{ij}$，樣本總平均數 $=\bar{\bar{x}}=\dfrac{1}{N}\sum_{i=1}^{k}\sum_{j=1}^{n_i}x_{ij}$。

2. 一因子模式

任何一個觀測值可寫成下面通式：

$$x_{ij}=\mu_i+e_{ij}=\mu+\alpha_i+e_{ij}，i=1,2,\cdots,k，j=1,2,\cdots,n_i \tag{9.1}$$

式中，$\mu=$ 所有母體之總平均數

$\mu_i=$ 第 i 個母體之平均數。

$\alpha_i=\mu-\mu_i$ 第 i 組平均數與總平均數之差。

$e_{ij}=$ 殘差，假設成常態分配，其期望值為 0 標準差為 σ。

用圖 9.1 表示表 9.1 之數據及模式 (9.1) 式，圖中 $k=4$，有四組觀測值。

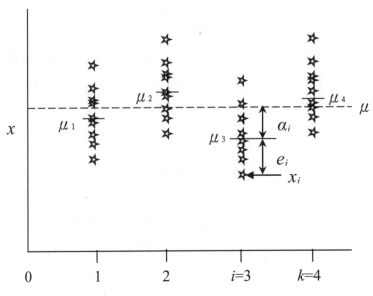

🎧 圖 9.1：一因子處理觀測值與模式之圖解

3. 虛無與對立假設

　　$H_0：\mu_1=\mu_2=\cdots=\mu_k=\mu$　，表示處理無效應。

　　$H_1：\mu_1 、 \mu_2 、 \cdots 、 \mu_k$，至少有兩個平均數不相等。

　　若令 $\alpha_i=\mu-\mu_i$，表示第 i 組的處理效應。上面虛無假設和對立假設可寫成：

　　$H_0：\alpha_1=\alpha_2=\cdots=\alpha_k=0$　，表示處理無效應。　　　　　　　　　(9.2)

　　$H_1：\alpha_1 、 \alpha_2 、 \cdots 、 \alpha_k$，至少有一不為 0。

4. 平方和 (Sum Squares) 與均方和 (mean squares)

　　　　變異分析必須用到各種平方和與均方和，列在 (9.3) 式～ (9.5) 式，本處只列出公式不推導。把平方和除以自由度 df 就是均方和，求法如下：

設總樣本數為 N，第 i 組樣本數為 n_i，$N=n_1+n_2+\cdots+n_k$，

● 總平方和 (sum squares of total，SST) 之 df：x_{ij} 總共有 N 個可以自由變動，求 $\bar{x}$ 用掉一個條件，所以 df$=N-1$。

● 組間平方和 (sum squares of among，SSA) 之 df：$\bar{x}_i$ 有 k 個可以變動，求 $\bar{\bar{x}}$ 用掉一個條件，所以 df$=k-1$。

● 誤差平方和 (sum squares of error，SSE) 之 df：x_{ij} 有 N 個可以自由變動，求 $\bar{x}_i$ 用掉 k 個條件，所以 df$=N-k$。

平方和：

$$SST = SSA + SSE \text{，總平方和} = \text{組間平方和} + \text{誤差平方和}$$

$$SST = S_{xx} = \sum_{i=1}^{k} \sum_{j=1}^{n_i} (x_{ij} - \overline{\overline{x}})^2 \text{，} i=1,2,\cdots, k \text{，} j=1,2,\cdots, n_i \qquad (9.3)$$

$$SSA = \sum_{i=1}^{k} (\overline{x}_i - \overline{\overline{x}})^2 \qquad (9.4)$$

$$SSE = \sum_{i=1}^{k} \sum_{j=1}^{n_i} (x_{ij} - \overline{x}_i)^2 \qquad (9.5)$$

均方和：

$$MSA = SSA/(k-1)$$

$$MSE = SSE/(N-k)$$

5. 變異數分析 (ANOVA) 表：

如表 9.2。

⤵ 表 9.2：一因子變異數分析表 (ANOVA)

變異來源	df	平方和	均方和	檢定值 F	$F_{(\alpha, k-1, N-k)}$
組間（處理）	$k-1$	SSA	MSA	MSA/MSE	
組內（誤差）	$N-k$	SSE	MSE		
總和	$N-1$	SST			

6. 臨界值：

　　統計學家證明 MSA/MSE 會成自由度 $k-1$=分子、$N-k$=分母之 F 分布。因為虛無假設 (9.2 式) 相當於檢定 α_i，F 越小越好，所以是右尾檢定，如圖 9.2。

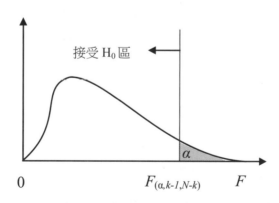

🎧 圖 9.2：變異數分析 F 檢定

7. 檢定值：又稱檢定統計量 $=F=$ MSA/MSE

8. 結論：$F \le F_{(\alpha,\,k-1,\,N-k)}$，接受 H_0，即處理無效應。

　　EXCEL 在 " 資料 " 有單因子、雙因子有重複和無重複觀測三種變異數分析，只要輸入數據，就可得到結果，舉例說明。

▶▶▶ ──●

 例 9.1　一因子變異數分析－各組觀測值個數相同時

有一學生用四種沉澱時間 (以 X_i 表示)，研究沉澱池對工廠廢水汙染物的去除率，實驗結果如表 9.3，問沉澱時間對汙染物的去除率是否有顯著差異？ ($\alpha = 0.05$)。

⟱ 表 9.3：一因子處理四組效應之實驗數據

沉澱時間，時		去除率，%									
1	X_1	85	83	75	92	83	82	80	78	84	84
1.5	X_2	76	88	74	79	86	89	95	88	84	90
2	X_3	85	82	77	84	66	81	79	76	78	83
3	X_4	83	91	92	88	85	84	75	89	93	87

解

● $H_0 : \mu_1 = \mu_2 = \mu_3 = \mu_4 = \mu$，表示處理無效應。

　$H_1 : \mu_1 \cdot \mu_2 \cdot \mu_3 \cdot \mu_4$，至少有兩個平均數不相等，即處理有效應。

● 用 EXCEL「資料」的「資料分析」裡的「單因子變異數分析」，結果列於表 9.4。

⟱ 表 9.4：單因子變異數分析 (EXCEL 的輸出)

組	個數	總和	平均	變異數
X_1	10	826	82.60	20.49
X_2	10	849	84.90	44.32
X_3	10	791	79.10	30.32
X_4	10	867	86.70	28.23

ANOVA

變源	SS	DF	MS	F	P- 值	F_α 臨界值
組間 (處理)	322.48	3	107.49	3.485	0.026	2.866
組內 (誤差)	1110.3	36	30.84			
總和	1432.78	39				

● 結論：若 $F=3.485>2.866=F_\alpha$，或 $P=0.026<0.05=\alpha$ 否定 H_0，即至少有一個沉澱時間對汙染有不同的去除效果。

> **註** 表 9.4 之 ANOVA 的 P-值是代表檢定值 $F=3.485$ 在 F 分配的截尾面積 (機率) $=0.026<\alpha=0.05$，所以要否定 H_0。

  例 9.2 一因子變異數分析─各組觀測值個數不同

在例 9.1 中，如果處理的第四組 X_4 的實驗數據少一個數據 87，做變異數分析結果又會如何？但 $\alpha=0.05$

解

● $H_0：\mu_1=\mu_2=\mu_3=\mu_4=\mu$ ，表示處理無效應。

● $H_1：\mu_1 \cdot \mu_2 \cdot \mu_3 \cdot \mu_4$，至少有兩個平均數不相等。

● 用 EXCEL 資料分析的「單因子變異分析」的結果如下表 9.5：

🔽 表 9.5：一因子處理各組觀測值不同

組	個數	總和	平均	變異數		
X_1	10	826	82.6	20.489		
X_2	10	849	84.9	44.322		
X_3	10	791	79.1	30.322		
X_4	9	780	86.7	31.750		
ANOVA						
變源	SS	自由度	MS	F	P-值	臨界值
組間	308.723	3	102.908	3.244	0.033	2.874
組內	1110.2	35	31.72			
總和	1418.923	38				

● 結論：因 $F=3.244>F_{0.05}=2.874$，或 $P<\alpha$ 否定 H_0，即至少有一個沉澱時間對汙染物有不同的去除效果。

9-3 二因子 (two way) 變異數分析

　　二因子的變異分析是有 A、B 兩種處理，每種處理可分為有重複觀測和未重複觀測，只有重複觀測值的數據才可以檢定 AB 交乘的影響。舉例說明什麼叫交乘作用：假設有一隻雞，飼料裡分別單獨添加維他命 A 或維他命 B 時，每天各長 1 公克，若同時添加 A 和 B 時，每天長 2 公克，表示維他命 A、B 對雞的生長沒有交叉作用；如果每天長 2.5 公克，多的 0.5 公克就是為維他命 A、B 的交乘作用。

9.3.1 二因子未重覆試驗之變異數分析

　　二因子未重複數據的變異數分析與一因子檢定方法相近，其觀測數值表與表 9.1 相似，因過於複雜，本書不列出觀測數據表，其他變異數分析過程如下。

(1) 統計模式

　　設 A 因子有 a 組，B 因子有 b 組，a、b 都是正整數，任一觀測值可以寫成

$$x_{ij} = \mu + \alpha_i + \beta_i + e_{ij} , \ i=1,2,\cdots,a , \ j=1,2,\cdots,b 。 \tag{9.6}$$

　　μ 是母體之總平均數，α_i 是 A 因子各組間產生的效應 (差異)，β_i 是 B 因子各組間產生的效應，e_{ij} 是隨機效應。

(2) 假設：

　　$a.$ H_0：$\alpha_1 = \alpha_2 = \alpha_i = \cdots = \alpha_a = 0$，(即 A 因子之處理結果無差異)

　　　H_1：$\alpha_1, \alpha_2, \cdots, \alpha_a$ 中至少有一個不為 0，即 A 因子之處理 (組) 不同效應。

　　$b.$ H_0'：$\beta_1 = \beta_2 = \beta_i = \cdots = \beta_b = 0$，(即 B 因子之處理結果無差異)

　　　H_1'：$\beta_1, \beta_2, \cdots, \beta_b$ 中至少有一個不為 0，即 B 因子之處理不同效應。

(3) 變異分析表：如表 9.6。用 EXCEL「資料分析」之「二因子變異分析：無重複觀測」，把實驗資料輸入按確定，結果會全部印出來。

● 表 9.6：二因子無重複觀測之變異數分析表 (ANOVA)

變異來源	平方和	自由度	均方	F	F_α
A(組間)	SSA	$a-1$	MSA=SSA/$(a-1)$	F=MSA/MSE	$F_{(\alpha, a-1, m)}$
B(組間)	SSB	$b-1$	MSB=SSB/$(b-1)$	F'=MSB/MSE	$F'_{(\alpha, b-1, m)}$
誤差	SSE	$m=(a-1)(b-1)$	MSE=SSE/m		
總和	SST	$ab-1$			

$$SST = SSA + SSB + SSE$$

$$SST = \sum_{j=1}^{b} \sum_{i=1}^{a} (x_{ij} - \bar{\bar{x}})^2 \text{，總平均} = \bar{\bar{x}} = \frac{1}{ab} \sum_{j=1}^{b} \sum_{i=1}^{a} x_{ij}$$

$$SSA = b\sum_{i=1}^{a} (\bar{x}_{i\cdot} - \bar{\bar{x}})^2 \text{，} \bar{x}_{i\cdot} = \frac{1}{b} (\bar{x}_{i1} + \bar{x}_{i2} + \cdots\cdots + \bar{x}_{ib})$$

$$SSB = a\sum_{j=1}^{b} (\bar{x}_{\cdot j} - \bar{\bar{x}})^2 \text{，} \bar{x}_{\cdot j} = \frac{1}{a} (\bar{x}_{1j} + \bar{x}_{2j} + \cdots\cdots + \bar{x}_{aj})$$

$$SSE = \sum_{j=1}^{b} \sum_{i=1}^{a} e_{ij}^2 = SST - SSA - SSB$$

(4) 檢定值：A 因子之檢定值$= F = MSA/MSE$，B 因子$= F' = MSB/MSE$

(5) 臨界值：$F_{(\alpha, a-1, m)}$，和 $F'_{(\alpha, b-1, m)}$，$m = (a-1)(b-1)$。

(6) 結論：$F \leq F_{(\alpha, a-1, m)}$ 接受 H_0，$F' \leq F'_{(\alpha, b-1, m)}$ 接受 H'_0 之區域。

▶▶▶ ━━━━━━━━━━━━━━━━━━━━━━━━━━━━━━━━━━━━━●

例 9.3　分析一工廠廢水之氰化鹽濃度，取樣時分別取 25ml、2.5ml 及 0.25ml 三種體積，每一種體積各以 15 分、30 分及 45 分三種時間蒸餾之，所得之結果如表 9.7。問水樣之體積與蒸餾時間對分析濃度有無影響？但 $\alpha = 5\%$。

◑ 表 9.7 實驗數據表

蒸餾時間 (B 因子)　水樣體積 (A 因子)	15 分	30 分	45 分	合計	平均
25ml	178	221	228	627	209
2.5ml	174	226	182	582	194
0.25ml	212	224	235	671	223.7
合計	564	671	645	1880	626.7
平均	188	223.7	215.0	626.7	208.9

解

● 假設：

　(a) H_0：水樣體積對分析結果沒有顯著之影響。

　　H_1：水樣體積對分析結果有顯著之影響。

　(b) H'_0：蒸餾時間對分析結果沒有顯著之影響。

　　H'_1：蒸餾時間對分析結果有顯著之影響。

● 變異分析表

雙因子-變異數分析：無重複試驗				
摘要	個數	總和	平均	變異數
25ml	3	627	209	733
2.5ml	3	582	194	784
0.25ml	3	671	223.67	132.33
15min	3	564	188	436
30min	3	671	223.67	6.33
45min	3	645	215	829

ANOVA

變源	SS	自由度	MS	F	P-值	$F_{0.05}$ 臨界值
水樣體積	1320.222	2	660.111	2.160	0.231	6.944
蒸餾時間	2076.222	2	1038.11	3.400	0.137	6.944
誤差	1222.444	4	305.611			
總和	4618.889	8				

● 結論

(a) 因 $F = 2.16 < 6.944$，故接受 H_0 之假設。

(b) 因 $F' = 3.400 < 6.944$，故接受 H_0' 之假設。

水樣體積在 0.25~25ml 間，以及蒸餾時間在 15~45 分間，對分析氰化物濃度無顯著影響。

9.3.2 隨機集區設計 (Randomized block design) 變異數分析

在進行隨機區集設計的變異數分析時，重點仍是放在檢定各組間是否有差異，而不是集區變數間是否有差異。但隨機集區設計相似二因子分析，把第一個因子看成集區，所以集區設計模式與二因子之設計模式相同，故變異數分析也一樣，舉例說明。

 例 9.4　在例 9.3 中如果把水樣的體積視為集區，集區分成 3 個組，每組有三種不同時間的蒸餾，變異數分析出來的結果是相同，所以本處省列。

9.3.3 二因子等次數重覆試驗變異數分析法—有交互影響之檢定

二因子各組重覆試驗之次數可以不等，惟變異數分析法較複雜，超出本書範圍，故下面只介紹重覆試驗次數相等之情形。

設觀測值或變數三個下標：

$i = A$ 因子處理別，$i = 1,2,...,a$

$j = B$ 因子處理別，$j = 1,2,\cdots,b$

$k = $ 重覆試驗次數別，$k = 1,2,\cdots,c$

(1) 統計模式

$$x_{ijk} = \mu + \alpha_i + \beta_j + (\alpha\beta)_{ij} + e_{ijk}$$

$\alpha\beta$ 為交叉效應。

(2) 假設

a. 假設 A 因子處理無差異

H_{10}：$\alpha_1 = \alpha_2 = \cdots = \alpha_i = \cdots = \alpha_a = 0$

H_{11}：$\alpha_1, \alpha_2, \cdots, \alpha_a$ 中至少有一個不為 0。

b. 假設 B 因子處理無差異

H_{20}：$\beta_1 = \beta_2 = \cdots = \beta_j = \cdots = \beta_b = 0$

H_{21}：$\beta_1, \beta_2, \cdots, \beta_b$ 中至少有一個不為 0。

c. 假設 AB 兩因子無交互影響

H_{30}：$(\alpha\beta)_{11} = (\alpha\beta)_{12} = \cdots = (\alpha\beta)_{ij} = \cdots = (\alpha\beta)_{bc} = 0$

H_{31}：$(\alpha\beta)_{11}, (\alpha\beta)_{12}, \cdots, (\alpha\beta)_{bc}$ 中至少有一個不為 0。

(3) 各種平方和

SST = SSA + SSB + SSA × B + SSE

$$SST = \sum_{i=1}^{a} \sum_{j=1}^{b} \sum_{k=1}^{c} (x_{ijk} - \overline{\overline{x}})^2, \quad \overline{\overline{x}} = \frac{1}{abc} \sum_{i=1}^{a} \sum_{j=1}^{b} \sum_{k=1}^{c} x_{ijk}$$

$$SSA = bc \sum_{i=1}^{a} (\overline{x}_{i\cdot\cdot} - \overline{\overline{x}})^2, \quad \overline{x}_{i\cdot\cdot} = \frac{1}{bc} \sum_{j=1}^{b} \sum_{k=1}^{c} x_{ijk}$$

$$SSB = ac \sum_{j=1}^{b} (\overline{x}_{\cdot j\cdot} - \overline{\overline{x}})^2, \quad \overline{x}_{\cdot j\cdot} = \frac{1}{ac} \sum_{i=1}^{a} \sum_{k=1}^{c} x_{ijk}$$

$$\text{SSA} \times \text{B} = c\sum_{i=1}^{a} \sum_{j=1}^{b} (\bar{x}_{ij.} - \bar{x}_{i..} - \bar{x}_{.j.} + \bar{\bar{x}})^2 \,\text{,}\, \bar{x}_{ij.} = \frac{1}{c} \sum_{k=1}^{c} x_{ijk}$$

$$\text{SSE} = \sum_{i=1}^{a} \sum_{j=1}^{b} \sum_{k=1}^{c} (x_{ijk} - \bar{x}_{ij.})^2$$

各種計算平方和的公式很複雜，尤其數據多時更困難，實用上用 EXCEL 的「資料分析」裡的「雙因子變異數分析：重複觀測」，只要把實驗資料輸進去，全部計算出來。

(4) 變異分析表

變異來源	平方和	自由度	均方	F	F_α
A 因子	SSA	$a-1$	MSA	$F_1 = \text{MSA/MSE}$	
B 因子	SSB	$b-1$	MSB	$F_2 = \text{MSB/MSE}$	
A × B	SSA × B	$(a-1)(b-1)$	MSA × B	$F_3 = \text{MSA} \times \text{B/MSE}$	
誤差	SSE	$ab(c-1)$	MSE		
總和	SST	$abc-1$			

＊平方和÷自由度＝均方

(5) 結論

接受 H_{10} 之區域：$F_1 \le F_{\alpha[(a-1),ab(c-1)]}$

接受 H_{20} 之區域：$F_2 \le F_{\alpha[(b-1),ab(c-1)]}$

接受 H_{30} 之區域：$F_3 \le F_{\alpha[(a-1)(b-1),ab(c-1)]}$

 例 9.5　同例 9.3，但每一因子各做了三次之重覆觀測，其結果如表 9.8，檢定水樣體積、蒸餾時間以及水樣體積與蒸餾時間交乘作用，有無影響分析之結果。但 $\alpha=0.05$。

表 9.8：觀測數值表

水樣體積	蒸餾時間			$\sum_{i=1}^{a} \sum_{j=1}^{b} x_{ijk}$
	B_1(15 分)	B_2(30 分)	B_3(45 分)	
A$_1$(25ml)	214	221	246	1999
	209	232	240	
	178	231	228	

● 表 9.8：觀測數值表 (續)

水樣體積	蒸餾時間			$\sum_{i=1}^{a} \sum_{j=1}^{b} x_{ijk}$
	B_1(15 分)	B_2(30 分)	B_3(45 分)	
A$_2$(2.5ml)	174	227	215	1760
	194	226	198	
	146	198	182	
A$_3$(0.25ml)	146	224	230	1865
	169	237	235	
	212	210	202	
Tot$_a$l	1642	2006	1975	5624

解

● 假設

$a.H_{10}$：$\alpha_1 = \alpha_2 = \cdots = \alpha_i = \cdots = \alpha_a = 0$

（即水樣體積對分析結果之影響不顯著）

　H_{11}：$\alpha_1, \alpha_2, \cdots, \alpha_a$ 中至少有一個不為 0

（即水樣體積對分析結果有顯著之影響）。

$b.H_{20}$：$\beta_1 = \beta_2 = \cdots = \beta_j = \cdots . = \beta_b = 0$

（即蒸餾時間對分析結果之影響不顯著）

　H_{21}：$\beta_1, \beta_2, \cdots, \beta_b$ 中至少有一個不為 0

（即蒸餾時間對分析結果顯著之影響）。

$c.H_{30}$：$(\alpha\beta)_{11} = (\alpha\beta)_{12} = \cdots = (\alpha\beta)_{ij} = \cdots = (\alpha\beta)_{ab} = 0$

（即蒸餾時間與水樣體積對分析結果沒顯著之交叉影響）

　H_{31}：$(\alpha\beta)_{11}, (\alpha\beta)_{12}, \cdots, (\alpha\beta)_{ab}$ 中至少有一個不為 0

（即蒸餾時間與水樣體積對分析結果顯著之交叉影響）。

● 變異數分析表：用 EXCEL「資料分析」之「二因子變異分析：重複觀測」，把實驗資料輸入，按確定，輸出結果：

雙因子變異數分析：重複試驗		15min	30min	45min	總和
25ml	個數	3	3	3	9
	總和	601	684	714	1999
	平均	200.3	228	238	222.1
	變異數	380.3	37	84	410.9
2.5ml	個數	3	3	3	9
	總和	514	651	595	1760
	平均	171.3	217	198.3	195.6
	變異數	581.3	271	272.3	676.5
0.25ml	個數	3	3	3	9
	總和	527	671	667	1865
	平均	175.7	223.7	222.3	207.2
	變異數	1122.3	182.3	316.3	965.7
總和	個數	9	9	9	
	總和	1642	2006	1976	
	平均	182.4	222.9	219.6	
	變異數	704.6	145.6	467.5	

ANOVA

變源	SS	自由度	MS	F	P- 值	臨界值
水樣體積	3188.96	2	1594.481	4.420	0.0275	3.555
蒸餾時間	9072.300	2	4536.148	12.573	0.0004	3.555
交乘作用	858.370	4	214.593	0.595	0.6709	2.928
誤　差	6494	18	360.778			
總和	19613.63	26				

● 結論

a. 因為 $F_1 = 4.420 > F_{0.05}$，故否定 H_{10} 之假設，即水樣體積對分析結果有明顯之影響。

b. 因為 $F_2 = 12.57 > F_{0.05}$ 或 $F_{0.01}$，故否定 H_{20} 之假設，即蒸餾時間對分析結果有非常顯著之影響。

c. 因為 $F_3 = 0.595 < F_{0.05} < F_{0.01}$，故接受 H_{30} 之假設，即蒸餾時間與水樣體積對分析結果無顯著交互影響。

Ex.9.1 分別以實驗室規模，用活性污泥法 (ASP)、滴濾池法 (TF) 和旋轉生物盤法 (RBC) 處理成大學生宿舍污水，在正常操作下測得各法之放流水 BOD_5 濃度分別如下表，問：

(1) 三種處理方法對污水的處理效果是否有顯著差異？$\alpha=5\%$。

(2) ASP 與 TF 法對污水的處理效果是否有顯著差異？$\alpha=5\%$。

處理方法	放流水 BOD_5，mg/L				
ASP	55	49	42	21	52
TF	61	112	30	89	63
RBC	42	97	81	95	92

Ex.9.2 某市設有 A 至 E 五個空氣品質監測站，在某年一月各週隨機測得一個樣本，其 PM 2.5 濃度如下 Table 9.3，問 (1) 各測站 PM2.5 一月的平均濃度是否有顯著性之差異？(2) 各站各週 PM2.5 濃度有無顯著性之差異？$\alpha=5\%$。單位：$\mu g/m^3$。

◑Table 9.3

測站	週別			
	1	2	3	4
A	15	31	20	30
B	22	11	45	26
C	33	37	30	44
D	10	31	49	34
E	37	30	36	21

Ex.9.3 以明礬、綠礬和聚合鋁酸鹽 (PAC) 處理染整廢水，並分別加以不同濃度之助凝劑，經實驗結果得處理水之 COD 濃度如下表，問

(1) 混凝劑的種類對處理效果有沒有顯著差異？$\alpha=5\%$。

(2) 不同助凝劑加量對處理效果有沒有顯著差異？$\alpha=5\%$。

(3) 混凝劑種類和助凝劑加量對處理效果有沒有顯著交叉效應？ $\alpha = 5\%$。

混凝劑	助凝劑加量 (mg/L)	COD 去除率%			
明礬	0.4	56	45	43	46
	0.8	60	50	45	48
	1.2	66	57	50	50
綠礬	0.4	65	61	60	63
	0.8	60	58	56	60
	1.2	53	53	48	55
PAC	0.4	60	61	50	53
	0.8	62	68	67	60
	1.2	73	77	77	65

相關與迴歸分析

10-1 前言

在環境工程和科學領域裡，常用模式來預測或做設計。模式可分為理論和經驗兩大類，理論模式是根據物理、化學或生物原理和過程推導出來。經驗模式是以實驗或觀測資料，應用迴歸分析的原理，選擇一個最佳模式；在環境品質與污染負荷之關係，常會使用到迴歸分析。

本章先介紹簡單相關及其迴歸模式，接著介紹複迴歸和多項式迴歸模式，最後舉例說明最佳迴歸模式 (經驗公式) 選擇的原理，計算過程全部利用 EXCEL 軟體。

● 簡單線性迴歸分析 (simple linear regression analysis)：兩個隨機變數 X 與 Y 的數學方程式，常令 X 為自變數 (independent variable)，Y 為因變數 (dependent variable)。若 X 方程式僅限於一次方，稱為簡單線性迴歸方程式，簡稱為簡線型迴歸方程式，其分析的原理是所有迴歸方程式分析的基礎。代表性樣本迴歸方程式可寫成

$$\hat{y} = b_0 + b_1 x_1$$

b_0、b_1 為常數，稱為樣本迴歸係數。

● 多項迴歸分析 (polynomial regression analysis)：與簡線型迴歸相同，不同在於自變數可為多次方，其樣本迴歸方程式為

$$\hat{y} = b_0 + b_1 x + b_2 x^2 + b_3 x^3 + \cdots + b_{k-1} x^{k-1}$$

b_0、b_1……、b_{k-1} 為常數。

● 複迴歸分析 (multiple linear regression analysis)：討論一個因變數 Y 與 $k-1$ 個自變數 $(X_1$、X_2、$\cdots X_{k-1})$ 間之關係及其迴歸方程式，k 為正整數。以兩個自變數 $(k=3)$ 為例的複迴歸方程式為

高次迴歸模式：$\hat{y} = b_0 + b_1 x_1 + b_{11} x^2_1 + b_2 x_2$

交乘迴歸模式：$\hat{y} = b_0 + b_1 x_1 + b_{12} x_1 x_2 + b_2 x_2$

b_{11}、b_{12} 等均為常數。

交乘迴歸模式是用在自變數有交乘作用的模式裡。交乘作用的定義。請看 9.3 節上面高次或交乘迴規模式，如果設 $b_{11}x_1^2 = b_3x_3$ 或 $b_{12}x_1x_2 = b_3x_3$，上面兩式可化成：

$$\hat{y} = b_0 + b_1x_1 + b_2x_2 + b_3x_3$$

變成平面 (線性) 複迴規模式，分析方法也比照多項迴歸分析。本書下面皆以平面方式說明迴歸模式的分析方法，交乘迴歸或高次迴歸式比照處理。

10-2 簡單相關與相關係數

1. 相關係數的定義與意義

兩個隨機變數 X 與 Y 相關的程度，可用相關係數表示。母體的相關係數用 ρ 表示，公式如 (10.1) 式；從母體抽出 n 組樣本 x_i 與 y_i $(i = 1 \sim n)$，x 與 y 的樣本相關係數以 (10.2) 式定義：

母體相關係數： $$\rho = \frac{Cov(x,y)}{\sigma_x\sigma_y} = \frac{\sigma_{xy}}{\sigma_x\sigma_y} \qquad (10.1)$$

樣本相關係數： $$r = \frac{S_{xy}}{\sqrt{S_{xx}}\sqrt{S_{yy}}} \qquad (10.2)$$

(10.1) 式 X 與 Y 的共變數 $Cov(X, Y)$，已在第四章 (4.27a) 式定義過，共變數可為正數或負數，所以相關係數有正數或負數，最大是 1 最小是 −1。(10.2) 式

$$S_{xy} = \sum_{i=1}^{n} (x_i - \bar{x})(y_i - \bar{y}) ,$$
$$S_{xx} = \sum_{i=1}^{n} (x_i - \bar{x})^2 , \qquad (10.3)$$
$$S_{yy} = \sum_{i=1}^{n} (y_i - \bar{y})^2 .$$

上面 S_{xy} 唸做 XY 和，S_{xx} 唸做 X 平方和，S_{yy} 唸做 Y 平方和。因為 S_{xy} 可能是正數或負數，所以樣本相關係數有正相關或負相關，$1 \leq r \leq -1$，各種相關程度與相關係數間之關係如下表：

- $|r| = 1$：　　　　完全相關，如圖 10.1(a) 觀測點完全在直線上。
- $1 < |r| \leq 0.7$：　高度相關，如圖 10.1(b) 觀測點分佈在迴歸線周圍。
- $0.7 < |r| \leq 0.3$：中度相關，如圖 10.1(c) 觀測點離迴歸線較遠。
- $0.3 < |r| < 0$：　低度相關，觀測點散佈離迴歸線更遠。
- $|r| = 0$：　　　　完全無關，觀測點紛亂散佈如圖 2.5。

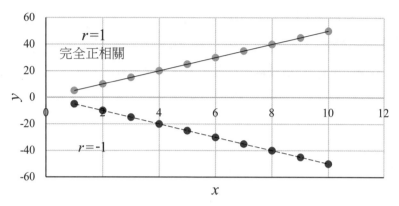

⋒ 圖 10.1(a)：X 與 Y 完全相關

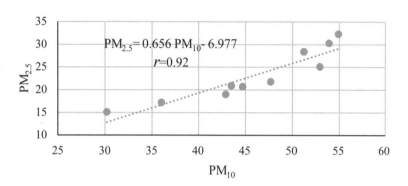

⋒ 圖 10.1(b)：高度正相關 (100-109 年 $PM_{2.5}$ 與 PM_{10})

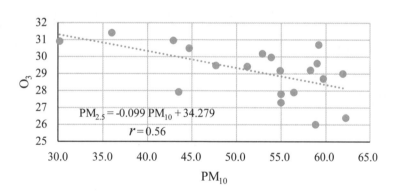

⋒ 圖 10.1(c) 中度相關 (90-109 年 PM_{10} 與 O_3)

(10.2) 式是求樣本相關係數的公式，EXCEL 的「資料分析」內有「相關係數」，可求得兩個變數間之簡單相關係數，方法參看下例。

例 10.1　表 10.1 是台灣自 90 年 -109 年空氣品質的觀測數據，其中 PM$_{2.5}$ 從 100 年起才開始觀測。求各種污染物間之簡單相關係數。

🎧 表 10.1：台灣歷年來一些重要空氣品質濃度 (單位：μg/m^3)

年代	90	91	92	93	94	95	96	97	98	99
PM$_{2.5}$	—	—	—	—	—	—	—	—	—	—
PM$_{10}$	58.8	54.9	54.7	61.9	62.2	59.7	59	58.2	59.2	56.4
SO$_2$	4.4	3.9	3.8	4.4	5.5	4.9	4.8	4.6	4.2	4.3
NO$_2$	22	19.9	19.6	20.9	19.1	18.8	18.5	17.5	16.8	17.5
CO	0.72	0.66	0.66	0.58	0.57	0.55	0.55	0.5	0.48	0.5
O$_3$	26	27.3	27.8	29	26.4	28.7	29.6	29.2	30.7	27.9
年代	100	101	102	103	104	105	106	107	108	109
PM$_{2.5}$	32.3	28.4	30.3	25.1	21.8	20.9	20.7	19	17.2	15.1
PM$_{10}$	54.9	51.2	53.9	52.9	47.7	43.5	44.7	42.9	36	30.2
SO$_2$	3.98	3.44	3.59	3.54	3.18	3.03	2.95	2.75	2.3	2.13
NO$_2$	16.65	15.41	15.18	15.24	14.21	14.11	13.48	12.7	12.06	11.16
CO	0.48	0.47	0.46	0.45	0.44	0.46	0.39	0.38	0.38	0.35
O$_3$	29.18	29.42	29.96	30.17	29.48	17.92	30.49	30.95	31.4	30.9

解

● 在 EXCEL 的「資料分析」，按「相關分析」如圖 10.2，輸入表 10.1 之數據。因 PM$_{2.5}$ 從 100 年以前沒有資料，所以取 100-109 年之數據。

● 點「逐欄」(本例在 EXCEL 的數據是以欄排列，若以列排列要點「逐列」)。

● 各污染物間之簡單相關係數距陣列在表 10.2。

● 表中 PM$_{2.5}$ 與 PM$_{10}$ 的簡單相關係數 $r=0.92$，是用公式 (10.2) 式計算出來的。同理可算出 PM$_{2.5}$ 與 SO$_2$ 的相關係數 $=0.95$，與 NO$_2$ 的 $r=0.95$，與 CO 的 $r=0.87$，與臭氧 O$_3$ 的 $r=-0.49$。

● 同理求得 PM$_{10}$ 與 SO$_2$ 的簡單相關係數 $=0.98$，與 NO$_2$ 的 $r=0.96$，⋯。

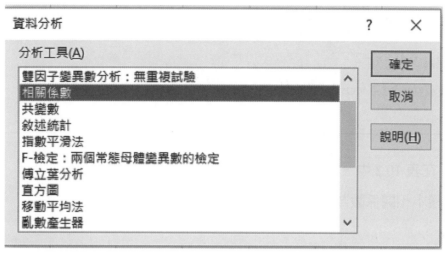

圖 10.2：EXCEL 資料分析之相關係數

⬆ 圖 10.2：EXCEL 資料分析之相關係數

⬇ 表 10.2：簡單相關距陣 (100 年 -109 年)

	$PM_{2.5}$	PM_{10}	SO_2	NO_2	CO	O_3
$PM_{2.5}$	1					
PM_{10}	0.92	1.00				
SO_2	0.95	0.98	1.00			
NO_2	0.95	0.96	0.99	1.00		
CO	0.87	0.87	0.91	0.94	1.00	
O_3	-0.49	-0.49	-0.58	-0.63	-0.79	1

2. 相關係數之檢定

本處只介紹相關係數是否等於 0 之檢定，檢定的原理如下：

自含有隨機變數 (X, Y) 之母體，抽出 n 組樣本 (x_i, y_i)，用 (10.2) 式求出相關係數 r，統計量 $t=r\sqrt{\dfrac{n-2}{1-r^2}}$，會成自由度 $df=n-2$ 之 t 分布。母體相關係數 ρ 之檢定統計量為 $t=r\sqrt{\dfrac{n-2}{1-r^2}}$，其檢定步驟如下：

● $H_0 : \rho=0$

$H_1 : \rho \neq 0$，屬於雙尾檢定。

- 檢定統計量：$t = r\sqrt{\dfrac{n-2}{1-r^2}}$。

- 臨界值：$t_{\alpha/2}$，$df = n-2$。

- 結論：若 $-t_{0.025} \le t \le t_{0.025}$，接受 H_0。

　例 10.2　在表 10.2 中，檢定臭氧和 PM_{10} 的相關係數是否為 0？

解 兩者之樣本相關係數為 $r = -0.49$，$n = 10$。

- $H_0 : \rho = 0$

  $H_1 : \rho \ne 0$，屬於雙尾檢定。

- 檢定統計量：$t = r\sqrt{\dfrac{n-2}{1-r^2}} = -0.49\sqrt{\dfrac{10-2}{1-0.49^2}} = -1.590$

- 臨界值：$df = 8$，$-t_{0.025} = -2.306 < -1.590$。

- 結論：接受 H_0，即臭氧和 PM_{10} 的相關係數可能為 0。

10-3 簡線型迴歸分析

　　迴歸分析的目的是用不同變數建立迴歸模式，以做為預測之用，例如表 10.1 的空氣品質監測數據，$PM_{2.5}$ 在 100 年以前沒有數據，要預測以前濃度，要先建立模式，再經檢定合格後才能做為預測。

10.3.1 簡線型迴歸方程式

1. 迴歸方程式

　　以 X 為自變數 Y 為因變數，X 與 Y 之間有直線關係存在，可用下列直線迴歸方程式表示，如果從母體 (X, Y) 抽出 n 組樣本 $(x_1, y_1), \cdots, (x_n, y_n)$，得樣本迴歸方程式：

母體迴歸方程式：	$y_i = \beta_0 + \beta_1 x_i + \varepsilon_i$	(10.4a)
或	$E(y_i) = \beta_0 + \beta_1 x_i$	(10.4b)
樣本迴歸方程式：	$y_i = b_0 + b_1 x_i + e_i$	(10.5a)
或	$\hat{y}_i = b_0 + b_1 x_i$	(10.5b)

上面兩式之 β_0、β_1、b_0、b_1 分別為母體和樣本迴歸係數，x_i、y_i 為觀測值，$i=1,2\cdots,n$，$E(y_i)$ 為 Y 之期望值，$\hat{y}_i$ 用 x_i 計算出來之估計值，ε_i 為誤差，e_i 為殘差。

| 估計誤差 (error) | $\varepsilon_i = y_i - E(y_i)$ |
| 估計殘差 (residual) | $e_i = y_i - \hat{y}_i$ |

　　若用圖形表示觀測點與迴歸直線的關係，從圖 10.3 解釋他們之間的幾何意義：

● 圖上 (x_i, y_i) 是第 i 組觀測值，其他觀測值沒有畫在圖上。

● 直線 $E(y_i) = \beta_0 + \beta_1 x_i$ 是母體迴歸直線，本處稱為真迴歸線，直線 $\hat{y}_i = b_0 - b_1 x_i$ 是樣本迴歸線。本處為了使 ε_i 和 e_i 畫在圖上，故意把兩條直線畫得很開，實際上兩條直線比較靠近，尤其樣本數 n 越大越靠近，當 $n \to \infty$ 兩條直線重疊，此時 $b_0 = \beta_0$，$b_1 = \beta_1$ 以及 $e_i \to \varepsilon_i$。

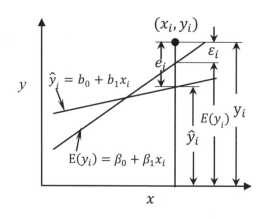

◎ 圖 10.3：觀測值、樣本迴歸線、母體迴歸線間之關係

● 在迴歸分析是假設一個 x_i 下有很多 y_i 觀測值存在，且假設 y_i 成期望值 $E(y_i)$、標準差 $V(y_i) = \sigma_{y_i}^2 (= \sigma^2 = 定值)$ 之常態分配，圖 10.4 表示這種假設，圖中真迴歸線穿過 $E(y_i)$。

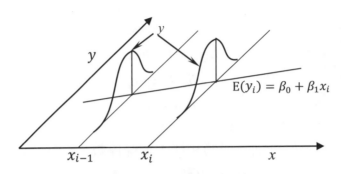

♠ 圖 10.4：觀測值 y 之分佈

2. 迴歸係數的求法

母體迴歸方程式的 β_0 和 β_1 是未知之母數 (參數)，用樣本迴歸係數去推估，估計值分別用 $\hat{\beta}_0(=b_0)$ 和 $\hat{\beta}_1(=b_1)$ 表示，所以樣本迴歸方程式 (10.5) 式可以寫成：

$$y_i = \hat{\beta}_0 + \hat{\beta}_1 x_i + e_i \tag{10.6a}$$

$$\hat{y}_i = \hat{\beta}_0 + \hat{\beta}_1 x_i \tag{10.6b}$$

$\hat{\beta}_0$ 和 $\hat{\beta}_1$ 代表樣本迴歸係數，理論上是用最小平方法 (least square method) 原理求得，包括 EXCEL 的「迴歸」，原理如下。

整理 (10.6a) 式並平方 e_i 使之變成正值，累積 n 個平方和，得

$$\sum_{i=1}^{n} e_i^2 = \sum_{i=1}^{n} \{y_i - (\hat{\beta}_0 + \hat{\beta}_1 x_i)\}^2 = \sum_{i=1}^{n} (y_i - \hat{y}_i)^2 = \text{SSE} \tag{10.7}$$

因為 x_i、y_i 是觀測值 (是定值)，$\hat{\beta}_0$、$\hat{\beta}_1$ 是待估計之變數，為使估計誤差 (SSE) 最小，所以 SSE 對 $\hat{\beta}_0$ 和 $\hat{\beta}_1$ 的一階微分 $=0$，(10.7) 式對 $\hat{\beta}_0$ 和 $\hat{\beta}_1$ 偏微分得

$$\frac{\partial(\text{SSE})}{\partial\hat{\beta}_0} = 0 , \Rightarrow \qquad \sum y_i = n\hat{\beta}_0 + \hat{\beta}_1 \sum x_i \tag{10.8a}$$

$$\frac{\partial(\text{SSE})}{\partial\hat{\beta}_1} = 0 , \Rightarrow \qquad \sum x_i y_i = \hat{\beta}_0 \sum x_i + \hat{\beta}_1 \sum x_i^2 \tag{10.8b}$$

(10.8) 兩式稱為正規方程式 (normal equations)，可以解出兩個未知數 $\hat{\beta}_0(=b_0)$ 和 $\hat{\beta}_1(=b_1)$。

(10.8a) 式兩邊除以指數 n，得 $\dfrac{\sum y_i}{n} = \hat{\beta}_0 + \hat{\beta}_0 + \hat{\beta}_1 \dfrac{\sum x_i}{n}$，即

$$\bar{y} = \hat{\beta}_0 + \hat{\beta}_1 \bar{x} \tag{10.9a}$$

(10.9a) 式的意義是樣本迴歸方程式通過平均值 $(\bar{x} , \bar{y})$ 這點。有時迴歸線必須強迫通過定點 $C(c_1 , c_2)$，例如虎克定律，應變 y 與應力 x 成正比，因理論上應力 $x=0$ 時應變

$y=0$，所以方程式必須通過 (0,0) 原點。

當迴歸線必須通過定點 $C(c_1 , c_2)$ 時，$x=c_1$、$y=c_2$ 代入 (10.6a) 式得

$$c_2 = \hat{\beta}_0 + \hat{\beta}_1 c_1 \tag{10.9b}$$

解 (10.9a) 和 (10.9b) 兩式可得 $\hat{\beta}_0$ 和 $\hat{\beta}_1$，$\hat{\beta}_1$ 為迴歸直線之斜率，如果斜率為 0，代表 $y_i \approx \hat{\beta}_0 + e_i$，等於一個常數。

 例 10.3　空氣品質站測值如表 10.1：(1) 求 90 年到 109 年 PM_{10} 和 SO_2 之迴歸方程式。(2)PM_{10} 和 $PM_{2.5}$ 的相關係數很高，求其迴歸方程式，並推估 100 年以前 $PM_{2.5}$ 的濃度。

解

(1) 求 90 年到 109 年 PM_{10} 和 SO_2 之迴歸方程式。

　　設 PM_{10} 為 x，SO_2 為 y。

　　設迴歸模式為：$SO_2 = b_0 + b_1 PM_{10} + e_i$，或 $y_i = b_0 + b_1 x_i + e_i$

● 解法一：最小平方法

　　$\sum x = 58.8 + 54.9 + \cdots + 36 + 30.2 = 1043.3$，(計算表如下)

　　$\sum y = 4.4 + 3.9 + \cdots + 2.3 + 2.13 = 75.69$

　　$\sum x^2 = 58.8^2 + 54.9^2 + \cdots + 36^2 + 30.2^2 = 55878.97$

　　$\sum xy = 58.8 \times 4.4 + \cdots + 30.2 \times 2.13 = 4087.14$

　　(10.8a) 式：$\sum y_i = n\hat{\beta}_0 + \hat{\beta}_1 \sum x_i$，$75.69 = 20b_0 + 1043.3b_1$

　　(10.8b) 式：$\sum x_i y_i = \hat{\beta}_0 \sum x_i + \hat{\beta}_1 \sum x_i^2$，$4087.14 = 1043.3b_0 + 55878.97b_1$

　　解上兩式得：$b_0 = -1.1896$，$b_1 = 0.0953$。

迴歸方程式：$\widehat{SO_2} = -1.1896 + 0.0953 \times PM_{10}$ 或 $\hat{y}_i = -1.1896 + 0.0953x_i$

年代	90	91	92	93	94	95	96	97	98	99
$x = PM_{10}$	58.8	55	55	61.9	62.2	59.7	59.0	58.2	59.2	56.4
$y = SO_2$	4.4	3.9	3.8	4.4	5.5	4.9	4.8	4.6	4.2	4.3
x^2	3457.4	3025	3025	3831.6	3868.8	3564.1	3481	3387.2	3504.6	3181
xy	258.72	214.5	209	272.36	342.1	292.53	283.2	267.72	248.64	242.5
年代	100	101	102	103	104	105	106	107	108	109
$x = PM_{10}$	54.9	51.2	53.9	52.9	47.7	43.5	44.7	42.9	36	30.2
$y = SO_2$	3.98	3.44	3.59	3.54	3.18	3.03	2.95	2.75	2.3	2.13
x^2	3014.0	2621.4	2905.2	2798.4	2275.3	1892.3	1998.1	1840.4	1296	912.0
xy	218.50	176.13	193.50	187.27	151.69	131.81	131.87	117.98	82.8	64.33

● 解法二：EXCEL「圖表」法

用 EXCEL「插入」的「圖表」點選繪圖，得圖 10.5。游標放在觀測點上按滑鼠右鍵，再點「加上趨勢線」得圖 10.6。在圖 10.6 點「線性」、「圖上顯示公式」、「圖上顯示 R 平方值」，可得到圖 10.6 上之直線迴歸方程式和 R^2：

$$\widehat{SO_2} = -1.1896 + 0.0953 \times PM_{10} \text{ 或 } \hat{y}_i = -1.1896 + 0.0953 x_i$$

R^2 稱為判定係數 (determinate coefficient)，意義和公式請看後面 10.3.4 節。

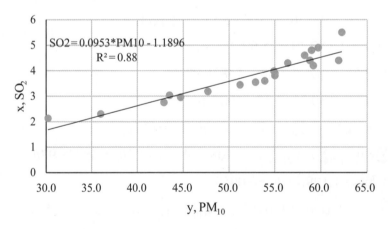

◐ 圖 10.5：PM_{10} 與 SO_2 之迴歸方程式

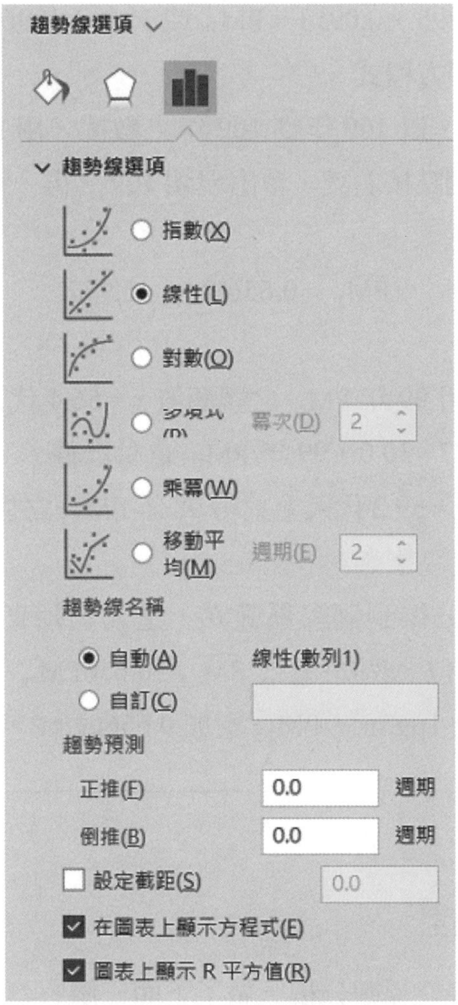

圖 10.6：觀測值趨勢線選項

迴歸統計	
R 的倍數	0.94
R 平方	0.88
調整的 R 平方	0.85
標準誤	0.3116
觀察值個數	20

● 解法三：EXCEL「迴歸」法

在 EXCEL 上點「資料」和「資料分析」，進入「迴歸」，輸入 y 和 x，點「標記」等，按確定，得到下右表：

	係數	標準誤	t 統計	P- 值	下限 95%	上限 95%
截距	−1.1896	0.4317	−2.7559	0.0130	−2.0965	−0.2828
PM10	0.0953	0.0082	11.6763	0.0000	0.0782	0.1125

註 上面 EXCEL 的迴歸輸出表各專有名詞的解釋，請看後面的表 10.4 後面之說明。

迴歸方程式：$\widehat{SO_2} = -1.1896 + 0.0953 \times PM_{10}$ 或 $\hat{y}_i = -1.1896 + 0.0953x_i$

(2) 求 PM_{10} 和 $PM_{2.5}$ 的迴歸方程式

● 設 $PM_{2.5}$ 為 y，PM_{10} 為 x，以 100 年到 109 年之數據，用 EXCEL 插入繪圖可得到前面圖 10.5，在該圖的觀測點按右鍵，會出現圖 10.6，再「點趨勢線」和「圖上顯示公式」等，得到迴歸方程式

$$\widehat{PM_{2.5}} = 0.656PM_{10} - 6.977$$

● 補 100 年以前欠缺之 $PM_{2.5}$

求 99 年之 $PM_{2.5}$ 濃度：用 99 年 PM_{10} 之觀測值 $x_i = 56.4$ 代入上式得

$\widehat{PM_{2.5}} = 0.656 \times 56.4 - 6.977 = 30.0$，99 年 $PM_{2.5}$ 之估計值。

求 98 年之 $PM_{2.5}$ 觀測值 $x_i = 59.2$ 代入上式得 98 年 $PM_{2.5}$ 之估計濃度 $= 31.9$，餘者類推。

3. 迴歸係數的意義：

迴歸方程式對 x 微分得到迴歸係數 b_1，是為迴歸直線的斜率，代表 x 每增減一個單位，y 增減 b_1 單位。例如上式 $\widehat{PM_{2.5}} = 0.656PM_{10} - 6.977$，對 PM_{10} 微分得到 0.656，表示 PM_{10} 每增加 $1\mu g/m^3$，$PM_{2.5}$ 增加 $0.656\mu g/m^3$。

10.3.2 迴歸係數之估計

迴歸分析的統計推論和迴歸變異數分析，做了下面三個假設：

● 誤差 ε_i 必須是隨機性且互為獨立。

● 誤差的變異數 $V(\varepsilon_i)$ 為定值，設為 σ^2。

● 誤差 ε_i 成期望值 $E(\varepsilon_i) = 0$，變異數為 σ^2 之常態分配。

由前面 (10.4a) 式母體迴歸方程式，β_0、β_1 是定值，x_i 是觀測值也是定值，y_i 雖然是觀測值，但是可重複觀測，所以是變數，且成常態分配：

● y_i 的期望值

$$E(y_i) = E(\beta_0 + \beta_1 x_i + \varepsilon_i) = E(\beta_0 + \beta_1 x_i) + E(\varepsilon_i)$$

因為 $E(\varepsilon_i) = 0$，所以 $E(y_i) = \beta_0 + \beta_1 x_i$

● y_i 的變異數

$$V(y_i) = V(\beta_0 + \beta_1 x_i + \varepsilon_i) = V(\beta_0 + \beta_1 x_i) + V(\varepsilon_i) = 0 + V(\varepsilon_i) = \sigma^2$$

上式因為 $\beta_0 + \beta_1 x_i$ 為定值，所以 $V(\beta_0 + \beta_1 x_i) = 0$。

> y_i 成常態分配：
>
> 期望值 $= E(y_i) = \beta_0 + \beta_1 x_i$，變異數 $= V(y_i) = \sigma^2$。

1. 迴歸係數之點估計

母體的迴歸係數 β_0 和 β_1 是不知的母數，只能用估計的，統計學家已證明真迴歸係數之最佳點估計值如下：

> β_0 的最佳估計值 $= \hat{\beta}_0 = b_0$，
>
> β_1 的最佳估計值 $= \hat{\beta}_1 = b_1$。

2. 迴歸係數之區間估計

$(10.5a)$ 式是樣本迴歸方程式，如果從母體抽出 n 組的樣本 x_i, y_i，計算出來的樣本迴歸係數 b_0 和 b_1 也不同，所以 b_0，b_1 是抽樣出來的統計量，會形成抽樣分配，由 $(10.5a)$ 式的樣本迴歸方程式，因為 y_i 和 e_i 成常態分配，用常態分配的再生性可以求出 b_0 和 b_1 成常態分配，其期望值和變異數為

> b_0 成常態分配：$E(b_0) = \beta_0$，$V(b_0) = \sigma^2_{b_0} = \sigma^2(\dfrac{1}{n} + \dfrac{\bar{x}^2}{S_{xx}})$ (10.10)
>
> b_1 成常態分配：$E(b_1) = \beta_1$，$V(b_1) = \sigma^2_{b_1} = \dfrac{\sigma^2}{S_{xx}}$ (10.11)

本來可以用常態分配做 β_0、β_1 的統計推論，但母體 Y 的變異數 σ^2 未知，所以用估計值 $\hat{\sigma}^2$ 代替 σ^2，$\hat{\sigma}$ 稱為 y 的標準誤 (standard error)，因此用 t 分配替代 Z 分配，

$$\hat{\sigma}^2 = \frac{SSE}{n-2} = MSE \tag{10.12}$$

SSE 是誤差平方和計算公式如 (10.7) 式，$n\text{-}2$ 式自由度，MSE 是 σ^2 的不偏估計值，所以 b_0、b_1 的變異數寫成

$$S^2_{b_0} = \hat{\sigma}^2_{b_0} = \hat{\sigma}^2(\frac{1}{n} + \frac{\bar{x}^2}{S_{xx}}) = MSE(\frac{1}{n} + \frac{\bar{x}^2}{S_{xx}}) \tag{10.13}$$

$$S^2_{b_1} = \hat{\sigma}^2_{b_1} = \frac{\hat{\sigma}^2}{S_{xx}} = \frac{MSE}{S_{xx}} \tag{10.14}$$

$S_{b_0}^2$ 和 $S_{b_1}^2$ 開平方得 S_{b_0} 和 S_{b_1} 稱為估計 b_0 和 b_1 的標準誤。可以推導 $t_0 = \dfrac{b_0 - \beta_0}{S_{b_0}}$ 、

$t_1 = \dfrac{b_1 - \beta_1}{S_{b_1}}$ 成自由度 n-2 之 t 分布，其期望值及變異數如下：

b_0 機率分配：$\qquad E(b_0) = \beta_0$，$V(b_0) = S_{b_0}^2 = \text{MSE}(\dfrac{1}{n} + \dfrac{\bar{x}^2}{S_{xx}})$ $\qquad$ (10.15)

b_1 機率分配：$\qquad E(b_1) = \beta_1$，$V(b_1) = S_{b_1}^2 = \dfrac{\text{MSE}}{S_{xx}}$ $\qquad$ (10.16)

自由度 $=$ df $= n-2$。

● β_0、β_1 區間估計

因為 $t_0 = \dfrac{b_0 - \beta_0}{S_{b_0}}$ 成 df $= n-2$，標準誤為 S_{b_0} 之 t 分布，所以落在

$$-t_{\alpha/2} \le t_0 = \frac{b_0 - \beta_0}{S_{b_0}} \le t_{\alpha/2}$$

之機率為 $1-\alpha$。整理上式得下面 (10.17) 式。

同理 $t_1 = \dfrac{b_1 - \beta_1}{S_{b_1}}$ 成 df $= n-2$，標準誤為 S_{b_1} 之 t 分布，所以落在

$$-t_{\alpha/2} \le t_1 = \frac{b_1 - \beta_1}{S_{b_1}} \le t_{\alpha/2}$$

之機率為 $1-\alpha$。整理上式得 (10.18) 式。所以 β_0、β_1 之區間估計為：

β_0 之信賴區間 $\Rightarrow$ $\qquad b_0 - t_{\alpha/2} S_{b0} \le \beta_0 \le b_0 + t_{\alpha/2} S_{b_0}$ $\qquad$ (10.17)

β_1 之信賴區間 $\Rightarrow$ $\qquad b_1 - t_{\alpha/2} S_{b1} \le \beta_1 \le b_1 + t_{\alpha/2} S_{b_1}$ $\qquad$ (10.18)

3. 迴歸係數之假設檢定

(1) t 檢定

若要檢定迴歸係數 β_0 或 β_1 是否分別等於某一實數 β_{00} 或 β_{10}，是屬於雙尾檢定，迴歸係數比較少用右尾或左尾檢定。也就是說比較少用來檢定 β_0、β_1 是否大於或小於 β_{00}、β_{10}。雙尾檢定如下，接受和否定區如圖 10.7。

- β_0 假設檢定 $\Rightarrow H_0 : \beta_0 = \beta_{00}$

$$H_1 : \beta_0 \neq \beta_{00}$$ (10.19)

雙尾檢定，如果 $-t_{\alpha/2} \leq t_0 = \dfrac{b_0 - \beta_{00}}{S_{b_0}} \leq t_{\alpha/2}$，接受 H_0，在此範圍之外接受 H_1。

此處 α=顯著水準，df$=n-2$。

- β_1 假設檢定 $\Rightarrow H_0 : \beta_1 = \beta_{10}$

$$H_1 : \beta_1 \neq \beta_{10}$$ (10.20)

雙尾檢定，如果 $-t_{\alpha/2} \leq t_1 = \dfrac{b_1 - \beta_{10}}{S_{b_1}} \leq t_{\alpha/2}$，接受 H_0，在此範圍之外接受 H_1。

此處 α=顯著水準，df$=n-2$。

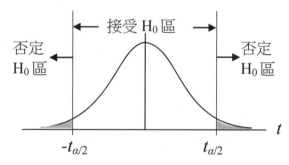

● 圖 10.7：迴歸係數檢定接受 H_0 範圍

 例 10.4　在表 10.1 之 90 年到 109 年 PM_{10} 和 SO_2 之資料，已在例 10.3 求得迴歸方程式為

$$\widehat{SO_2} = -1.1896 + 0.0953 \times PM_{10}，或 \hat{y}_i = -1.1896 + 0.0953x_i，$$

求 (1) β_1 95% 之信賴區間，(2) 並在 0.05% 顯著水準下檢定 β_1 是否為 0。

解　已知 $b_1 = 0.0953$。由 (10.18) 式估計 β_1 之信賴區間，需先計算 $\hat{y}_i$ 和 MSE 和 S_{xx}，再算 $S_{b_1}^2$。計算表如下表：

年代	90	91	92	93	94	95	96	97	98	99	Total
x=PM10	58.8	55	55	61.9	62.2	59.7	59.0	58.2	59.2	56.4	
x^2	3457.4	3025.0	3025.0	3831.6	3868.8	3564.1	3481.0	3387.2	3504.6	3181.0	S_{xx}
y 觀察值	4.4	3.9	3.8	4.4	5.5	4.9	4.8	4.6	4.2	4.3	S_{yy}
y 預測值	4.42	4.05	4.05	4.71	4.75	4.50	4.43	4.36	4.45	4.19	—
e 殘差	−0.02	−0.15	−0.25	−0.31	0.75	0.40	0.37	0.24	−0.25	0.11	—
e^2	0.0003	0.0238	0.0647	0.0983	0.5696	0.1579	0.1336	0.0560	0.0640	0.0124	—
年代	100	101	102	103	104	105	106	107	108	109	Total
x=PM10	54.9	51.2	53.9	52.9	47.7	43.5	44.7	42.9	36	30.2	1043.3
x^2	3014.0	2621.4	2905.2	2798.4	2275.3	1892.3	1998.1	1840.4	1296.0	912.0	34326
y 觀察值	3.98	3.44	3.59	3.54	3.18	3.03	2.95	2.75	2.3	2.13	44.8
y 預測值	4.04	3.69	3.95	3.85	3.36	2.96	3.07	2.90	2.24	1.69	—
e 殘差	−0.06	−0.25	−0.36	−0.31	−0.18	0.07	−0.12	−0.15	0.06	0.44	—
e^2	0.0042	0.0636	0.1293	0.0987	0.0318	0.0052	0.0150	0.0227	0.0033	0.1938	1.7483

$SSE=\sum_{i=1}^{n}(y_i-\hat{y}_i)^2=\sum_{i=1}^{n}e_i^2=1.7483$，$MSE=\dfrac{SSE}{n-2}=\dfrac{1.7483}{18}=0.0971$，$S_{xx}=\sum(x_i-\overline{x})^2=1455$。

由 (10.16) 式 $S_{b_1}^2=\dfrac{MSE}{S_{xx}}=\dfrac{0.0971}{1455}=0.00006675$，$S_{b1}=0.00817$。

自由度$=20-2=18$ 之 $t_{\alpha/2}=t_{0.025}=2.1009$，$t_{0.025}S_{b1}=2.1009\times0.00817=0.0172$。

● β_1 95% 之信賴區間：由 (10.18) 式

$$0.0953-0.0172<\beta_1<0.0953+0.0172$$

$$0.0781<\beta_1<0.1125$$

● β_1 是否為 0 之檢定，$\alpha=0.05$

$H_0：\beta_1=0$

$H_1：\beta_1\neq0$

雙尾檢定，檢定統計量 $t_1=\dfrac{b_1-\beta_{10}}{S_{b1}}=\dfrac{0.0953-0}{0.00817}=11.64>t_{0.025}=2.101$，

否定 H_0，所以 $\beta_1\neq0$，即一次式迴歸方程式成立。

以上之迴歸分析，用 EXCEL 很容易求出結果，請看下面例 10.6。

(2) F 檢定

　　F 檢定只能檢定 β_1 是否等於 0，即檢定迴歸方程式是否能成立：

β_1 假設檢定 $\Rightarrow H_0:\beta_1=\beta_{10}$，$H_1:\beta_1\neq\beta_{10}$　　　　　　　　　　　　　　(10.21)

$F=\dfrac{SSR/1}{SSE/(n-2)}=\dfrac{MSR}{MSE}$，$F$ 之自由度 $=\text{df}=(1,n-2)$，若顯著水準為 α，取右尾的 F_α

為評估準則：若 $F>F\alpha$，否定 H_0，否則接受 H_0。

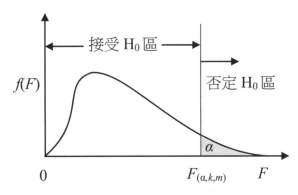

● 圖 10.8：F 檢定接受區

 例 10.5　在例 10.4 中用 F 檢定 β_1 是否為 0，但顯著水準限定為 0.05%。

解

● 計算 $MSR=13.2418$，$MSE=0.0971$。

● β_1 是否為 0 之檢定，$\alpha=0.05$

　　$H_0:\beta_1=0$

　　$H_1:\beta_1\neq0$

　　F 檢定只有右尾。

● 求臨界值 F：自由度分子 $=1$，分母 $=20-2=18$，$\alpha=0.05$，用 EXCEL 求得 $F_{0.05}=4.4139$

● 求檢定統計量 $F=\dfrac{MSR}{MSE}=136.3>F_{0.05}=4.4139$，否定 H_0 接受 H_1。

註 β_1 檢定有 t 檢定和 F 檢定兩種方法，有 $F=t^2$ 之關係。例如例 10.4 之 $t=11.64$，$t^2=135.6$，和本例的 $F=136.3$ 應該相等，有一點差是計算誤差造成。

10.3.3 迴歸變異數分析

迴歸分析是假設 y_i 成期望值為 $E(y_i)$，變異數為 σ^2 之常態分配，若抽出 n 組樣本其算術平均數為 $\bar{y}$，觀測值 y_i 與 $\bar{y}$ 之差值稱為總誤差，其平方和稱為總平方和 (SST)

$$SST=S_{yy}=\sum(y_i-\bar{y})^2=\sum y_i^2 -n\bar{y}^2 \text{，} i=1 \sim n \tag{10.22}$$

估計值與平均值間之差的平方和稱為迴歸平方和 (sum squares of regression)，寫成

$$SSR=\sum(\hat{y}_i-\bar{y})^2=b_1^2 \, S_{xx} \tag{10.23}$$

另外誤差平方和為

$$SSE=\sum e_i^2 = \sum(y_i-\hat{y}_i)^2=b_1 S_{xy}=b_1(x_i-\bar{x})(y_i-\bar{y}) \tag{10.24}$$

觀測值 y_i、估計值 $\hat{y}_i$ 以及總平均值 $\bar{y}$ 間之幾何意義，可以用圖 10.9 說明，並可推導 (10.22)、(10.23)、(10.24) 三式之間的關係為：

$$SST=SSR + SSE \tag{10.25}$$

證明如下：

若 X 點 (x_i,y_i) 代表的 i 組之觀測值，$AX=y_i$，由圖 10.9 知：

$$總誤差=BX=CX + BC= (y_i-\bar{y})=(y_i-\hat{y}_i) + (\hat{y}_i-\bar{y})，$$

上式總誤差等號兩邊平方再加總得

$$\sum(y_i-\bar{y})^2 = \sum\{(y_i-\hat{y}_i) + (\hat{y}_i-\bar{y})\}^2 ，$$

等號右邊平方展開整理得到：

$$\sum(y_i-\bar{y})^2 = \sum(y_i-\hat{y}_i)^2 + \sum(\hat{y}_i-\bar{y})^2 \tag{10.26}$$

代入 (10.22) 式、(10.23) 式和 (10.24) 式得

$$SST=SSE+SSR$$

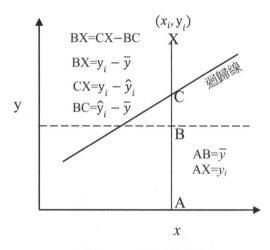

● 圖 10.9：殘差分解圖

平方和除以自由度稱為均方 (mean square，MS)，迴歸變異數符號與公式整理如表 10.3，稱為迴歸變異數分析表。自由度 df 的由來如下：

● SST 之 df：觀測值 y_i，$i=1, 2\cdots, n$，有 n 個自由變動，但求 $\bar{y}$ 受一個條件 (方程式) 限制，喪失一個自由度，所以 df$=n-1$。

● SSE 之 df：求 $\hat{y}_i$ 要用迴歸方程式計算，而方程式的 2 個迴歸係數必須用兩條正規方程式，(10.8a) 和 (10.8b) 式，所以 df$=n-2$。

● MSE 全名為 mean square of error，稱為均方誤差，是估計誤差 ($y_i-\hat{y}_i$) 平方的平均值，即 MSE$=$SSE$/(n-2)$。MSE 開平方稱為標準誤，是誤差的標準差。

● SSR 之 df：因為 SST$=$SSR $+$ SSE，自由度也成立，所以 SSR 之 df$=n-1-(n-2)=1$。

● MSR 是 mean square of regression 的簡寫，稱為均方迴歸。

● F 檢定統計量，$F=\dfrac{MSR}{MSE}$，自由度：分子$=1$，分母$=n-2$。

● 表 10.3：簡線型迴歸變異數分析表

變異來源	SS	df	M.S	F
迴歸	$SSR=\sum(\hat{y}_i-\bar{y})^2=b_i^2\ S_{xx}$	1	$MSR=\dfrac{SSR}{1}$	$\dfrac{MSR}{MSE}$
誤差	$SSE=\sum e_i^2=\sum(y_i-\hat{y}_i)^2$	$n-2$	$MSE=\dfrac{SSE}{n-2}$	
總和	$SST=S_{yy}=\sum(y_i-\bar{y})^2$	$n-1$		

10.3.4 迴歸方程式之判定係數，R²

判定係數 (determinate coefficient) R^2 的定義

$$R^2 = \frac{SSR}{SST} = \frac{SST - SSE}{SST} = 1 - \frac{SSE}{SST} \tag{10.27}$$

R^2 有下列性質和意義：

- $0 \le R^2 \le 1$
- R^2 表示觀測值與迴歸方程式密合的程度，R^2 越大密合度越高，$R^2 = 1$，完全密合。
- R^2 是觀測值 y_i 與總平均值 $\bar{y}$ 間之平方和，稱為總變異，來自迴歸方程式變異所佔的百分比。例如 $R^2 = 0.9$，表示來自迴歸方程式估計值 $\hat{y}_i$ 的變異佔總變異的 90%，其餘來自隨機誤差的變異佔 10%。或稱觀測值與迴歸方程式的密合度高達 90%。
- R 表示 y_i 與 $\hat{y}_i$ 的相關係數。在簡線型迴歸模式 R 的公式相當於 y_i 與 x_i 的相關係數 r 的公式，即 $R = r$，但在複迴歸和多項迴歸裏這個相等關係不成立。(參看下面的 10.5.2 節)。

▶▶▶ ●

 例 10.6　在例 10.3 中是以 90 年到 109 年 PM_{10} 和 SO_2 之資料，設 PM_{10} 為 x，SO_2 為 y，迴歸模式為 $SO_2 = b_0 + b_1 PM_{10} + e_i$，或 $y_i = b_0 + b_1 x_i + e_i$

求 (1) 迴歸判定係數，(2) 迴歸變異數分析，(3) 迴歸係數之檢定及其 95% 信賴區間。

解　在 EXCEL「資料分析」點「迴歸」如圖 10.10，輸入 $SO_2(y)$ 和 $PM_{10}(x)$，點選「標記」、信賴度 95% 或 ($\alpha = 5\%$)，點選「殘差」需要的項目，做殘差分析。結果如表 10.4 的說明。

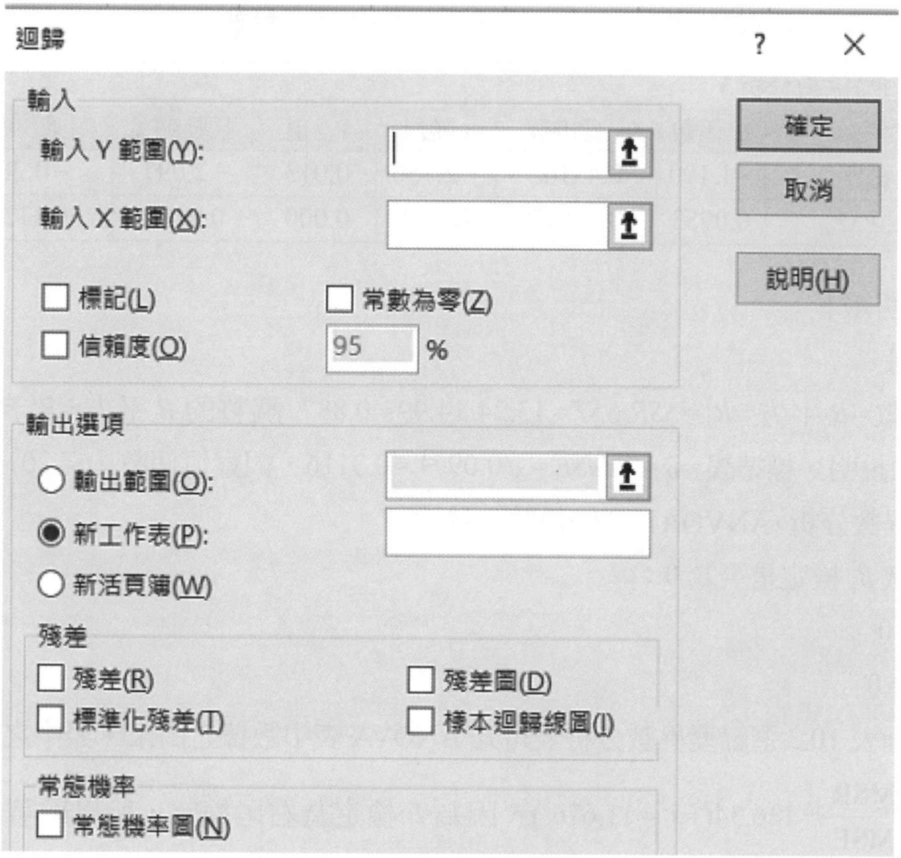

🔵 圖 10.10：EXCEL 迴歸分析之指令

🔵 表 10.4：EXCEL 迴歸分析輸出摘要統計表，$\alpha=0.05$。

A. 迴歸統計

R 的倍數	0.94
R 平方	0.88
調整的 R 平方	0.88
標準誤	0.3116
觀察值個數	20

B. 變異數分析 (ANOVA)

變異來源	自由度	SS	MS	F	顯著值
迴歸	1	13.2418	13.2418	136.34	0.000
殘差	18	1.7483	0.09713		
總和	19	14.9901			

⬆ 表 10.4(續)：EXCEL 迴歸分析輸出摘要統計表，$\alpha = 0.05$。

C.(迴歸係數分析)	b, 係數	S_b, 標準誤,	t 統計	P-值	下限 95%	上限 95%
截距	−1.190	0.43167	−2.756	0.013	−2.097	−0.283
x, PM$_{10}$	0.0953	0.00817	11.676	0.000	0.0782	0.1125

表 10.4 說明如下：

A.迴歸統計

　　判定係數＝R 平方＝R^2＝SSR/SST＝13.24/14.99＝0.88，調整的 R 平方＝R_a^2 參看下面第 10.5.4 節說明，標準誤＝$\hat{\sigma}$＝$\sqrt{MSE}$＝$\sqrt{0.0971}$＝0.3116，觀察值個數＝n＝20。

B.迴歸變異數分析 (ANVOA)- 迴歸係數 F 檢定

　　迴歸係數 β_1 檢定是否為 0：

$H_0：\beta_1 = 0$

$H_1：\beta_1 \neq 0$

　　參看前面表 10.3 迴歸變異數分析表可知 ANOVA 表中數據之由來。表中之檢定統計 量＝$F = \dfrac{MSR}{MSE} = 136.34 (= t^2 = 11.676^2)$，因為 F 檢定為右尾檢定，所以顯著水準 F_α 自 由度分子＝1 分母＝18，臨界值 $F_{0.05}$＝4.4139。本例設定顯著值 α＝0.05，EXCEL 算出 來是 P＝0.00＜0.05，所以否定 $H_0：\beta_1 = 0$，接受 $H_1：\beta_1 \neq 0$，一次式簡線型迴歸方程 式成立。

C.迴歸係數分析

● 樣本迴歸係數 ⇒ 截距＝b_0＝−1.190，PM$_{10}$＝b_1＝0.0953，所以迴歸方程式為：

$$\hat{y} = \widehat{SO_2} = 0.0953 \times PM_{10} - 1.190$$

● S_b 標準誤：S_b 是迴歸係數 b_0、b_1 的標準差，參看 (10.13) 式及 (10.14) 式。

● 迴歸係數 t 檢定

　　$H_0：\beta_0 = 0$，

　　$H_1：\beta_0 \neq 0$，

　　$t_0 = \dfrac{b_0}{S_{b_0}} = \dfrac{-1.190}{0.432} = -2.756$，雙尾檢定，該值在 t 分布左尾的截尾累積機率 P＝0.013 ＜0.025＝$\alpha/2$，所以否定 H_0 接受 H_1，因此迴歸線的截距 $\beta_0 \neq 0$。

同理 $t_1 = \dfrac{b_1}{S_{b_1}} = \dfrac{0.095}{0.008} = 11.676$，落在 t 分布右尾的截尾累積機率。$P = 0.000 < 0.025$，

所以否定 H_0 接受 $H_1 : \beta_1 \neq 0$。

假設檢定結果 PM_{10} 與 SO_2 一次式迴歸方程式可以成立。

● 迴歸係數區間估計 ⇒ 信賴度 $= \beta = 1 - \alpha = 95\%$：由表 10.4 之 (C) 或 (10.17) 和 (10.18) 式知：
$$-2.097 \leq \beta_0 \leq -0.283 , \quad 0.0782 \leq \beta_1 \leq 0.1125。$$

* ▉ 10.3.5 迴歸線的信賴界限帶

1. 估計值期望值 $E(\hat{y}_a)$ 的信賴區間

在迴歸方程式已建立完成下，用已知的 $x = x_a$ 代入方程式可以求出估計值：
$$\hat{y}_a = b_0 + b_1 x_a \tag{10.28}$$

(10.28) 式的 x_a 是已知 (固定值)，又由 (10.10) 式和 (10.11) 式知 b_0、b_1 成常態分配，

所以由常態分配的再生性知，$\hat{y}_a$ 亦成常態分配，其期望值 $E(\hat{y}_a) = E(y_a)$，變異數

$V(\hat{y}_a) = \sigma^2 [\dfrac{1}{n} + \dfrac{(x_a - \bar{x})^2}{S_{xx}}]$。但因 σ^2 未知，用估計值 $\hat{\sigma}^2 = MSE$ 代替 σ^2，所以

$$V(\hat{y}_a) = S_{\hat{y}_a}^2 = MSE[\dfrac{1}{n} + \dfrac{(x_a - \bar{x})^2}{S_{xx}}] \tag{10.29}$$

令 $t = \dfrac{\hat{y}_a - E(\hat{y}_a)}{S_{\hat{y}_a}}$ 會成 $\mathrm{df} = n-2$ 之 t 分布，$S_{\hat{y}_a}$ 是 $\hat{y}_a$ 的樣本標準差，因此 t 介於

$\pm \dfrac{\hat{y}_a - E(\hat{y}_a)}{S_{\hat{y}_a}}$ 之機率為 $1 - \alpha$，所以

$$-\dfrac{\hat{y}_a - E(\hat{y}_a)}{S_{\hat{y}_a}} \leq t \leq \dfrac{\hat{y}_a - E(\hat{y}_a)}{S_{\hat{y}_a}}$$

整理上式得如下：

$\hat{y}_a$ 期望值的信賴區間
$$\hat{y}_a - t_{\frac{\alpha}{2}} S_{\hat{y}_a} \leq E(\hat{y}_a) = E(y_a) \leq \hat{y}_a + t_{\frac{\alpha}{2}} S_{\hat{y}_a} \tag{10.30}$$

例 10.7　前面例 10.6，以 SO_2 為因變數 (y_i)，PM_{10} 為自變數 (x_i)，已求出迴歸方程式；$\hat{y}_i = -1.190 + 0.0953x_i$ 當 $PM_{10} = x_a = 50$ 時，求 (1)SO_2 平均濃度 95% 之信賴區間？(2) 求其 95% 信賴界線。

解

(1) 當 $PM_{10} = 50 = x_a$ 時，求 SO_2 平均值 (期望值)95% 信賴區間

● $\widehat{SO_2} = \hat{y}_a = -1.190 + 0.095 \times 50 = 3.56$。

● 計算 $\bar{x} = 52.2$，$S_{xx} = 1456.6$，代入 (10.29) 式

$$S_{\hat{y}_a}^2 = MSE[\frac{1}{n} + \frac{(x_a - \bar{x})^2}{S_{xx}}] = 0.0971[\frac{1}{20} + \frac{(50 - 52.2)^2}{1456.6}] = 0.005177，S_{\hat{y}_a} = 0.072。$$

● 求 $t_{0.25}$，df $= n - 2 = 20 - 2 = 18$，查附表 2 得 $t_{0.25} = 2.1009$。

● 求 $x_a = 50$ 時 $E(\hat{y}_a)$ 之信賴區間：計算 (10.30) 式得

$$3.56 - 2.1009 \times 0.072 \leq E(\hat{y}_a) = E(y_a) \leq 3.56 + 2.1009 \times 0.072$$
$$3.41 \leq E(\hat{y}_a) = E(y_a) \leq 3.71。$$

(2) 求 $E(\hat{y}a)$ 之 95% 信賴界線

在步驟 (1) 已求了第一點 $x_a = 50$ 的信賴區間的上限和下限，再求兩點可畫上下界線，令 $x_a = 40$、60：

● $x_a = 40$，同步驟 (1) 求得：$2.35 \leq E(\hat{y}_a) = E(y_a) \leq 2.87$。

● $x_a = 60$，同步驟 (1)$\Rightarrow 4.31 \leq E(\hat{y}_a) = E(y_a) \leq 4.71$。

● 迴歸方程式上限三個點 $(x_a, \hat{y}_a)$ 分別為 (40,2.87)、(50,3.71)、(60,4.71)，下限三個點分別為 (40,2.35)、(50,3.41)、(60,4.31)，分別畫曲線圖如圖 10.11，該圖即為 $E(\hat{y}_a)$95% 信賴上、下限。

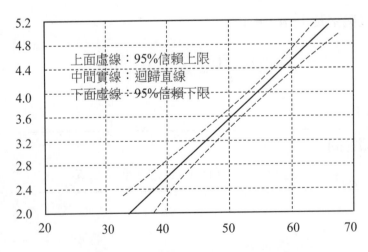

⋂ 圖 10.11：迴歸方程式的信賴界線

2. 新觀測值 y_a 的信賴區間

本節新的觀測值 y_a 的區間估計，和前面「$E(\hat{y}_a)$ 的信賴區間」不一樣。建完迴歸方程式後，用已知的 $x=x_a$ 代入方程式可以求出

$$y_a = b_0 + b_1 x_a + e_a$$

要求 y_a 的信賴區間，先求其機率分布，統計學家已幫我們導出：$\dfrac{\hat{y}_a - y_a}{S_{y_a}}$ 成

df=$n-2$ 之 t 分布，S_{y_a} 是 y_a 的樣本標準差，平方後是變異數：

$$S_{y_a}^2 = MSE[1 + \frac{1}{n} + \frac{(x_a - \bar{x})^2}{S_{xx}}] \tag{10.31}$$

因此 t 介於 $\pm \dfrac{\hat{y}_a - y_a}{S_{y_a}}$ 之機率為 $1-\alpha$，所以

$$\frac{\hat{y}_a - y_a}{S_{y_a}} \le t \le \frac{\hat{y}_a - y_a}{S_{y_a}}$$

整理上式得：

新觀測值 y_a 的信賴區間

$$\hat{y}_a - t_{\frac{\alpha}{2}} S_{y_a} \le y_a \le \hat{y}_a + t_{\frac{\alpha}{2}} S_{y_a} \tag{10.32}$$

例 10.9 在前例中當 $PM_{10}=x_a=50$ 時，估計新觀測值 $y_a(SO_2)$ 的 95% 之信賴區間。

 解 當 $x_a=50$ 時，由迴歸方程式求得 $\hat{y}_a=3.56$。

● 求 $x_a=50$ 時新觀測值 y_a 的變異數：由 (10.31) 式

$$S_{y_a}^2 = 0.0971[1 + \frac{1}{20} + \frac{(50-52.2)^2}{1456.6}] = 0.10228，S_{y_a}=0.320$$

● df=18，查附表得 $t_{0.025}=2.1009$

● $x_a=50$ 時觀測值 y_a 的 95% 信賴區間：由 (10.32) 式得

$$3.56 - 2.1009 \times 0.320 \le y_a \le 3.56 + 2.1009 \times 0.320，$$

$$2.89 \le y_a \le 4.23$$

10.3.6 殘差分析

在做迴歸係數區間估計、假設檢定、變異數分析以及 $E(y)$ 和 y 的區間估計等迴歸分析工作之前，對殘差做了三個假設：

● 具有隨機性，

● 彼此互為獨立，

● 成期望值為 0 變異數為定數之常態分配。

如果這三個條件有一不成立，用這種迴歸模式去預測 y，會產生偏差，模式必須修正。所以做完迴歸分析之後，需做殘差分析，判定這三個假設是否成立。如果三個假設全部成立，迴歸分析工作始完成，有一個不滿足，迴歸模式需要修正。判定假設是否成立的方法，可先做殘差分佈圖做初步判斷，最好做三個假設的檢定。常見的殘差分布圖有下列幾種 (圖 10.12)，除了第一種 (a) 外，其餘 (b) ～ (e) 的分布，模式需要修正 (參看後面 10.3.7 節)。圖 10.12 各種殘差分布圖之說明如下：

(a) 合乎三個假設之分佈圖

殘差分布具有隨機性而且分布均勻，表示不管 x 大小，殘差變異數等於定值，合乎三個假設。模式不必修正。

(b) 模式具有高次式 (如 x^2)，模式不能用簡線型方程式。

(c) 殘差雖具有隨機性，但變異數不為定值，隨 x 而變。這種情況，用最小平方法求迴歸係數時，必須用加權平均法 (weighted least squares method)，或做變數變換，可以消除殘差變異數不為定值的缺陷。

(d) 觀測值 y 具有週期性，宜採用週期模式，參見第十一章時間序列分析。

(e) 殘差隨觀測次序或時間而變，且有一定之趨勢，要用時間序列模式表示。

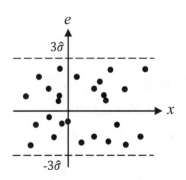

(a)殘差合乎假設之分佈

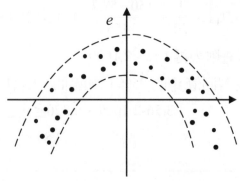

(b) 模式 x 有高次式分布

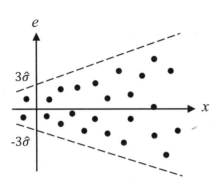

(c₁)變異數不為定值(逐漸增加)

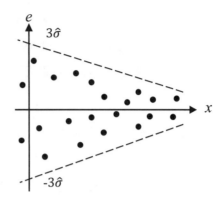

(c₂) 變異數不為定值(逐漸減少)

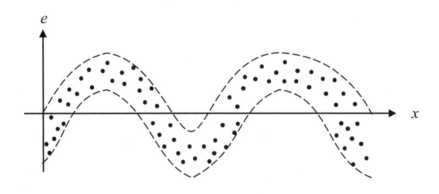

(d)模式有週期性

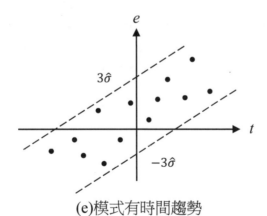

(e)模式有時間趨勢

🎧 圖 10.12：各種殘差分布圖 (陳、鄭 ,2004)

例 10.9　在例 10.3 之 PM_{10} 為 X，SO_2 為 Y，得到迴歸方程式：

$$\widehat{SO_2}=0.0953 \times PM_{10}-1.190，或 \hat{y}_i=-01.190+0.095x_i \tag{10.33}$$

分析殘差是否合乎三個假設？

解

● 用 EXCEL 做兩變數之迴歸分析，其指令如前面圖 10.10。點選「殘差」下面幾個指令，得到觀測值與殘差 (表 10.5)，和殘差分布圖 (圖 10.13)。

● 檢定殘差之隨機性和變異數是否為定值：從圖 10.13 可看出殘差分布不屬於圖 10.12(a)，較接近圖 10.12(c₁) 型之分布。隨機性不好，變異數隨 x 而增加，模式需要修正。

● 檢定殘差是否成期望值＝0 之常態分佈：另畫殘差常態分佈圖如圖 10.14，殘差趨勢線雖通過原點 (期望值＝0)，但各點與直線相差很大 [EXCEL 畫出的圖不美觀，作者另用常態機率點圖法畫圖]。

● 以上之理由，簡線形模式 (10.33 式) 不是很好之迴歸模式，需要修正，修正方法請看下面 10.3.7 節和下例 10.10。

↻ 表 10.5：簡線型模式殘差資料表 (為節省空間將 EXCEL 報表橫排)

$PM10, x_i$	58.8	55	55	61.9	62.2	59.7	59.0	58.2	59.2	56.4
SO_2, y_i	4.4	3.9	3.8	4.4	5.5	4.9	4.8	4.6	4.2	4.3
預測值 , $\hat{y}i$	4.42	4.05	4.05	4.71	4.75	4.50	4.43	4.36	4.45	4.19
殘差	−0.02	−0.15	−0.25	−0.31	0.75	0.40	0.37	0.24	−0.25	0.11
$PM10, x_i$	54.9	51.2	53.9	52.9	47.7	43.5	44.7	42.9	36	30.2
SO_2, y_i	3.98	3.44	3.59	3.54	3.18	3.03	2.95	2.75	2.3	2.13
預測值 , $\hat{y}_i$	4.04	3.69	3.95	3.85	3.36	2.96	3.07	2.90	2.24	1.69
殘差	−0.06	−0.25	−0.36	−0.31	−0.18	0.07	−0.12	−0.15	0.06	0.44

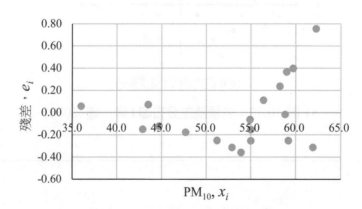

⊙ 圖 10.13：簡線型模式殘差之分布圖

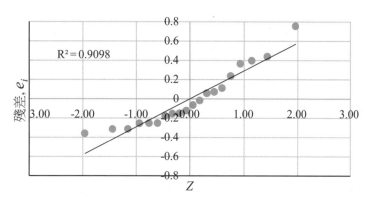

♫ 圖 10.14：簡線型模式殘差之常態分佈圖

✳ █ 10.3.7 迴歸模式之修正

在殘差分析時如果發現不合三個假設，迴歸模式預測會產生較大之偏差，必須修正迴歸模式，修正的方法有變數變換法，加權最小平方法以及增加自變數法三種。第三種增加自變數法需要增加自變數和觀測值，執行起來較困難；而前兩種方法原理相關，本書只介紹變數變換法，該法不需要增加收集其他額外資料，只要把 x 與 y 各別或同時做變換即可，最常使用的變換法有下列幾種：

(1) 對數變換法 (log transformation)：將 x、y 一個變數取對數或兩個同時取對數。
   ● 半對數變換：令 $x_i^* = lnx_i$，或令 $y_i^* = lny_i$，x_i^*、y_i^* 為新變數。
   ● 全對數變換：令 $y_i^* = lny_i$，和 $x_i^* = lnx_i$

(2) 指數變換 (又稱 *Box-Cox* 變數變換)：
   通式：令 $x_i^* = x_i^a$，或令 $y_i^* = y_i^a$，指數 a 為實數可為小數或整數，最常用的 $a = 0.5$、-0.5 或 -1。

(3) 改用多項式迴歸
   加入 x^2 平方項或更高次項，成為多項式迴歸方程式：
   $$\hat{y} = b_0 + b_1x + b_2x^2 + \cdots + b_kx^k$$
   k 之常選擇正整數，選到多大為止？用 R^2 和 R^2_a 做判斷，方法請參看後面 10.6 節。

例 10.10　在例 10.9 是用一次直線模式表示 90 年到 109 年 $PM_{10}(x)$ 和 $SO_2(y)$ 之迴歸方程式，但殘差不合三個假設模式必須修正，下面用變數變換法求較適當之迴歸方程式。

解

(1) 變數變換選擇較適當之迴歸方程式

- 以 PM_{10} 為 x，SO_2 為 y。試 y 做對數轉換，令 $y_i^* = ln y_i$，
- 計算 90 ～ 109 年 y_i^* 值（未列出），
- 以 PM_{10} 為 X 軸，y_i^* 為 Y 軸，用 EXCEL 與例 10.3 解法三同樣步驟，按「插入」的「圖表」點選繪圖，得圖 10.15a。
- 迴歸方程式：$\hat{y}_i^* = ln\hat{y}_i = -0.1535 + 0.0279x_i$，其 $R^2 = 0.95$ 高於例 10.3 直線模式的 0.88，表示觀測值與迴歸線的密合度比較高。

(2) 新模式之殘差分析，其殘差是否三個假設？

殘差分析結果得殘差對 x 分布如圖 10.15b、殘差常態分布圖如圖 10.15c。觀察圖 10.15b 殘差分布，其隨機性不錯，但變異數仍有隨 x 而增加之趨勢。筆者試過 $x^* = 1/x$ 和 $y^* = 1/y$ 的變數變換，但這些變換後的殘分析都沒有對數變換好，所以選擇對數變換。

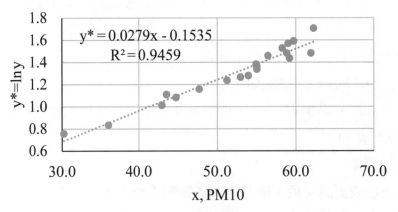

🎧 圖 10.15a：變數變換 y*= ln y

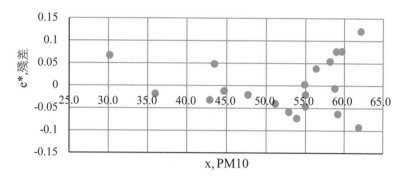

<figure>圖 10.15b：對數變換殘差圖</figure>

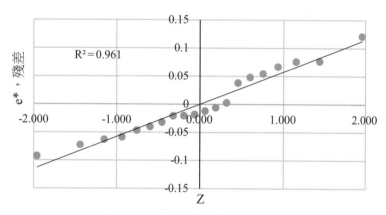

<figure>圖 10.15c：殘差常態機率分布圖</figure>

(3) 討論

● 變數變換方法很多通常選 R^2 最大者，方法是用圖 10.6 的「趨勢線選項」點選各種趨勢圖，結果包括前面的圖 10.15a 和下面圖 10.16 各圖。比較各圖之 R^2，最大的是圖 10.15a 的對數變換和圖 10.16a 的指數變換，這兩種變換比較好。

● 如果模式不夠好，可以加入其他變數：在簡線型迴歸式中可以加入 CO、O_3、$PM_{2.5}$ 等為自變數，而變成複迴歸模式會使 R^2 變大，參看後面 10.5 節之複迴歸分析。

● 放棄線性迴歸模式，改用非線性迴歸 (參看 10.6 節) 或其他方式如時間數列模式 (參看 11 章) 等方法。

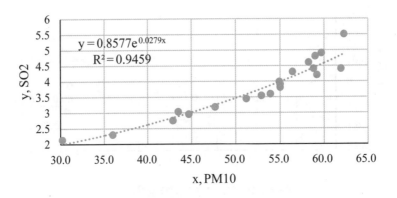

🎧 圖 10.16a：指數模式

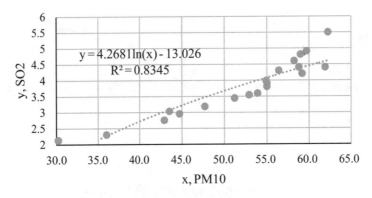

🎧 圖 10.16b：對數模式

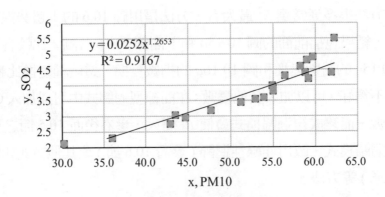

🎧 圖 10.16c：乘冪模式

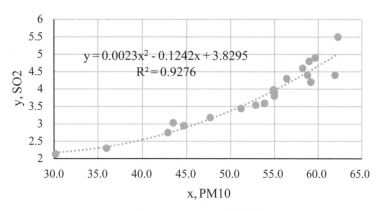

🎧 圖 10.16d：二項模式

10-4 複相關與複相關係數

前節的簡線型迴歸分析，只討論到兩個因子，一個是自變數 x，另一個是因變數 y。但環境工程或科學領域裏，相互影響的因子很多，常需要用到複迴歸分析。雖然如此，複迴歸分析的分析原理，仍然遵循簡線型迴歸分析的原理，只不過是把一個自變數擴充到數個而已。

例如快濾池是自來水處理過程種一個很重要的處理設備，其濾率 (過濾的速度，y,cmd/m²) 可能與前處理之混凝劑加量 (x_1,mg/L)、反應槽鹼度 (x_2,mg/L)，以及原水水質之濁度 (x_3, 度) 與懸浮固體物 (SS，x_4,mg/L) 有關。若要設計快濾池的濾速，很難導出理論公式，只有用經驗公式做為設計之依據。經驗公式可設為：

$$\hat{y}=b_0 + b_1x_1 + b_2x_2 + b_3x_3 + b_4x_4$$

表 10.7 是模型實驗做了 13 次實驗的結果，目的是要建立設計經驗公式。

在 10.1 節已討論過兩個變數之間的相關和相關係數，在 10.3.4 節討論過簡線型迴歸方程式的判定係數 (R^2)，開平方 R 等於簡單相關係數 r。但在複相關中，有很多個自變數 x，R 就不能說是 y 與某一個 x 的相關係數，但仍可以說是 y 與 $\hat{y}$ 的相關係數，這個係數稱為複相關係數。在複相關裏因變數有一個，設為 y，自變數有 k-1 個，設為 x_j，$j=1 \sim k-1$。用 (10.2) 式可以計算各自變數 x 與因變數 y 之間的簡單相關係數 r_{yx_j}，也可以計算兩個自變數 x_i 與 x_j ($i \neq j$) 的簡單相關係數。

⬇ 表 10.7：快濾池濾程與混凝劑加量及水質實驗結果

試程	濾率，y	混凝劑，x_1	鹼度，x_2	濁度，x_3	SS，x_4
1	78.5	7	26	6	60
2	74.3	1	29	15	52
3	104.3	11	56	8	20
4	87.6	11	31	8	47
5	95.9	7	52	6	33
6	109.2	11	55	9	22
7	102.7	3	71	17	6
8	92.5	1	31	22	44
9	93.1	2	54	18	22
10	115.9	21	47	4	26
11	83.8	1	40	23	34
12	113.3	11	66	9	12
13	109.4	10	68	8	12

10-5 複迴歸分析

複迴歸分析與簡線型迴歸分析原理與方法相同，只是把一個自變數擴充到 k-1 個，使用 EXCEL 的方法也相同，只有在輸入觀測值時，範圍擴充到 k-1 自變數。

10.5.1 複迴歸方程式

複迴歸模式中有一個因變數 y 和 k-1 個自變數，$x_1, x_2, \cdots, x_j, \cdots, x_{k-1}$ 間之一次式迴歸方程式稱為平面複迴歸方程式，如下面 (10.34 式或 10.35 式)。此處，$k \geq 1$、$j=0 \sim k-1$，$k=$迴歸係數的個數，包括截距 b_0。如果從母體中取了 n 組的樣本，得到 n 組觀測值，$y = \{y_1, y_2, \cdots y_i, \cdots, y_n\}$、$x_j = \{x_{j1}, x_{j2}, \cdots, x_{ji}, \cdots x_{jn}\}$。

母體模式：$y_i = \beta_0 + \beta_1 x_{1,i} + \cdots + \beta_j x_{j,i} + \cdots + \beta_{k-1} x_{k-1,i} + \epsilon_i$

$$E(y_i) = \beta_0 + \beta_1 x_{1,i} + \cdots + \beta_j x_{j,i} + \cdots + \beta_{k-1} x_{k-1,i} \tag{10.34}$$

樣本模式：$y_i = b_0 + b_1 x_{1,i} + \cdots + b_j x_{j,i} + \cdots + b_{k-1} x_{k-1,i} + e_i$

$$\hat{y}_i = b_0 + b_1 x_{1,i} + \cdots + b_j x_{j,i} + \cdots + b_{k-1} x_{k-1,i} \tag{10.35}$$

平面型樣本迴規模式的幾何意義，舉 2 個自變數為例，其迴歸方程式為 $E(y)=b_0 + b_1x_1 + b_2x_2$，畫圖如圖 10.17 是平面型式。

自變數有一個以上或有二次式，或自變數互乘的模式，視為曲面複迴歸方程式，舉 2 個自變數為例：

● 高次迴歸模式：$\hat{y}=b_0 + b_1x_1 + b_{11}x_1^2 + b_2x_2$
● 交乘迴歸模式：$\hat{y}=b_0 + b_1x_1 + b_{12}x_1x_2 + b_2x_2$

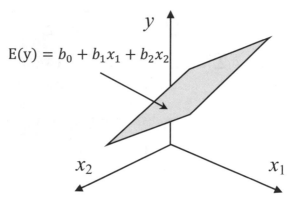

$$E(y) = b_0 + b_1x_1 + b_2x_2$$

🎧 圖 10.17：平面迴歸模式之圖形

10.5.2 平面型複迴歸分析

複迴歸分析與簡線型迴歸分析之假設與原理相同，本節不再說明原理，只介紹實際觀測值如何利用 EXCEL 做複迴歸分析。

1. 迴歸係數之求法

複迴規模式的迴歸係數求法與簡線型模式相同，都是用最小平方法的原理。舉三個自變數為例 $(k=0,1,2,3)$，複迴歸方程式：

$$\hat{y}_i=b_0+b_1 x_{1,i}+b_{2,i} x_{2,i}+b_3 x_{3,i}$$

$\hat{y}_i$ 對 4 個迴歸係數偏微分，得到四條正規方程式，可解出 4 個迴歸係數：

- $\sum_{i=1}^{n} y_i = nb_0 + b_1\sum_{i=1}^{n} x_{1,i} + b_2\sum_{i=1}^{n} x_{2,i} + b_3\sum_{i=1}^{n} x_{3,i}$

- $\sum_{i=1}^{n} x_{1,i}y_i = b_0\sum_{i=1}^{n} x_{1,i} + b_1\sum_{i=1}^{n} x_{1,i}x_{1,i} + b_2\sum_{i=1}^{n} x_{1,i}x_{2,i} + b^3\sum_{i=1}^{n} x_{1,i}x_{3,i}$

- $\sum_{i=1}^{n} x_{2,i}y_i = b_0\sum_{i=1}^{n} x_{2,i} + b_1\sum_{i=1}^{n} x_{2,i}x_{1,i} + b_2\sum_{i=1}^{n} x_{2,i}x_{2,i} + b_3\sum_{i=1}^{n} x_{2,i}x_{3,i}$

- $\sum_{i=1}^{n} x_{3,i}y_i = b_0\sum_{i=1}^{n} x_{3,i} + b_1\sum_{i=1}^{n} x_{3,i}x_{1,i} + b_2\sum_{i=1}^{n} x_{3,i}x_{2,i} + b_3\sum_{i=1}^{n} x_{3,i}x_{3,i}$ (10.36)

*通式：有 k-1 自變數和 k 迴歸係數，有 k 條正規方程式：

(1) $\sum_{i=1}^{n} y_i = nb_0 + b\sum_{i=1}^{n} x_{1,i} + \cdots + b_j\sum_{i=1}^{n} x_{j,i} + \cdots + b_{k-1}\sum_{i=1}^{n} x_{k-1,i}$

(2) $\sum_{i=1}^{n} x_{1,i}y_i = b_0\sum_{i=1}^{n} x_{1,i} + b_1\sum_{i=1}^{n} x_{1,i}x_{1,i} + \cdots + b_j\sum_{i=1}^{n} x_{1,i}x_{j,i} + \cdots + b_{k-1}\sum_{i=1}^{n} x_{1,i}x_{k-1,i}$

$$\vdots$$

(j) $\sum_{i=1}^{n} x_{j,i}y_i = b_0\sum_{i=1}^{n} x_{j,i} + b_1\sum_{i=1}^{n} x_{j,i}x_{1,i} + \cdots + b_j\sum_{i=1}^{n} x_{j,i}x_{j,i} + \cdots + b_{k-1}\sum_{i=1}^{n} X_{j,i}x_{k-1,i}$

$$\vdots$$

(k) $\sum_{i=1}^{n} x_{k-1,i}y_i = b_0\sum_{i=1}^{n} x_{k-1,i} + b_1\sum_{i=1}^{n} x_{k-1,i} + \cdots + \sum_{i=1}^{n} x_{k-1,i}x_{j,i} + \cdots +$

    $b_{k-1}\sum_{i=1}^{n} x_{k-1,i}x_{k-1,i}$ (10.37)

上面有 k 條正規方程式，可以聯立解出 k 個迴歸係數，但實用上不必如此麻煩，EXCEL 在「資料分析」的「迴歸」可以直接求出來，請看後面例 10.11。

2. 迴歸係數之估計與檢定

(1) 區間估計：

複迴歸係數區間估計與簡線型之迴歸係數估計原理相同，只是迴歸係數有 k 個。本處省掉原理說明，只列出第 j 個 ($j=0 \sim k$-1) 迴歸係數之區間估計公式列於下面：

$$b_j - t_{\alpha/2}S_{bj} \leq \beta_j \leq b_j + t_{\alpha/2}S_{bj} \tag{10.38}$$

式中：b_j＝樣本迴歸係數；$t_{\alpha/2}$ 之自由度為 n-k，$\alpha=1-$信賴度，一般採用 0.05 或 0.01；S_{b_j}＝迴歸係數 b_j 的標準誤，因為公式比較複雜本處沒有列出來，若採用 EXCEL 軟體，在迴歸分析表裡可直接算出來，參看下面例 10.11。

(2) 假設檢定

- t 檢定：

    $H_0 : \beta_j = 0$，

$$H_1 : \beta_j \neq 0 \text{,} j=0 \text{、} 1 \text{、} 2 \text{、} \cdots \text{、} k-1 \text{。}$$

屬於雙尾檢定，檢定統計量 $t_j = \dfrac{b_j}{S_{b_j}}$，如果 $t_j > t_{\alpha/2}$ (自由度 $=n-k$)，落在否定 H_0，

接受 H_1 範圍。

- F 檢定：

$$H_0 : \beta_j = 0 \text{,} j=1 \text{、} 2 \text{、} \cdots \text{、} k\text{-}1$$

$$H_1 : \beta_1 \text{、} \beta_2 \text{、} \cdots \text{、} \beta_{k-1} \text{，至少有一個迴歸係數不為 } 0 \text{。}$$

屬於右尾檢定，檢定統計量 $F = \dfrac{MSR}{MSE}$，F_α 之自由度分子 $=k-1$，分母 $=n-k$。

如果 $F > F_\alpha$ 接受 H_1。{[注意]：t 檢定可以鑑定各迴歸係數等不等於 0，包括 β_0，但 F 檢定只能檢定 β_1 、 β_2 、 $\cdots$ 、 β_{k-1} 中至少有一個 β_j 是否等於 0}。

3. 變異數分析表

各種平方和和均方與簡線型模式相同 (表 10.3)，但自由度不同，如表 10.8：

◑ 表 10.8：複迴歸變異數分析表

變異來源	SS	df	M.S	F
迴歸	SSR	$k-1$	$MSR = \dfrac{SSR}{k-1}$	$\dfrac{MSR}{MSE}$
誤差	SSE	$n-k$	$MSE = \dfrac{SSE}{n-k}$	
總變異	SST	$n-1$		

表中 F 用來檢定迴歸係數：

$H_0 : \beta_1 = \beta_2 = \cdots = \beta_{k-1} = 0$

$H_1 : \beta_j$，至少有一不為 0。

4. 迴歸判定係數 R^2 和調整判定係數 R_a^2

$$R^2 = \frac{SSR}{SST} = 1 - \frac{SSE}{SST} \tag{10.39}$$

- R 為 y 及 $\hat{y}_i$ 之相關係數 r。

- 大致 R^2 越大，密合度越好。但不完全是，在相同的自變數和因變數下，觀測數據 n 小，R^2 大，n 大，R^2 常會變小，但數據少雖然 R^2 大，但迴歸方程式預測值可靠度比較差。

● 調整判定係數 (adjusted coefficient of determination) 定義：

$$R_a^2 = 1 - \frac{\dfrac{SSE}{n-k}}{\dfrac{SST}{n-1}} = 1 - \frac{n-1}{n-k}\ \frac{SSE}{SST} = 1 - \frac{n-1}{n-k}\,(1-R^2) \tag{10.40}$$

在表 10.7 之自來水快濾的實驗中有 4 個因子 (自變數)，是不是全部放到迴歸模式裡，或是選 2、3 個比較重要的因子就可以呢？這種問題常用 R_a^2 來協助選擇。因為在迴規模式裡的自變數選得越多 R^2 越大，但 R_a^2 不一定會一直增大，有時 k 增加到一個程度後 R_a^2 反而減少，此時表示增選進來的自變數對模式預測的準度，並沒有太大幫助，只有增加模式的複雜度和不重要因子的資料收集成本，所以不需要選它。R_a^2 這個特性，可以協助我們選擇最適當之模式，請參看後面下節。

▶▶▶ ━━ ●

 例 10.11 在表 10.7 的實驗數據，以濾程為因變數 y，其餘水質和加藥量為自變數，求 y 的複迴歸方程式和迴歸分析。但 $\alpha = 0.05$。

解

(1) EXCEL 在「資料分析」的「迴歸」裡，把 y 數據輸入 y 範圍，四個自變數數據全部輸入 x 範圍，可得到下列表 10.9，說明如下：

(2) 表 10.9(1) 是迴歸統計：有迴歸線判定係數 $R^2 = 0.963$，$R_a^2 = 0.891$，$n = 13$。

(3) 表 10.9(2) 是變異數分析之 F 檢定：

H_0：迴歸係數 $\beta_1 = \beta_2 = \beta_3 = \beta_4 = 0$ (不檢定 $\beta_0 = 0$)，

H_1：β_1、β_2、β_3、β_4 至少有一個不為 0。屬於右尾檢定。

在 5% 之顯著水準下，檢定統計量 $F = MSR/MSE = 25.540$ 之右尾截尾累積機率 $P = 0.000131 < 0.05$，所以否定 H_0 接受 H_1，即迴歸係數至少有一個不 0，迴歸方程式可以成立。四個迴歸係數至少有一個不為 0，也有可能全部不等於 0、或 3 個或 2 個不等於 0，F 檢定無法判定有幾個迴歸係數等於 0，但下面 t 檢定可個別檢定是否為 0。

(4) 表 10.9 的 (3) 是迴歸係數分析：表裡有 5 個迴歸係數，所以迴歸方程式

$$\hat{y}_i = -31.333 + 2.776x_1 + 1.343x_2 + 1.655x_3 + 0.781x_4$$

(5) 表 10.9(3) 迴歸分析是雙尾的 t 檢定，可以各別檢定迴歸係數是否為 0。如果 $P <$ $\alpha/2=0.025$，接受 H_1。本例 t 檢定的 P 值全部大於 0.025，接受 H_0，也是接受所有迴歸係數 ($\beta_1 \sim \beta_4$) 全部等於 0。果如此，是不是表示本例沒有迴歸模式存在只有 $\hat{y}$=常數項=β_0 呢？ 答案是「不能就此判定」。因為選擇自變數時，常因刪除某一個自變數後，其他自變數常會凸顯其重要性，讀者參看例 10.13 即可了解。本例也可以從前面 F 檢定知，迴規模式至少有一個自變數的迴歸係數是存在的。

(6) 在表 10.9(3) 迴歸係數分析有各迴歸係數的區間估計，例如 x_2 迴歸係數 β_2 95% 的信賴區間：$-1.684 < \beta_2 < 4.370$，餘者類推。

◑ 表 10.9：複迴歸模式分析

(1) 迴歸統計

R 的倍數	0.963
R 平方	0.927
調整的 R 平方	0.891
標準誤	4.436
觀察值個數	13

(2) ANOVA

	自由度	SS	MS	F	顯著值
迴歸	4	2010.62	502.656	25.540	0.000131
殘差	8	157.448	19.681		
總和	12	2168.071			

(3) 迴歸係數分析

	係數	標準誤	t 統計量	P-值	下限 95%	上限 95%
截距	-31.334	127.088	-0.2466	0.812	-324.399	261.73
X_1	2.776	1.3508	2.0547	0.074	-0.339	5.890
X_2	1.343	1.3127	1.0233	0.336	-1.684	4.370
X_3	1.655	1.3688	1.2089	0.261	-1.502	4.811
X_4	0.781	1.2860	0.6072	0.561	-2.185	3.746

*10-6 應用 EXCELL 求最佳複迴歸模式

在例 10.12 的複迴歸模式是將所有的自變數 (因子) 全數納入模式裡，但實用上不重要的因子放在模式裡，對預測值的準度並沒有太大之幫助，如何選擇最佳經驗模式？可以應用迴歸分析的原理選擇最佳迴歸模式，尤其應用 EXCELL「資料分析」的「迴歸」，很容易可以求得最佳迴歸模式，但限於自變數不多時。如果自變數太多，如幾十個，用其他統計軟體較方便，如 SAS 等。

通選擇最佳迴規模式的方法有「所有可能迴歸法 (all possible regression method)」和「逐步迴歸 (stepwise regression) 法」兩大方法，逐步迴歸法又可分為「向前」、「向後」和「結合」三種，各法舉例說明如下：

10.6.1 所有可能迴歸法

將所有可能迴歸方程式列出，如果有自變數 k-1 個，就有 2^k 條迴歸方程式。例如例 10.11 有 $4(k-1=5-1)$ 個自變數，可列出 $2^4=16$ 條，每一條做迴歸分析，可以得到 16 組 R^2、R_a^2、MSE(mean squares error) 等，可供評估模式佳不佳。另外有用 Mallows 值 (C_k) 評估模式，但因 EXCEL 迴歸分析表例沒有計算此值，故本書不採用。

其實 R^2 與 MSE 是相同的意義，R^2 越大 MSE 越小，所以採用 R^2 和 R_a^2 值就可選出最佳迴規模式，請參看下例。

例 10.12　在表 10.7 的自來水快濾模型實驗數據，用「所有可能迴歸法」求最佳經驗公式。

解

● 4 個自變數共可組成 16 個迴規模式，用 EXCELL 迴歸求出 16 個模式的 R^2 和 $R^2{}_a$ 如表 10.10，表中沒有列出 $y=b_0$，即 $k=1$。

● 選出每個 k 組裡最大 R^2 和 R_a^2 畫圖如圖 10.18。R^2 隨著 k 增加，但 R_a^2 在 $k>4$ 時反而減少，所以多選第四自變數到模式裡，對模式的解釋能力 (推估 y) 沒有幫助。模式選 R_a^2 最大的自變數是 x_1(混凝劑加量)、x_2(鹼度)、x_3(濁度)：

$$\hat{y} = 45.70 + 1.991x_1 + 0.548x_2 + 0.852x_3 \tag{a}$$

- 討論 (1)：從統計學上看：從表 10.10 可看出，當 $k=3$ 增加到 4 時，最大 R^2 從 0.912 增加到 0.924，R_a^2 從 0.894 增加到 0.899，所以選選 x_1 和 x_4 總和的迴歸方程式對 y 的預測準度已有很好的能力：

$$\hat{y} = 104.84 + 1.171x_1 - 0.554x_4 \tag{b}$$

- 討論 (2)：從水處理原理看：一般快濾，混凝劑的加量 x_1 愈多濾程越長，原水的濁度 x_3 越大濾程越短，但 (a) 模式的迴歸係數是正的，表示濁度增加濾程也增加，顯然不合理。(b) 式原水的 SS 增加，水質不好濾程減短，所以合乎常理，固選擇 (b) 模式最佳。

- 註：牛頓說過「統計只是根據所得之數據，應用數學原理加以整理和演算，所得結果應合乎常理否則要捨棄」。

表 10.10：所有迴歸模式之 R^2、R_a^2

k	R_a^2	R^2	變數組合	k	R_a^2	R^2	變數組合
2	0.416	0.465	x_1	3	**0.894**	**0.912**	x_1, x_4
2	0.567	0.604	x_2	3	0.604	0.67	x_2, x_4
2	0.084	0.16	x_3	4	**0.899**	**0.924**	x_1, x_2, x_3
2	**0.635**	**0.665**	x_4	4	0.852	0.889	x_2, x_3, x_4
3	0.846	0.872	x_1, x_2	4	0.885	0.914	x_1, x_2, x_4
3	0.629	0.691	x_2, x_3	4	0.89	0.918	x_1, x_3, x_4
3	0.768	0.807	x_3, x_4	5	**0.891**	**0.963**	x_1, x_2, x_3, x_4
3	0.455	0.546	x_1, x_3				

粗體字表示 k 相同時，R^2(同時也是 R_a^2) 最大的一組合。

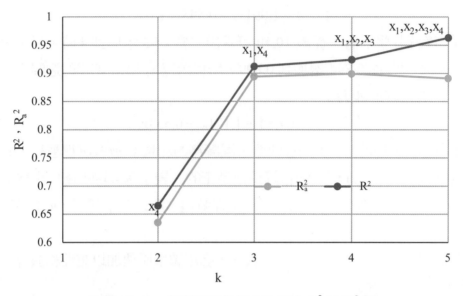

⋒ 圖 10.18：各種自變數組合之最大 R^2 和 R_a^2 值

10.6.2 逐步迴歸法

可再分為三種：

● 向前逐步迴歸法 (forward stepwise regression method)：依據自變數對模式解釋力的大小，先選與 y 相關係數最大的 1 個自變數，進入迴歸方程式中，每次再逐步增加 1 個相關係數較大的自變數直到 R^2、R_a^2 增加量減緩或 R_a^2 下降。

● 向後逐步迴歸法 (backward stepwise regression method)：先將所有變數納入迴歸方程式中，再逐步將最小解釋力 (相關係數較小) 的變數刪除，直到所有未達顯著的自變數都刪除為止。

● 結合向前和向後逐步迴歸法 (combined stepwise regression method)：是結合前面向前和向後兩種，首先，從相關係數矩陣裡選取與 y 相關係數最大之自變數進模式，做了迴歸分析後，選取剩下自變數與 y 淨相關係數較高者進入模式。每新增一個自變數，就利用向後逐步迴歸，檢驗是否需要刪除的自變數。如此往復進行，直到所有選取的變數都達顯著水準為止。

例 10.13　在表 10.7 的自來水快濾模型實驗數據，用「向前逐步迴歸法」求最佳經驗
公式。

 解

1. 求簡單相關係數：

四個自變數和一個因變數 y 間之簡單相關係數如表 10.11

⟳ 表 10.11：相關距陣

	濾率 ,y	混凝劑 ,x_1	鹼度 ,x_2	濁度 ,x_3	SS, x_4
y	1				
x_1	0.682	1.000			
x_2	0.777	0.229	1.000		
x_3	-0.400	-0.824	-0.139	1.000	
x_4	-0.815	-0.245	-0.973	0.030	1.000

2. 一個自變數模式：

有四個自變數，最先選與 y 相關係數最高的 x_2 或 x_4，但這 2 個自變數相關係數高
達 -0.973，怕有共線性問題 (求迴歸係數時分母的矩陣會等於 0)，所以只選一個，
選與 y 相關係數較高的 x_4 進入模式，用 EXCELL 資料分析之「迴歸」得 $R^2 = 0.665$、
$R_a^2 = 0.635$，迴規模式如下：

$$\hat{y} = 116.608 - 0.655x_4 \tag{a}$$

註 本處只列結果未列出迴歸分析表。

3. 選第二個自變數進入模式：

x_2 不能被選，剩下 x_1 和 x_3，由表 10.11 相關係數 x_1 與 y 的相關係數較高，先選 x_1，
用 EXCELL 迴歸分析結果如表 10.12。迴規模式如下：

$$\hat{y} = 104.843 + 1.171x_1 - 0.554x_4 \tag{b}$$

迴歸係數之檢定：F 檢定 $\Rightarrow P = 5.37 \times 10^{-6}$ 小於 $\alpha(0.05)$，迴歸係數至少有一不為 0；
t 檢定 $\Rightarrow$ 三個迴歸係數的 P 值都小於 $\alpha/2(0.025)$，接受三個迴歸係數不等於 0。

⋃ 表 10.12：x_1、x_4 迴歸分析

迴歸統計

R 的倍數	0.955
R 平方	0.912
調整的 R 平方	0.894
標準誤	4.375
觀察值個數	13

ANOVA

	自由度	SS	MS	F	顯著值	
迴歸	2	1976.63	988.31	51.625	5.37E−06	
殘差	10	191.442	19.144			
總和	12	2168.07				
	係數	標準誤	t 統計	P−值	下限 **95%**	上限 **95%**
截距	104.843	3.399	30.8469	0.00000	97.270	112.416
$X1$	1.171	0.221	5.2853	0.00035	0.677	1.664
$X4$	−0.554	0.078	−7.1157	0.00003	−0.727	−0.380

4. 選第三個自變數進入模式：

只剩下 x_3，納入模式做迴歸分析得表 10.13，迴歸模式：

$$\hat{y} = 98.421 + 1.461x_1 + 0.307x_3 - 0.532x_4 \tag{c}$$

R_a^2 已從 0.894 減少到 0.890，模式增加 x_3 並無益處。

迴歸係數檢定：F 檢定 ⇒ 因為 $P = 3.26 \times 10^{-5} < \alpha$，所以四個係數至少有一個不為 0；

但 t 檢定 ⇒ β_3 之 $P = 0.4320$ 大於臨界值 $\alpha/2 = 0.025$，要接受 $\beta_3 = 0$ 之假設。

5. 最佳模式：

居於以上之理由，模式選 (b) 式最適當

$$\hat{y} = 104.843 + 1.171x_1 - 0.554x_4$$

⊕ 表 10.13：x_1、x_3、x_4 三個自變數之迴規分析

迴歸統計

R 的倍數	0.958
R 平方	0.918
調整的 R 平方	0.890
標準誤	4.448
觀察值個數	13

ANOVA

	自由度	SS	MS	F	顯著值	
迴歸	3	1990.014	663.338	33.529	3.26E−05	
殘差	9	178.057	19.784			
總和	12	2168.071				
	係數	標準誤	t 統計	P−值	下限 95%	上限 95%
截距	98.421	8.5387	11.5263	1.08E-06	79.105	117.737
$X1$	1.461	0.4186	3.4899	0.0068	0.514	2.408
$X3$	0.307	0.3729	0.8226	0.4320	−0.537	1.150
$X4$	−0.532	0.0834	−6.3855	0.0001	−0.721	−0.344

6. 最佳模式殘差分析：

Check 迴歸分析三個假設：互為獨立、期望值為 0 變異數為定值之常態分配。

殘差分布圖：下兩圖是殘差分佈圖，上圖殘差在 $x=0$ 上下隨意跳動且均勻，隨機性良好，下圖隨機性尚可，但 x_1 小時殘差較大，有一個離群值，較為不好。

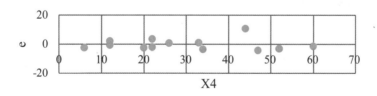

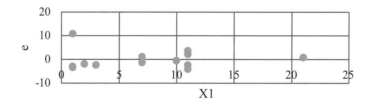

檢定殘差是否為常態分配：

將殘差值標準化作圖如下：因為下圖看起來成不良直線，所以進一步用 KS 密合度檢定是否成期望值=0，標準差=3.994 之常態分配，計算如下表：

殘差不成常態分配

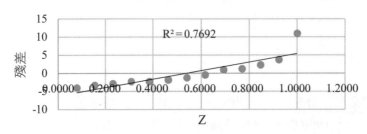

k	1	2	3	4	5	6	7	8	9	10	11	12	13
殘差 e	−4.088	−3.382	−2.911	−2.343	−2.332	−1.899	−1.304	−0.503	0.874	1.140	2.226	3.665	10.857
$Sn(e)=k/n$	0.077	0.154	0.231	0.308	0.385	0.462	0.538	0.615	0.692	0.769	0.846	0.923	1.000
$F(e)$	0.153	0.199	0.233	0.279	0.280	0.317	0.372	0.450	0.587	0.612	0.711	0.821	0.997
$D=Sn(e)-F(e)$	−0.076	−0.045	−0.002	0.029	0.105	0.144	**0.166**	**0.166**	0.106	0.157	0.135	0.103	0.003

● 假設

　　H_0：e 成期望值=0，標準=3.994 之常態分配。

　　H_1：e 不成期望值=0，標準=3.994 之常態分配。

● 檢定統計量：$D_n=|D|_{max}=0.166$。

● 臨界值：$\alpha=0.05$，$n=13$ 查附表 4，$D_{0.05}=0.3489$。

● 結論：接受 H_0，即殘差成期望值=0 標準差=3.994 之常態分配。

7. 最佳模式：$\hat{y}=104.843+1.171x_1-0.554x_4$。

8. 說明：最佳模式 $\hat{y}$ 對 x_1 偏微分得到斜率 1.171；對 x_4 偏微分得到斜率 −0.554，表示在實驗範圍內，混凝劑加量 (x_1) 每增加 1mg/L 時，產水量增加 1.171cmd；原水 SS 濃度 (x_4) 每增加 1mg/L，產水量減少 0.554cmd，模式合乎快濾池過濾之原理，最佳模式可以接受。。

台南某放山雞養雞場從 2001 年 8 月到 2002 年 7 月調查 12 場降雨流出的各種污染物的污染量 (又稱為非點源污染負荷，kg/ha)，用此數據做相關與迴歸分析之練習。

註：污染物名稱。SS＝懸浮固體物，COD＝化學需氧量，TKN＝總有機氮，NH₃-N＝氨氮，NO₃-N＝硝酸氮，TN＝總氮，TP＝總磷，PO₄-P＝磷酸鹽磷。

$\circlearrowright$Table 10.1：放山雞養雞場降雨量與單位面積流出非點源污染量 (kg/ha)

時間	降雨量 , mm	SS	COD	TKN	NH$_3$-N	NO$_3$-N	TN	TP	PO$_4$-P
2001/8//31	11.3	416	4.0	2.5	0.64	0.07	2.6	3.4	0.3
2001/9/1	105.6	9580	352.6	13.9	4.69	0.33	14.3	22.6	2.0
2001/9/6	100.0	8856	416.1	16.3	5.10	0.98	17.3	20.7	1.0
2001/9/18	330.8	22033	1082.8	37.0	7.95	3.15	40.1	46.4	3.0
2001/9/27	58.0	341	40.7	3.8	1.32	1.30	5.1	1.6	0.6
2002/5/30	40.6	3186	676.8	33.1	11.23	0.16	33.2	19.3	1.5
2002/6/2	13.7	1119	341.6	18.3	5.70	0.02	18.3	10.2	0.7
2002/6/7	17.9	1149	705.0	20.4	6.54	0.02	20.4	8.9	1.8
2002/7/1	64.2	2543	236.6	5.9	1.46	0.01	5.9	13.1	0.3
2002/7/4	15.3	954	141.2	1.7	1.05	0.06	1.7	5.8	0.5
2002/7/12	69.3	752	80.6	2.9	1.06	0.02	2.9	3.3	1.1
2002/7/15	8.1	28	20.1	0.5	0.13	0	0.5	0.2	0.1

Ex.10.1　(1) 求降雨量與個污染量間之簡單相關係數 (或稱相關矩陣)，(2) 進一步說明 TKN、NH₃-N、NO₃-N 和 TN 間之相關程度。

Ex.10.2　各種污染物均由降雨產生，在 Table 10.1 之現場調查資料中求 (1) 降雨量 (X) 與 SS(Y) 之簡線型迴歸方程式，(2) 迴歸分析 (包括迴歸係數區間估計、假設檢定和變異數分析)。但 α＝5%。

Ex.10.3　做 EX.10.1 迴歸方程式之殘差分析，是否滿足迴歸分析之假設：殘差互為獨立且成期望值為 0 標準差為定值之常態分配。

Ex.10.4　請做 Ex.10.3 之變數變換，使殘差合乎迴歸分析之三個假設。

Ex.10.5 做 Ex.10.2 迴歸模式，並做迴歸分析。

Ex.10.6 (1) 若降雨量 $X=100mm$，會產生多少 SS 污染量？並檢討簡線型模式和變數變換後迴歸模式預測結果的比較。

Ex.10.7 在 Table 10.1 中，若要預測 TN(做為因變數)，剔除 TKN、NH_3-N、NO_3-N 和 TP，將降雨量 P 視為自變數，整理後變成 Table 10.6。請建立預測 TN 複迴歸模式，並進一步做複迴歸分析。$\alpha=0.05$。

Ex.10.8 在 Table 10.6 中，若要預測 TN，請建立最佳之迴歸模式。

◑Table10.6：觀測數據

TN	P	SS	COD	PO_4-P
Y	X_1	X_2	X_3	X_4
2.6	11.3	416	4.0	0.3
14.3	105.6	9580	352.6	2.0
17.3	100.0	8856	416.1	1.0
40.1	330.8	22033	1082.8	3.0
5.1	58.0	341	40.7	0.6
33.2	40.6	3186	676.8	1.5
18.3	13.7	1119	341.6	0.7
20.4	17.9	1149	705.0	1.8
5.9	64.2	2543	236.6	0.3
1.7	15.3	954	141.2	0.5
2.9	69.3	752	80.6	1.1
0.5	8.1	28	20.1	0.1

*時間數列分析

11-1 概論

　　時間數列 (time series) 是按時間排序的一系列資料，會隨時間變動，有的有周期循環、有的有長期變動趨勢。藉著分析過去數據對時間的關係，建立時間迴歸模式，預測未來結果，稱為時間數列分析。第十章之迴歸模式分析，自變數必須互為獨立，如果不互為獨立，自身有相關，估計出來之迴歸係數可能會偏大，必須採用時間數列分析。某一時段的數列與另一時段的數列有關係時稱為自我相關 (autocorrelation)。

　　時間數列分析理論自 1920 年代發明以來，到 1970 年代 *Box* 和 *Jenkins* 推廣發展完成自我迴歸移動平均整合模式 (簡稱 ARIMA 模式) 後，加上電子計算機計算能力的強化，使需要處理大量數據的時間數列分析法，可以廣泛應用到經濟、工程、環境科學等領域上 (林，2006)。

　　在環境的領域裡，常受氣候的影響，很多環境觀測值具有時間數列的特性，應使用時間數列分析，而不是把它當作隨機變數處理。時間數列分析考慮數據對時間的依存性，又考慮隨機波動的干擾。本章的內容，只簡單介紹時間數列種類的判定方法，簡單的時間數列模式，以及在環境上的應用。

11-2 時間數列的種類與判定方法

　　按照時間次序取得的數據用 y 表示：

$$Y = \{\textstyle\sum_{t=1}^{n} y_t\} = \{y_1, y_2, \cdots, y_n\} \tag{11.1}$$

上面數據共有 n 個觀測值。

　　在第二章 2.3 節用圖形初步判斷資料是否為時間數列，但分布圖型的變化很多種，有增減趨勢的、有循環趨勢的，下面是時間數列的種類：

1. 時間數列的種類

時間數列分為平穩型 (stationary time series) 和非平穩型 (nonstationary time series)：

● 平穩型：不同時間之觀測數據，雖會隨時間變化，但趨勢常固定在一個水平上發展，例如圖 2.3 的數列大致固定在 $AQI=101$ 發展。

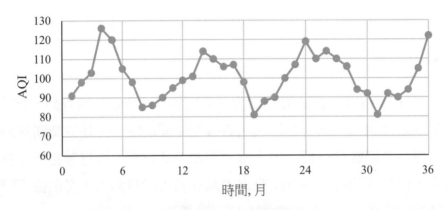

📢 圖 2.3：AQI 時間數列

● 非平穩型：數列發展的趨勢不固定在一個水平發展，如圖 2.2 和圖 2.4。圖 11.1 數列雖然在水平線上發展，但是兩條水平線大小不一，也是屬於非穩定時間數列。

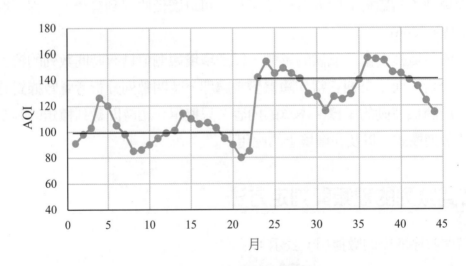

📢 圖 11.1 非平穩時間數列

2. 穩定型時間數列的特徵值

時間數列最重要的特徵值有期望值、變異數、共變數以及自變數的自我相關係數 (autocorrelation coefficient)。所謂自我相關是指自變數的觀測值 y_t，與前面或後面

一個或數個觀測值有關，例如某天空氣 AQI 濃度，受前 k 天 AQI 的影響，這 k 天稱為延遲時段 (lag time)，k 為整數。一個穩定數列母體的四個特徵值如下面 (11.2) 式所表現的：

- 期望值＝定值＝$E(Y_t)=\mu_t=\mu$，for 穩定數列。 (11.2a)
- 變異數＝定值＝$V(Y_t)=\sigma_t^2=E[(Y_t-\mu_t)^2]=\sigma^2$，for 穩定數列， (11.2b)
- 共變數＝定值＝$\text{Cov}(Y_t,Y_{t+k})=E[(Y_t-\mu)(Y_{t+k}-\mu)]$ (11.2c)
- 自我相關係數＝$\rho_k=\dfrac{\text{Cov}(Y_t,Y_{t+k})}{\sqrt{V(Y_t)}\sqrt{V(Y_{t+k})}}=\dfrac{E[(Y_t-\mu)(Y_{t+k}-\mu)]}{\sigma_t\sigma_k}$ (11.2d)

  k＝正整數，落後時段。$k=1,2,3,\cdots,n\text{-}1$

特徵值的最佳估計值是樣本統計量，即

- 期望值 μ 最佳估計值＝$\hat{\mu}=\hat{\mu}_t=\dfrac{1}{n}\sum_{t=1}^{n}y_t=\bar{y}_t$， (11.3a)

- 變異數 σ^2 最佳估計值 $S_t^2=\hat{\sigma}_t^2=\dfrac{1}{n}\sum_{t=1}^{n}(y_t-\bar{y}_t)^2$ (11.3b)

- $\text{Cov}(Y_t,Y_{t+t})=E[(Y_t-\mu)(Y_{t+k}-\mu)]$

  $\approx\sum_{i=1}^{n}(y_t-\bar{y}_t)(y_{t+k}-\bar{y}_t)$， (11.3c)

- 自我相關係數 ρ_k 最佳估計值 γ_k：

  $$\gamma_k=\dfrac{\sum_{i=1}^{n}(y_t-\bar{y}_t)(y_{t+k}-\bar{y}_t)}{\sqrt{\sum_{i=1}^{n}(y_t-\bar{y}_t)^2}\sqrt{\sum_{i=1}^{n}(y_{t+k}-\bar{y}_t)^2}}，$$ (11.3d)

以上四式之下標 $t=1,2,\cdots,n$，$k=1,2,\cdots,n\text{-}1$。

原則上時間數列的樣本自我相關係數 (γ_k) 小於 0.5，則不宜採用自我迴歸模式，應把 t 代替 x 用第十章之迴歸分析，否則預測結果極不準確。舉例說明如下：

例 11.1　有 8 天空氣品質 AQI 觀測數據 $\{Y_t\}=\{101,103,100,98,97,100,102,99\}$，假設為平穩數列，估計母體之期望值、變異數、共變數，並求自我相關係數，$k=1\sim7$。註：本題數據取自 (林，2006) 變數改為 AQI。

解

● 估計之期望值：$\hat{\mu} = \bar{y}_t = \dfrac{101 + 103 + \cdots + 99}{8} = 100$

● 估計之變異數：$\hat{\sigma}_t^2 = \dfrac{1}{n} \sum_{t=1}^{n} (y_t - \bar{y}_t)^2 = \dfrac{28}{8} = 0.29$

● 估計之自我相關係數：γ_k，$k = 1 \sim 7$，計算如下各表：

$k = 1$ 稱為第一個延遲 (first lag)。

k	t	y_t	$(y_t - \bar{y}_t)$	$(y_t - \bar{y}_t)^2$	$(y_{t+k} - \bar{y}_t)$	$(y_t - \bar{y}_t)(y_{t+k} - \bar{y}_t)$	γ_1
1	1	101	1	1	3	3	0.25
	2	103	3	9	0	0	
	3	100	0	0	-2	0	
	4	98	-2	4	-3	6	
	5	97	-3	9	0	0	
	6	100	0	0	2	0	
	7	102	2	4	-1	-2	
	8	99	-1	1			
		$\bar{y}_t = 100$		28		7	

$$\gamma_1 = \frac{\Sigma(y_t - \bar{y}_t)(y_{t+k} - \bar{y}_t)}{\Sigma(y_t - \bar{y}_t)^2} = \frac{7}{28} = 0.25$$

k	t	y_t	$(y_t - \bar{y}_t)$	$(y_t - \bar{y}_t)^2$	$(y_{t+k} - \bar{y}_t)$	$(y_t - \bar{y}_t)(y_{t+k} - \bar{y}_t)$	γ_2
2	1	101	1	1	0	0	-0.43
	2	103	3	9	-2	-6	
	3	100	0	0	-3	0	
	4	98	-2	4	0	0	
	5	97	-3	9	2	-6	
	6	100	0	0	-1	0	
	7	102	2	4			
	8	99	-1	1			
		$\bar{y}_t = 100$		28		-12	

$$\gamma_2 = \frac{\Sigma(y_t - \bar{y}_t)(y_{t+k} - \bar{y}_t)}{\Sigma(y_t - \bar{y}_t)^2} = -\frac{12}{28} = -0.43$$

$1k$	t	y_t	$(y_t-\bar{y}_t)$	$(y_t-\bar{y}_t)^2$	$(y_{t+k}-\bar{y}_t)$	$(y_t-\bar{y}_t)(y_{t+k}-\bar{y}_t)$	γ_3
3	1	101	1	1	-2	-2	-0.43
	2	103	3	9	-3	-9	
	3	100	0	0	0	0	
	4	98	-2	4	2	-4	
	5	97	-3	9	-1	3	
	6	100	0	0			
	7	102	2	4			
	8	99	-1	1			
		$\bar{y}_t=100$		28		-12	

$$\gamma_3=-\frac{12}{28}=-0.43$$

$,k$	t	y_t	$(y_t-\bar{y}_t)$	$(y_t-\bar{y}_t)^2$	$(y_{t+k}-\bar{y}_t)$	$(y_t-\bar{y}_t)(y_{t+k}-\bar{y}_t)$	γ_4
4	1	101	1	1	-3	-3	-0.04
	2	103	3	9	0	0	
	3	100	0	0	2	0	
	4	98	-2	4	-1	2	
	5	97	-3	9			
	6	100	0	0		-1	

$$\gamma_4=-\frac{1}{28}=-0.04$$

k	t	y_t	$(y_t-\bar{y}_t)$	$(y_t-\bar{y}_t)^2$	$(y_{t+k}-\bar{y}_t)$	$(y_t-\bar{y}_t)(y_{t+k}-\bar{y}_t)$	γ_5
5	1	101	1	1	0	0	0.21
	2	103	3	9	2	6	
	3	100	0	0	-1	0	
	4	98	-2	4			
	5	97	-3	9		6	

$$\gamma_5=\frac{6}{28}=0.21$$

k	t	y_t	$(y_t - \bar{y}_t)$	$(y_t - \bar{y}_t)^2$	$(y_{t+k} - \bar{y}_t)$	$(y_t - \bar{y}_t)(y_{t+k} - \bar{y}_t)$	γ_6
6	1	101	1	1	2	2	−0.04
	2	103	3	9	−1	−3	
	3	100	0	0			
	4	98	−2	4		−1	

$$\gamma_6 = -\frac{1}{28} = -0.04$$

k	t	y_t	$(y_t - \bar{y}_t)$	$(y_t - \bar{y}_t)^2$	$(y_{t+k} - \bar{y}_t)$	$(y_t - \bar{y}_t)(y_{t+k} - \bar{y}_t)$	γ_7
7	1	101	1	1	−1	−1	−0.04
	2	103	3	9			
						−1	

● 自我相關函數 (autocorrelation function, acf) 圖形：

以 k 為橫坐標，r_k 為縱座標所畫的圖稱為自我相關函數圖，如圖 11.2，供自我迴歸模式延遲時間之選擇，延遲時間 $k=2$ 和 3 時自我相關係數的絕對值較大，常被選入模式。進一步之應用，請讀者參看林著 (2006)。

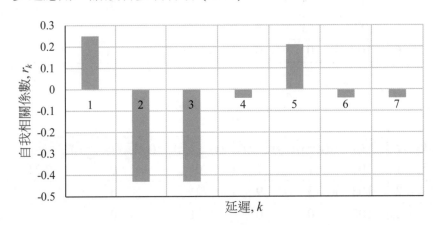

○ 圖 11.2：自我相關函數 (acf)

11-3 時間數列模式分析

時間領域之數列分析，主要目的是建立模式預測未來，模式分析分為傳統模式和

自我迴歸模式兩大類。本書只列傳統的模式和應用 EXCEL 軟體預測未來的模式，至於自我迴歸模式及其延伸，請讀者參看 Box-Jenkins 發展出來之「自我迴歸移動平均整合模式」(簡稱 ARIMA 模式) 相關書籍。

11-4 傳統時間數列模式分析

傳統時間數列模式是將時間數列，分解成長期趨勢、循環和白噪音。週期有固定周期和不固定周期，有固定周期又稱為季節性變動，沒有固定週期稱為循環。

時間數列＝長期趨勢＋季節變動＋循環變動＋偶然變動 (白噪音)

模式有加法模式和乘法模式，如下：

● 加法模式：

寫成數學式： $Y = T + S + C + R$ (11.4)

● 乘法模式： $Y = T \cdot S \cdot C \cdot R$ (11.5)

前面兩式中，每個成分都是 t 的函數。Y＝觀測值是時間 t 之函數，也是 $Y(t)$ 的省略寫法；T 是長期趨勢；S 是季節性週期，以固定之週期重複發生；C 是另一種較長而不規則的週期變動。兩種循環型態的主要差別在於季節型態有固定的週期，而且有很規則的在每一固定時間發生，但是循環變動則是每次循環週期與幅度大小都會改變；R 是隨機變動，又稱白噪音 (white noise)，有如電波之噪音。除了白噪音外，不是所有數列都由這四個成分組成，有的會缺一個或兩個成分。

圖 11.3 是東港溪興社大橋站過去 10 年的水質，長期趨勢 (T) 是向下，而且有循環，周期大致是 12 個月，所以是屬於季節性 S 變動，沒有不固定週期的循環變動。圖 11.4 是曾文水庫出水口過去 26 年的優養指數變動圖，幾乎沒有長期趨勢，但有循環現象沒有固定周期。

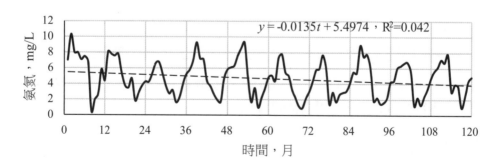

圖中標示： $y = -0.0135t + 5.4974$，$R^2 = 0.042$

縱軸：氨氮，mg/L
橫軸：時間，月

🎧 圖 11.3：東港溪興社大橋過去十年月變動濃度

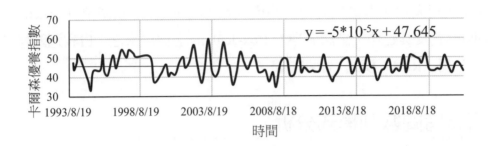

圖 11.4：曾文水庫出水口卡爾森優養指數

11.4.1 長期趨勢 (Trend)

　　一組時間數列可能不是穩定增加或穩定減少，也有可能沒有長期趨勢。數列有沒有長期趨勢，從圖 (如圖 11.3) 就可簡單看出來。求長期趨勢最常用的有兩種方法是最小平方法和移動平均法。

　　最小平方法又稱為迴歸方程式法。時間數列的長期趨勢若用迴歸方程式表示，大致會分成下列的直線、二次式、指數或倒數等型態，求法與第十章之迴歸方程式求法相同：

● 線性趨勢：$\widehat{T}_t = \hat{y}_t = \beta_0 + \beta_1 t$ 　　　　　　　　　　　　　　(11.6)

● 二次趨勢：$\widehat{T}_t = \hat{y}_t = \beta_0 + \beta_1 t + \beta_2 t^2$ 　　　　　　　　　　(11.7)

● 倒數趨勢：$\widehat{T}_t = \hat{y}_t = \beta_0 + \beta_1 \dfrac{1}{t}$ 　　　　　　　　　　(11.8)

● 指數趨勢：$\widehat{T}_t = \hat{y}_t = \beta_0 e^{-\beta_1 t}$ 　　　　　　　　　　　　(11.9)

　　下面舉例說明長期趨勢求法：

例 11.2　東港溪興社大橋水質站最近十年的氨氮濃度變化趨勢 (如圖 11.3) 為例，求其長期趨勢。(因數據有 120 個太多未列出，僅用圖表式)。

解　用 EXCEL「插入」之「圖表工具」畫圖，按滑鼠右鍵並加直線趨勢線如圖 11.5，在「趨勢線格式」按直線，可得到圖 11.3。

● 直線趨勢：$\widehat{T}_t = \hat{y}_t = 5.4974 - 0.0135t$，$R^2 = 0.042$。

同樣方法在「趨勢線格式」按其他趨勢，可得不同之趨勢方程式：

- 二次式趨勢：$\widehat{T}_t = \hat{y}_t = 6.1813 - 0.0472t + 0.0003t^2$，$R^2 = 0.060$。如圖 11.6a。

- 對數趨勢：$\widehat{T}_t = \hat{y}_t = 7.2747 - \ln(t)$，$R^2 = 0.078$。

- 指數趨勢：$\widehat{T}_t = \hat{y}_t = 4.778e^{-0.003t}$，$R^2 = 0.027$。

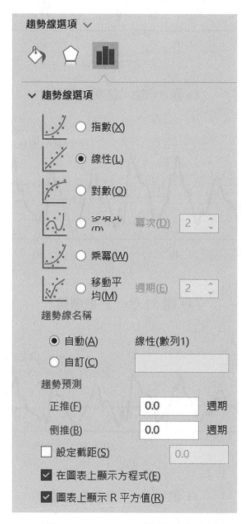

🎧 圖 11.5：EXCEL 繪圖之趨勢圖

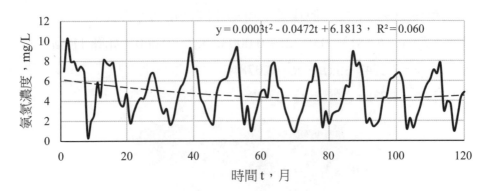

📢 圖 11.6a：二次式趨勢

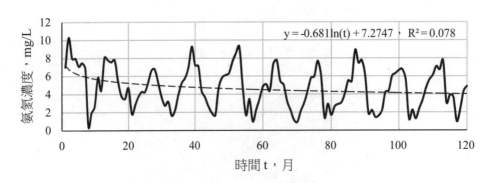

📢 圖 11.6b：對數趨勢

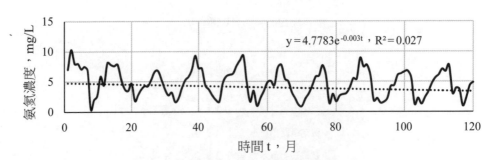

📢 圖 11.6c：指數趨勢圖

各種趨勢圖的圖形如上面所列。由上面各種迴歸趨勢圖的 R^2 都很小，選擇 R^2 最大之對數趨勢：

$$\widehat{T}_t = \hat{y}_t = 7.2747 - \ln(t) \qquad (11.10)$$

預估一年 ($t = 120 + 12 = 132$) 後氨氮濃度的估計值：

$$\widehat{T}_t = \hat{y}_t = 7.2747 - \ln(132) = 2.39 \text{mg/L}$$

此值只是長期趨勢值不代表真正值。實用上我們常選直線趨勢 (圖 11.3),因為其斜率代表每月氨氮減少之濃度 (-0.0135mg/L/m),乘以 12 就是每年平均水質改善之濃度 (0.162mg/L/y)。

11.4.2 移動平均法 (moving average method) 與預測

移動平均法除了求長期趨勢外,還可用來曲線平滑,方法有簡單平均法、加權平均法、中心化移動平均法、雙重移動平均法、指數平滑法、雙重指數平滑法、三重指數平滑法等,以前三種使用得最多,本書只列簡單平均法指數移動平均法。

1. 簡單移動平均之計算原理與預測

(1) 計算原理:設時間數列為

$$Y = \{y_1, y_2, \cdots, y_n\} \tag{11.1}$$

簡單移動平均法是取一個時段 k,從頭開始取 k 個數列的算術平均數,作為移動平均的第一個數列,放在最後一個處,k 的大小由計算者決定,但常選用數列的循環週期;移動平均的第二個數列是放掉第一個數據往下 k 個數據的平均數;以此類推。舉例說明如下。

▶▶▶

例 11.3　在表 11.1 之空氣品質數列中,求季和年移動平均。

　表 11.1:某市空氣品質 AQI 三年月觀測值

月份	1	2	3	4	5	6	7	8	9	10	11	12
AQI	91	98	103	126	120	105	98	85	86	90	95	99
月份	13	14	15	16	17	18	19	20	21	22	23	24
AQI	101	114	110	106	107	98	81	88	90	100	107	119
月份	25	26	27	28	29	30	31	32	33	34	35	36
AQI	110	114	110	106	94	92	81	92	90	94	105	122

解 季移動平均是 $k=3$,年移動平均是 $k=12$。

(a) 第一法:算數平均法

● 季移動平均:$m_1 = (91 + 98 + 103)/3 = 97$,放在 3 的位置;

$m_2 = (98 + 103 + 126)/3 = 109$，放在 4 的位置；$m_3 = (103 + 126 + 120)/3 = 116$，…，

$m_{35} = (94 + 105 + 122)/3 = 107$。以上計算用 EXCEL 很容易可以計算出來。

- 年移動平均：$m_1 = (91 + 98 + 103 + \cdots + 95 + 99)/12 = 100$，放在第 12 的位置；

  $m_2 = (98 + 103 + \cdots + 95 + 99 + 101)/12 = 101$，放在第 13 的位置；其餘如下表所列。

- 將 AQI 原始數據和季、年移動平均數繪圖。由該圖可以看出來年移動平均線大致是
  該數列之長期趨勢，也可看出原來之數據跳動很厲害，動平均後變成比較圓滑曲線，
  k 值越大越平直。

表 11.2：空氣品質 AQI 季與年移動平均計算表

月份	1	2	3	4	5	6	7	8	9	10	11	12
AQI,y_{ti}	91	98	103	126	120	105	98	85	86	90	95	99
季移動平均 ,m			97	109	116	117	108	96	90	87	90	95
年移動平均 ,m												100
月份	13	14	15	16	17	18	19	20	21	22	23	24
AQI,$y_{ti}+1$	101	114	110	106	107	98	81	88	90	100	107	119
季移動平均	98	105	108	110	108	104	95	89	86	93	99	109
年移動平均	101	102	102	101	100	99	98	98	98	99	100	100
月份	25	26	27	28	29	30	31	32	33	34	35	36
AQI,$y_{ti}+2$	110	114	110	106	94	92	81	92	90	94	105	122
季移動平均	112	114	111	110	103	97	89	88	88	92	96	107
年移動平均	101	102	103	103	103	103	101	101	101	101	101	101

(b) EXCEL 直接做圖法

- EXCEL 之「資料分析」的「移動平均」，將觀測值輸入，在「間隔」處輸入移動平均
  的間隔，如果是季移動平均輸入「3」，年移動平均輸入「12」，得到圖 11.7 和 11.8。

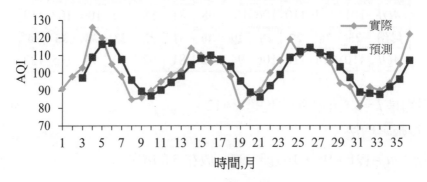

圖 11.7：季移動平均

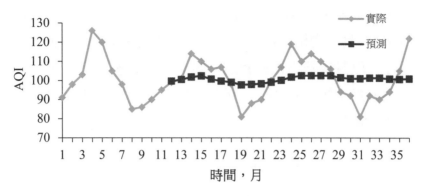

○ 圖 11.8：年移動平均

(2) 簡單移動平均預測法

假設資料 $Y = \{y_1, y_2, \cdots y_i, \cdots, y_n\}$，做 k 期之移動平均，$k < n$。移動平均法預測未來是將最近 k 期觀測值加以平均，當作下一期的預測值，其原理即源自移動平均法。設 M_n 代表 k 期資料最後一個段 n 的移動平均數，即

$$M_n = \frac{1}{k}\left[y_{n-(k-1)} + y_{n-(k-2)} + \cdots + y_{n-1} + y_n\right] = \hat{y}_{n+1} \tag{11.11}$$

設 $n + 1$ 時段的預測值為 $\hat{y}_{n+1} = M_n$，當 $n + 1$ 時段有了觀測值 y_{n+1} 後，則預測誤差為

$$e_k = y_{n+1} - \hat{y}_{n+1}$$

再下一個 $n + 2$ 的預測值是

$$\hat{y}_{n+2} = M_{n+1} = \frac{1}{k}\left[y_{n-(k-2)} + \cdots + y_{n-1} + y_n + y_{n+1}\right] \tag{11.12}$$

(11.11) 式代入 (11.12) 變成

$$\hat{y}_{n+2} = \hat{y}_{n+1} + \frac{1}{k}\left[y_{n+1} - y_{n-(k-1)}\right] \tag{11.13}$$

如此循環下去預測未來下一個值。

例 11.4　例 11.3 中利用移動平均法預測未來第 37 個月之 AQI。

解 最後一個季移動平均 $M_{36}=107=\hat{y}_{37}$，是第 37 月之預測值，若用年移動平均最後一個是 101。兩種移動平均相差很大。所以 k 的決定視實際情況而定，如果 k 愈大，平滑效果越好，但對趨勢的預測會越落後。所謂落後是指當趨勢向上時，預測值會偏低，反之亦然；如果 k 愈小，平滑效果越差，對隨機性的消除愈不顯著，但對趨勢之預測的落後會愈小。

2. 指數移動平均法 (exponential moving average, EMA)

是移動平均法的改進，簡單移動平均是將過去每個發生的影響給予同等的權重然後平均，但在自然現象中常會發生距離現在越遠的影響越少，指數平均修正這缺點，將權重依時間指數衰減 (exponential decay) 而遞減，距離時間越遠影響的權重越小，其公式如下：

$$\hat{y}_{t+1}=ay_t+(1-a)\hat{y}_t \tag{11.14}$$

$\hat{y}_t$、$\hat{y}_{t+1}$ 分別為 t 和 $t+1$ 期之估計值，$y_t=t$ 期觀測值，$a=$ 權重或稱平滑係數。$1-a=b=$ 稱為阻尼係數。越近期之 a 值越大 b 值越小，由經驗求得。如果數列數據變動較大，b 選大於 0.6，變動小選小一些如 0.1、0.2 或 0.3 等。

 例 11.5 在例 11.3 中用指數移動平均估計 $t=37$ 之濃度。

解 由表 11.1 之 $t=36$ 時，$y_{36}=122$，因為 AQI 變動較大，選 $b=0.6$。由 (11.14) 式，$\hat{y}_{t+1}=0.4\times y_t+0.6\times\hat{y}_t$，$t$ 從 1 估計到 37，計算結果得表 11.3。$\hat{y}_{37}=0.4\times122+0.6\times97=107$。

表 11.3：指數移動平均

月份	1	2	3	4	5	6	7	8	9	10	11	12
y_t, AQI	91	98	103	126	120	105	98	85	86	90	95	99
$\hat{y}_t$	91	91	94	97	109	113	110	105	97	93	92	93
月份	13	14	15	16	17	18	19	20	21	22	23	24
y_t, AQI	101	114	110	106	107	98	81	88	90	100	107	119
$\hat{y}_t$	95	98	104	107	106	107	103	94	92	91	95	100

⊙ 表 11.3(續)：指數移動平均

月份	25	26	27	28	29	30	31	32	33	34	35	36
y_t, AQI	110	114	110	106	94	92	81	92	90	94	105	122
$\hat{y}_t$	107	108	111	110	109	103	98	91	92	91	92	97

11-5 季節變動 (Seasonality Variation)

　　季節變動不一定是每季循環變動，凡是有固定一個時段 (每天、週、季或每年) 都有循環變化現象，每一循環的長度稱為週期 (*period*)，週期通常較固定。像冰淇淋的銷售量，每年會隨著氣溫循環變動；有些地方的環境品質，會隨著氣候，產生季節性變動。

　　由時間數列加法性模式 (11.1) 式，數列減去長期趨勢值，得

$$Y - T = S + C + R \tag{11.15}$$

相減後 (11.15) 式季節變動就會顯示出來，如下例。

例 11.6　求例 11.1 東港溪興社大橋氨氮的變化季節變化。

解　在例 11.1 以求得最好的長期趨勢 (11.16) 式：

$$\hat{T}_t = \hat{y}_t = 5.4974 - 0.0135t \tag{11.16}$$

● 計算 $\hat{T}_t = \hat{y}_t$ 值：$t = 1 \sim 120$ 代入 (11.16) 式求出 $\hat{T}_t$。

● 計算 $y_t - \hat{T}_t$ 值並畫圖，如圖 11.9。因為有 120 個數據，本處沒有列出計算，只劃出相減後之圖形。

● 由圖 11.9 可以看出氨氮濃度有季節性之循環 S，可用三角函數 Cosine 表示，

令 $S = a\mathrm{Cos}(\theta)$，$\theta = \dfrac{\pi t}{6}$，$a$＝係數，可令白噪音 R 的平方和為極小，求得 $a = 3.6$。

$S_t = 3.6\mathrm{Cos}(\dfrac{\pi t}{6})$，代入 t 得圖 11.10。將兩圖合併成圖 11.11。

● 計算 $y_t - \hat{y}_t - S_t$，並作圖如圖 11.12。由該圖看不出還有其他週期之循環 C 存在，殘值可視為白噪音，其平均值為 0，標準差為定值之常態分配。

● 最後預測模式：$\hat{y}_t = 5.4974 - 0.0135t + 3.6\text{Cos}(\dfrac{\pi t}{6})$

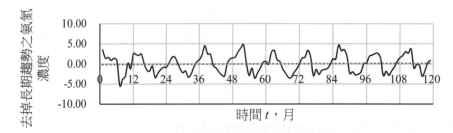

⋂ 圖 11.9：去掉長期趨勢之氨氮數列

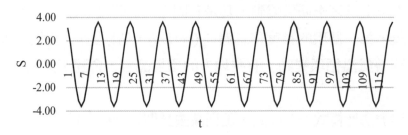

⋂ 圖 11.10：季節循環 S

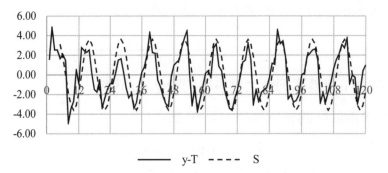

⋂ 圖 11.11：S 與去掉長期趨勢圖

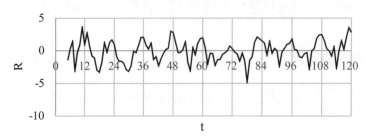

⋂ 圖 11.12：White Noise

11-6 應用 EXCEL 預測未來

EXCEL 的「資料」的「預測工作表」可做未來預測，原理是根據上面講的移動平均法和指數平滑法。

 例 11.7 很多工程規劃，需要估計未來容量，如規劃某區的自來水供水量，先預測人口，下面表 11.4 是某市過去每月之人口數，估計 20 個月後之人口。信賴區間用 95%。

⤵ 表 11.4：某市過去每月人口數

月	1	2	3	4	5	6	7	8	9	10	11	12
人口	432259	432366	432456	432559	432692	432860	432966	433091	433348	433581	433774	434060
月	17	18	19	20	21	22	23	24	25	26	27	28
人口	434955	435238	435488	435805	436220	436490	436877	437337	437753	438018	438322	438524
月	33	34	35	36	37	38	39	40	41	42	43	44
人口	440098	440409	440717	441132	441639	441817	442315	442570	443038	443351	443581	443969
月	13	14	15	16	29	30	31	32	45	46	47	48
人口	434258	434279	434492	434674	438863	439299	439435	439747	444406	444775	445107	445635
月	49	50	51	52	53	54	55	56	57	58	59	60
人口	445990	446210	446567	446701	447081	447359	447484	447781	447952	448207	448472	448803
月	61	62	63	64	65	66	67	68	69	70	71	72
人口	449113	449251	449425	449593	449806	450021	451412	451412	451033	450793	450617	450113
月	73	74	75	76	77	78	79	80	81	82	83	84
人口	451655	451757	451868	452229	452450	452619	452807	452781	452882	452844	452665	452640
月	85	86	87	88	89	90	91	92	93	94	95	96
人口	452586	452055	451689	450494	450347	450464	450655	450836	450893	451203	451300	451400

解 用 EXCEL 的「資料」的「預測工作表」得圖 11.13 和表 11.5。

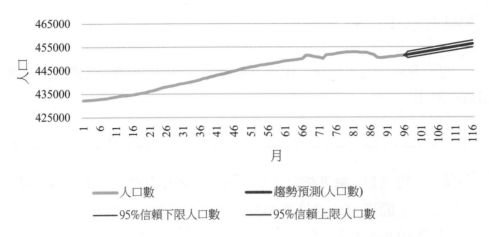

◗ 圖 11.13：估計某市 20 個月後之人口及其信賴上下限

◗ 表 11.5：用 EXCEL 預測未來每月人口數

時間,月	96	97	98	99	100	101	102	103	104	105
95% 下限	451400	451645	451891	452136	452382	452627	452872	453118	453363	453609
平均數	451400	450334	450572	450811	451050	451288	451526	451765	452003	452241
95% 上限	451400	452957	453209	453461	453714	453966	454218	454471	454724	454976
時間,月	106	107	108	109	110	111	112	113	114	115
95% 下限	453854	454099	454345	454590	454836	455081	455326	455572	455817	456063
平均數	452479	452717	452954	453192	453430	453667	453904	454142	454379	454616
95% 上限	455229	455482	455735	455988	456242	456495	456748	457002	457255	457509

例 11.8　在例 11.3 某空氣品質站的空氣品質 AQI，如表 11.1 預測未來 20 之空氣品質趨勢及 95% 信賴上、下限。

解　用 EXCEL 的「資料」的「預測工作表」得圖 11.14。

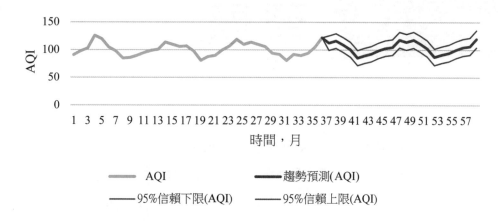

🎧 圖 11.14：未來 20 年 AQI 預測值之平均及 95% 信賴上下限

第十一章 習題

Ex.11.1 已知某水庫每季之葉綠素 a 濃度如 Table 11.1，估計該水庫之際平均濃度之期望值、標準差、共變數及自我迴歸係數，$k=1 \sim 9$。

⟳ Table 11.1：某水庫之葉綠素 a 之季平均濃度，單位：μg/L。

t	1	2	3	4	5	6	7	8	9	10
葉綠素 $a=y_t$	2	4.2	8	4.3	2.1	1.9	3.9	7.9	3.8	2.2

Ex.11.2 建立 Table 11.2 之時間數列模式並推估第 90 月之氨氮濃度。

⟳ Table 11.2：東港溪港西抽水站最近濃度 89 個月氨氮濃度，mg/L

時間	1	2	3	4	5	6	7	8	9	10	11	12	13	14	15
氨氮	6.96	7.8	7.83	8.09	7.77	7.22	6.29	3.18	1.92	3.58	4.06	4.66	6.98	8.48	8.72
時間	16	17	18	19	20	21	22	23	24	25	26	27	28	29	30
氨氮	8.19	6.88	3.23	2.04	1.81	2.42	4	4.65	4.87	5.97	3.8	8.47	7.5	7.89	3.99
時間	31	32	33	34	35	36	37	38	39	40	41	42	43	44	45
氨氮	3.8	4.5	2.6	2.19	4.44	5.11	6.5	8.9	8.02	6.99	7.74	4.5	4.78	2.82	2.62
時間	46	47	48	49	50	51	52	53	54	55	56	57	58	59	60
氨氮	2.05	5.43	5.68	7.17	8.77	9.39	9.45	9.88	5.41	2.16	4.18	1.39	2.7	4.29	5.29
時間	61	62	63	64	65	66	67	68	69	70	71	72	73	74	75
氨氮	6.02	6.13	7.55	8.95	6.79	7.68	4.03	2.74	1.23	1.68	3.29	4.5	5.1	7.67	6.73
時間	76	77	78	79	80	81	82	83	84	85	86	87	88	89	—
氨氮	8.55	6.87	3.35	3.63	2.22	2.95	4.09	3.92	5.29	6.79	7.24	10.5	9.85	9.11	—

Ex.11.3 用 EXCEL 軟體預測 Table11.2 未來 12 個月之水質，信賴度=95%。

附表 1：標準常態分配累積機率表

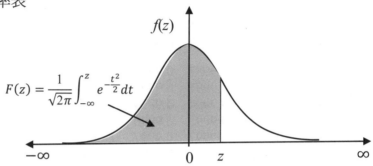

$$F(z) = \frac{1}{\sqrt{2\pi}} \int_{-\infty}^{z} e^{-\frac{t^2}{2}} dt$$

z 的小數點第二位

z	0.00	0.01	0.02	0.03	0.04	0.05	0.06	0.07	0.08	0.09
0.0	0.5000	0.5040	0.5080	0.5120	0.5160	0.5199	0.5239	0.5279	0.5319	0.5359
0.1	0.5398	0.5438	0.5478	0.5517	0.5557	0.5596	0.5636	0.5675	0.5714	0.5753
0.2	0.5793	0.5832	0.5871	0.5910	0.5948	0.5987	0.6026	0.6064	0.6103	0.6141
0.3	0.6179	0.6217	0.6255	0.6293	0.6331	0.6368	0.6406	0.6443	0.6480	0.6517
0.4	0.6554	0.6591	0.6628	0.6664	0.6700	0.6736	0.6772	0.6808	0.6844	0.6879
0.5	0.6915	0.6950	0.6985	0.7019	0.7054	0.7088	0.7123	0.7157	0.7190	0.7224
0.6	0.7257	0.7291	0.7324	0.7357	0.7389	0.7422	0.7454	0.7486	0.7517	0.7549
0.7	0.7580	0.7611	0.7642	0.7673	0.7704	0.7734	0.7764	0.7794	0.7823	0.7852
0.8	0.7881	0.7910	0.7939	0.7967	0.7995	0.8023	0.8051	0.8078	0.8106	0.8133
0.9	0.8159	0.8186	0.8212	0.8238	0.8264	0.8289	0.8315	0.8340	0.8365	0.8389
1.0	0.8413	0.8438	0.8461	0.8485	0.8508	0.8531	0.8554	0.8577	0.8599	0.8621
1.1	0.8643	0.8665	0.8686	0.8708	0.8729	0.8749	0.8770	0.8790	0.8810	0.8830
1.2	0.8849	0.8869	0.8888	0.8907	0.8925	0.8944	0.8962	0.8980	0.8997	0.9015
1.3	0.9032	0.9049	0.9066	0.9082	0.9099	0.9115	0.9131	0.9147	0.9162	0.9177
1.4	0.9192	0.9207	0.9222	0.9236	0.9251	0.9265	0.9279	0.9292	0.9306	0.9319
1.5	0.9332	0.9345	0.9357	0.9370	0.9382	0.9394	0.9406	0.9418	0.9429	0.9441
1.6	0.9452	0.9463	0.9474	0.9484	0.9495	0.9505	0.9515	0.9525	0.9535	0.9545
1.7	0.9554	0.9564	0.9573	0.9582	0.9591	0.9599	0.9608	0.9616	0.9625	0.9633
1.8	0.9641	0.9649	0.9656	0.9664	0.9671	0.9678	0.9686	0.9693	0.9699	0.9706
1.9	0.9713	0.9719	0.9726	0.9732	0.9738	0.9744	0.9750	0.9756	0.9761	0.9767

附表 1(續)：標準常態分配累積機率表

z	0.00	0.01	0.02	0.03	0.04	0.05	0.06	0.07	0.08	0.09
2.0	0.9772	0.9778	0.9783	0.9788	0.9793	0.9798	0.9803	0.9808	0.9812	0.9817
2.1	0.9821	0.9826	0.9830	0.9834	0.9838	0.9842	0.9846	0.9850	0.9854	0.9857
2.2	0.9861	0.9864	0.9868	0.9871	0.9875	0.9878	0.9881	0.9884	0.9887	0.9890
2.3	0.9893	0.9896	0.9898	0.9901	0.9904	0.9906	0.9909	0.9911	0.9913	0.9916
2.4	0.9918	0.9920	0.9922	0.9925	0.9927	0.9929	0.9931	0.9932	0.9934	0.9936
2.5	0.9938	0.9940	0.9941	0.9943	0.9945	0.9946	0.9948	0.9949	0.9951	0.9952
2.6	0.9953	0.9955	0.9956	0.9957	0.9959	0.9960	0.9961	0.9962	0.9963	0.9964
2.7	0.9965	0.9966	0.9967	0.9968	0.9969	0.9970	0.9971	0.9972	0.9973	0.9974
2.8	0.9974	0.9975	0.9976	0.9977	0.9977	0.9978	0.9979	0.9979	0.9980	0.9981
2.9	0.9981	0.9982	0.9982	0.9983	0.9984	0.9984	0.9985	0.9985	0.9986	0.9986
3.0	0.9987	0.9987	0.9987	0.9988	0.9988	0.9989	0.9989	0.9989	0.9990	0.9990
3.1	0.9990	0.9991	0.9991	0.9991	0.9992	0.9992	0.9992	0.9992	0.9993	0.9993
3.2	0.9993	0.9993	0.9994	0.9994	0.9994	0.9994	0.9994	0.9995	0.9995	0.9995
3.3	0.9995	0.9995	0.9995	0.9996	0.9996	0.9996	0.9996	0.9996	0.9996	0.9997
3.4	0.9997	0.9997	0.9997	0.9997	0.9997	0.9997	0.9997	0.9997	0.9997	0.9998
3.5	0.9998	0.9998	0.9998	0.9998	0.9998	0.9998	0.9998	0.9998	0.9998	0.9998
3.6	0.9998	0.9998	0.9999	0.9999	0.9999	0.9999	0.9999	0.9999	0.9999	0.9999

附表 2：t- 分配

$P(t_k \geq t_{k,\alpha}) = \alpha$

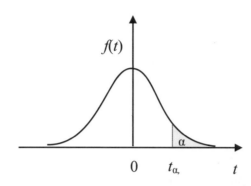

df/α	0.05	0.025	0.01	0.005	0.0025	0.001	0.0005
1	6.3138	12.7065	31.8193	63.6551	127.3447	318.4930	636.0450
2	2.9200	4.3026	6.9646	9.9247	14.0887	22.3276	31.5989
3	2.3534	3.1824	4.5407	5.8408	7.4534	10.2145	12.9242
4	2.1319	2.7764	3.7470	4.6041	5.5976	7.1732	8.6103
5	2.0150	2.5706	3.3650	4.0322	4.7734	5.8934	6.8688
6	1.9432	2.4469	3.1426	3.7074	4.3168	5.2076	5.9589
7	1.8946	2.3646	2.9980	3.4995	4.0294	4.7852	5.4079
8	1.8595	2.3060	2.8965	3.3554	3.8325	4.5008	5.0414
9	1.8331	2.2621	2.8214	3.2498	3.6896	4.2969	4.7809
10	1.8124	2.2282	2.7638	3.1693	3.5814	4.1437	4.5869
11	1.7959	2.2010	2.7181	3.1058	3.4966	4.0247	4.4369
12	1.7823	2.1788	2.6810	3.0545	3.4284	3.9296	4.3178
13	1.7709	2.1604	2.6503	3.0123	3.3725	3.8520	4.2208
14	1.7613	2.1448	2.6245	2.9768	3.3257	3.7874	4.1404
15	1.7530	2.1314	2.6025	2.9467	3.2860	3.7328	4.0728
16	1.7459	2.1199	2.5835	2.9208	3.2520	3.6861	4.0150
17	1.7396	2.1098	2.5669	2.8983	3.2224	3.6458	3.9651
18	1.7341	2.1009	2.5524	2.8784	3.1966	3.6105	3.9216
19	1.7291	2.0930	2.5395	2.8609	3.1737	3.5794	3.8834
20	1.7247	2.0860	2.5280	2.8454	3.1534	3.5518	3.8495
21	1.7207	2.0796	2.5176	2.8314	3.1352	3.5272	3.8193
22	1.7172	2.0739	2.5083	2.8188	3.1188	3.5050	3.7921
23	1.7139	2.0686	2.4998	2.8073	3.1040	3.4850	3.7676
24	1.7109	2.0639	2.4922	2.7970	3.0905	3.4668	3.7454
25	1.7081	2.0596	2.4851	2.7874	3.0782	3.4502	3.7251
26	1.7056	2.0555	2.4786	2.7787	3.0669	3.4350	3.7067
27	1.7033	2.0518	2.4727	2.7707	3.0565	3.4211	3.6896
28	1.7011	2.0484	2.4671	2.7633	3.0469	3.4082	3.6739
29	1.6991	2.0452	2.4620	2.7564	3.0380	3.3962	3.6594
30	1.6973	2.0423	2.4572	2.7500	3.0298	3.3852	3.6459
35	1.6896	2.0301	2.4377	2.7238	2.9961	3.3400	3.5912
40	1.6839	2.0211	2.4233	2.7045	2.9712	3.3069	3.5510
45	1.6794	2.0141	2.4121	2.6896	2.9521	3.2815	3.5202
50	1.6759	2.0086	2.4033	2.6778	2.9370	3.2614	3.4960

附表 3：$\chi^2(\alpha, k)$ 分配表（上方）

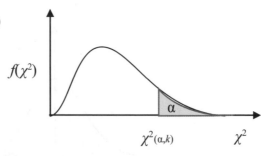

$k \diagdown \alpha$	.990	.975	.950	.900	.100	.050	.025	.010
1	.00+	.00+	.00+	.02	2.71	3.84	5.02	6.63
2	.02	.05	.10	.21	4.61	5.99	7.38	9.21
3	.11	.22	.35	.58	6.25	7.81	9.35	11.34
4	.30	.48	.71	1.06	7.78	9.49	11.14	13.28
5	.55	.83	1.15	1.61	9.24	11.07	12.83	15.09
6	.87	1.24	1.64	2.20	10.65	12.59	14.45	16.81
7	1.24	1.69	2.17	2.83	12.02	14.07	16.01	18.48
8	1.65	2.18	2.73	3.49	13.36	15.51	17.53	20.09
9	2.09	2.70	3.33	4.17	14.68	16.92	19.02	21.67
10	2.56	3.25	3.94	4.87	15.99	18.31	20.48	23.21
11	3.05	3.82	4.57	5.58	17.28	19.68	21.92	24.72
12	3.57	4.40	5.23	6.30	18.55	21.03	23.34	26.22
13	4.11	5.01	5.89	7.04	19.81	22.36	24.74	27.69
14	4.66	5.63	6.57	7.79	21.06	23.68	26.12	29.14
15	5.23	6.27	7.26	8.55	22.31	25.00	27.49	30.58
16	5.81	6.91	7.96	9.31	23.54	26.30	28.85	32.00
17	6.41	7.56	8.67	10.09	24.77	27.59	30.19	33.41
18	7.01	8.23	9.39	10.87	25.99	28.87	31.53	34.81
19	7.63	8.91	10.12	11.65	27.20	30.14	32.85	36.19
20	8.26	9.59	10.85	12.44	28.41	31.41	34.17	37.57
21	8.90	10.28	11.59	13.24	29.62	32.67	35.48	38.93
22	9.54	10.98	12.34	14.04	30.81	33.92	36.78	40.29
23	10.20	11.69	13.09	14.85	32.01	35.17	38.08	41.61
24	10.86	12.40	13.85	15.66	33.20	36.42	39.36	42.98
25	11.52	13.12	14.61	16.47	34.28	37.65	40.65	44.31
26	12.20	13.84	15.38	17.29	35.56	38.89	41.92	45.64
27	12.88	14.57	16.15	18.11	36.74	40.11	43.19	46.96
28	13.57	15.31	16.93	18.94	37.92	41.34	44.46	48.28
29	14.26	16.05	17.71	19.77	39.09	42.56	45.72	49.59
30	14.95	16.79	18.49	20.60	40.26	43.77	46.98	50.89
40	22.16	24.43	26.51	29.05	51.81	55.76	59.34	63.69
50	29.71	32.36	34.76	37.69	63.17	67.50	71.42	76.15
60	37.48	40.48	43.19	46.46	74.40	79.08	83.30	88.38
70	45.44	48.76	51.74	55.33	85.53	90.53	95.02	100.42
80	53.54	57.15	60.39	64.28	96.58	101.88	106.63	112.33
90	61.75	65.65	69.13	73.29	107.57	113.14	118.14	124.12
100	70.06	74.22	77.93	82.36	118.50	124.34	129.56	135.81

附表 4：一維 Kolmogrov-Smirnov 檢定臨界值，D_n (雙尾檢定)

n \ α	0.001	0.01	0.02	0.05	0.1	0.15	0.2
1		0.9950	0.9900	0.9750	0.9500	0.9250	0.9000
2	0.9776	0.9293	0.9000	0.8418	0.7763	0.7261	0.6837
3	0.9206	0.8290	0.7845	0.7076	0.6360	0.5958	0.5648
4	0.8504	0.7342	0.6888	0.6239	0.5652	0.5247	0.4926
5	0.7813	0.6685	0.6271	0.5632	0.5094	0.4743	0.4469
6	0.7247	0.6166	0.5774	0.5192	0.4679	0.4352	0.4103
7	0.6793	0.5758	0.5384	0.4834	0.4360	0.4049	0.3814
8	0.6409	0.5418	0.5065	0.4542	0.4096	0.3806	0.3582
9	0.6084	0.5133	0.4796	0.4300	0.3874	0.3600	0.3390
10	0.5804	0.4889	0.4566	0.4092	0.3686	0.3425	0.32257
11	0.5558	0.4677	0.4367	0.3912	0.3524	0.3273	0.30826
12	0.5342	0.4490	0.4191	0.3754	0.3381	0.3140	0.2957
13	0.5149	0.4324	0.4036	0.3614	0.3254	0.3023	0.2846
14	0.4975	0.4176	0.3897	0.3489	0.3141	0.2918	0.2747
15	0.4818	0.4042	0.3771	0.3376	0.3039	0.2823	0.2658
16	0.4675	0.3920	0.3657	0.3273	0.2947	0.2737	0.2577
17	0.4544	0.3808	0.3552	0.37179	0.2862	0.2658	0.2503
18	0.4423	0.3706	0.3456	0.3093	0.2785	0.2586	0.2435
19	0.4311	0.3611	0.3368	0.3014	0.2713	0.2520	0.2373
20	0.4208	0.3524	0.3286	0.2940	0.2647	0.2458	0.2315
25	0.3784	0.3165	0.3034	0.2640	0.2376	0.2207	0.2078
30	0.3467	0.2898	0.2770	0.2417	0.2175	0.2020	0.1902
35	0.3218	0.2689	0.2564	0.2242	0.2018	0.1874	0.1765
40	0.3016	0.2518	0.2399	0.2101	0.1893	0.1761	0.1660
45	0.2848	0.2378	0.2262	0.1984	0.1788	0.1662	0.15673
50	0.2705	0.2258	0.2146	0.1884	0.1698	0.1579	0.1488
> 50	$\dfrac{1.9495}{\sqrt{n}}$	$\dfrac{1.6276}{\sqrt{n}}$	$\dfrac{1.5174}{\sqrt{n}}$	$\dfrac{1.3581}{\sqrt{n}}$	$\dfrac{1.2239}{\sqrt{n}}$	$\dfrac{1.1380}{\sqrt{n}}$	$\dfrac{1.0728}{\sqrt{n}}$

附表 5：柯亨 $\hat{\lambda}$ 參數表

r						h						
	.01	.02	.03	.04	.05	.06	.07	.08	.09	.10	.15	.20
.00	.0101	0.204	.0309	.0415	.0525	.0636	.0749	.0864	.0982	.1102	.1734	.2426
.05	.0105	.0212	.0322	.0433	.0546	.0661	.0779	.0898	.1019	.1143	.1792	.2503
.10	.0109	.0220	.0333	.0449	.0565	.0684	.0805	.0928	.1053	.1180	.1847	.2574
.15	.0113	.0227	.0344	.0463	.0583	.0705	.0830	.0956	.1084	.1214	.1898	.2640
.20	.0116	.0234	.0354	.0478	.0599	.0725	.0852	.0982	.1113	.1246	.1946	.2703
.25	.0119	.0240	.0363	.0488	.0615	.0743	.0874	.1006	.1140	.1277	.1991	.2762
.30	.0122	.0246	.0372	.0500	.0629	.0761	.0894	.1029	.1166	.1305	.2033	.2819
.35	.0125	.0252	.0380	.0511	.0643	.0777	.0913	.1051	.1191	.1333	.2074	.2873
.40	.0127	.0257	.0388	.0521	.0656	.0793	.0931	.1072	.1215	.1359	.2112	.2925
.45	0.130	.0262	.0396	.0531	.0669	.0808	.0949	.1092	.1237	.1384	.2151	.2976
.50	.0132	.267	.0403	.0541	.0681	.0823	.0966	.1112	.1259	.1409	.2188	.3025
.55	0.135	.0271	.0410	.0550	0.693	.0837	.0982	.1120	.1280	.1432	.222	.3072
.60	.0137	.0278	.0417	.0559	.0704	.0850	.0998	.1149	.1301	.1455	.2257	.3118
.65	.0139	.0280	.0423	.0568	.0715	.0863	.101	.1166	.1320	.1477	.2291	.3163
.70	.0141	.0285	.0430	.0577	.0725	.0876	.102	.1183	.1340	.1498	.2323	.3206
.75	.0143	.0299	.0436	.0585	.0736	.0889	.104	.1200	.1359	.1519	.2355	.3248
.80	.0145	.0293	.0442	.0593	.0746	.0901	.105	.1216	.1377	.1540	.2385	.3290
.85	.0147	.0297	.0448	.0601	.0756	.0913	.107	.1222	.1395	.1559	.2415	.3333
.90	.0149	.0301	.0454	.0609	.0756	.0924	.108	.1248	.1412	.1579	.2445	.3370
.95	.0151	.0304	.0459	.0616	.0775	.0936	.109	.1263	.1429	.1598	.2474	.3409
1.00	.0153	0.308	.0465	.0624	.0784	.0947	.111	.1278	.1446	.1617	.2502	.3447

附表 5(續) : 柯亨 $\hat{\lambda}$ 參數表

r	h											
	.25	.30	.35	.40	.45	.50	.55	.60	.65	.70	.80	.90
.00	.3186	.4021	.4941	.5961	.7096	.8388	.9808	1.145	1.336	.1102	.1734	.2426
.05	.3279	.4130	.5066	.6101	.7252	.8540	.9994	1.166	1.358	1.585	2.203	3.314
.10	.3366	.4233	.5184	.6234	.7400	.8703	1.017	1.185	1.379	1.608	2.229	3.345
.15	.3448	.4330	.5296	.6361	.7512	.8860	1.035	1.204	1.400	1.630	2.255	3.376
.20	.3525	.4422	.5403	.6483	.7673	.9012	1.051	1.222	1.419	1.651	2.280	3.405
.25	.3599	.4510	.5506	.6600	.7810	.9158	1.067	1.240	1.439	1.672	2.305	3.435
.30	.3670	.4595	.5604	.6713	.7937	.9300	1.083	1.257	1.457	1.693	2.329	3.464
.35	.3737	.4676	.5699	.6821	.8060	.9437	1.098	1.274	1.475	1.713	2.353	3.492
.40	.3803	.4735	.5791	.6927	.8179	.9570	1.113	1.290	1.494	1.732	2.376	3.520
.45	.3866	.4831	.5880	.7029	.8295	.9700	1.127	.1306	1.511	1.751	2.399	3.547
.50	.3927	.4904	.5967	.7129	.8408	.9826	1.141	1.321	1.528	1.770	2.421	3.575
.55	.3967	.4976	.6061	.7225	.8517	.9950	1.155	1.337	1.545	1.788	2.443	3.601
.60	.4044	.5045	.6133	.7320	.8625	1.007	1.169	1.351	1.561	1.806	2.465	3.628
.65	.4100	.5114	.6213	.7412	.8729	1.019	1.182	1.368	1.577	1.824	2.486	3.654
.70	.4155	.5180	.6291	.7502	.8832	1.030	1.195	1.380	1.593	1.841	2.507	3.679
.75	.4209	.5245	.6367	.7590	.8932	1.042	1.207	1.394	1.608	1.851	2.528	3.705
.80	.4261	.5308	.6441	.7676	.9031	1.053	1.220	1.408	1.624	1.875	2.548	3.730
.85	.4312	.5370	.6515	.7781	.9127	1.064	1.232	1.422	1.639	1.892	2.568	3.754
.90	.4362	.5430	.6586	.7844	.9222	1.074	1.244	1.435	1.653	1.908	2.588	3.779
.95	.4411	.5490	.6656	.7925	.9314	1.085	1.255	1.448	1.668	1.924	2.607	3.803
1.00	.4459	.5548	.6724	.8005	.9406	1.095	1.287	1.461	1.882	1.940	2.626	3.827

附表 6：魏克生 (Wilcoxon) 符號等級檢定表，T_α 值

n/α	0.005	0.01	0.025	0.05	0.075	0.10	0.15	0.20
4	—	—	—	—	0	0	1	2
5	—	—	—	0	1	2	2	3
6	—	—	0	2	2	3	4	5
7	—	0	2	3	4	5	7	8
8	0	1	3	5	7	8	9	11
9	1	3	5	8	9	10	12	14
10	3	5	8	10	12	14	16	18
11	5	7	10	13	16	17	20	22
12	7	9	13	17	19	21	24	27
13	9	12	17	21	24	26	29	32
14	12	15	21	25	28	31	35	38
15	15	19	25	30	33	36	40	44
16	19	23	29	35	39	42	47	50
17	23	27	34	41	45	48	53	57
18	27	32	40	47	51	55	60	65
19	32	37	46	53	58	62	68	73
20	37	43	52	60	65	69	76	81

參 考 資 料

1 林茂文 (2006)：時間數列分析與預測 - 電子書，華泰書局。

2 陳順宇、鄭碧娥 (2004)：基礎統計學，華泰書局。

3 Berthouex, Paul Mac, and Linfield C. Brown (2002). Statistics for Environmental Engineers, 2nd ed., Lewis Publishers.

4 Cooper, C. David, and F. C. Alley (2006). Air Pollution Control, A Design Approach. Waveland Press, Inc..

5 McBride, B Graham (2005). Using Statistical Methods for Water Quality Management. John Wily & Sons, Inc..

6 Millard, P Steven (2013). EnvStats：An R Package for Environmental Statistics, Springers.

7 Montgomery, Douglas C., and George C. Runger (2007). Applied Statistics and Probability for Engineers. 4th ed. John Wily & Sons, Inc..

8 USEPA(2006)，Data Quality Assessment: Statistical Methods for Practitioners. EPA/240/B-06/003 February.

索 引

英中對照

A

accept region 接受區

Aitchison method 艾奇森法

alternative hypothesis 對立假設

analysis of variance 變異數分析

autocorrelation 自我相關

B

bar chat 長條圖

Bernoulli trial(process) 柏努利試驗（過程）

bias 偏差

binomial distribution 二項分配

bimodal 雙峰

block 集區、區集

block randomized design 集區隨機設計

Box-Whisker Plot 盒鬚圖

bubble plot 泡泡圖

C

central limit theorem 中央集限定理

Chi-square distribution 卡方分配

Chi-square test 卡方檢定

cluster random sampling 集區（部落）隨機抽樣

contingency table 列連表

contour plot 等高線圖

continual variable 連續變數

contingency table 列連表 195

coefficient of correlation 相關係數

Cohen method 柯亨法

coefficient of determination 判定係數

  adjusted – 修正判定係數

coefficient of skewness 偏態係數

coefficient of variation 變動係數

correlation coefficient 相關係數

  auto- 自我相關係數

partial – 偏相關係數

critical value 臨界值

D

determinate coefficient 判定係數

degree of freedom 自由度

dependent variable 隨機變數

discrete variable 不連續變數

dispersion 離勢

  - coefficient

E

experimental design 實驗設計

expectation value 期望值

error 誤差

  type I、II – 第 I、II 型誤差

  exceedance proba-bility 超趨機率

estimator 估計量、估計參數

extreme value 極端值

extreme value distribution 極端值分配

event 事件

F

fishbone(Ishkawa) diagram 魚骨圖

G

Gauss distribution 高斯 (常態) 分配

geometric distribution 幾何分配

goodness of fit 密合度

    - Test 密合度檢定

Gosset distribution 又名 t- 分布

H

histogram 直方圖

homogeneous 均質的

hypothesis 假設檢定

I

interval 組界

IQR (interval quantile range) 四分位距

J

Joint probability 聯合機率

    - distribution 聯合機率分配

K

Kolmogorov-Smirnovtest(K-S) 檢定

Kurtosis coefficient 峰度係數

L

least square method 最小平方法

M

main effect 主效應

marginal probability 邊際機率

mean deviation 平均差 45

mean square(MS) 均方

median 中位數

    - test 中位數檢定

missing data 遺漏數據

mode 眾數

moment 動差

multiple regression analysis 複迴歸分析

N

non-detectable(ND) 不可檢測的

normal equation 正規方程式

normalize 標準化

normal probability plot 常態機率點圖法

non-parameter test 無母數檢定

null hypothesis 虛無假設

O

outlier 離群值

extreme – 極端離群值

V

variable transformation 變數變換

variance 變異數

W

Wilcoxon sign-rank test 魏克森符號等級檢定

Wilcoxon rank sum test 魏克森等級和檢定

環境統計學

著　　者 | 溫清光

出 版 者　溫清光

Mail：t15250@ncku.edu.tw

展售處

五南文化廣場台中總店

40354 台中市西區台灣大道二段 85 號

886-4-22260330

初版一刷　2023 年 9 月

定　　價　550 元

I S B N　978-626-01-1500-5

國家圖書館出版品預行編目（CIP）資料

環境統計學 / 溫清光著 . -- 初版 . -- 臺南市：溫清光，
2023.09
　　面；　公分
ISBN 978-626-01-1500-5（平裝附 QR code 教學和
習題解答）

1.CST: 環境統計學

445.9　　　　　　　　　　　　　　　112011269